Howard P. Chudacoff

# HOW OLD ARE YOU?

Age Consciousness in American Culture

ハワード・P. チュダコフ　　工藤政司／藤田永祐訳

# 年齢意識の社会学

りぶらりあ選書／法政大学出版局

# 目次

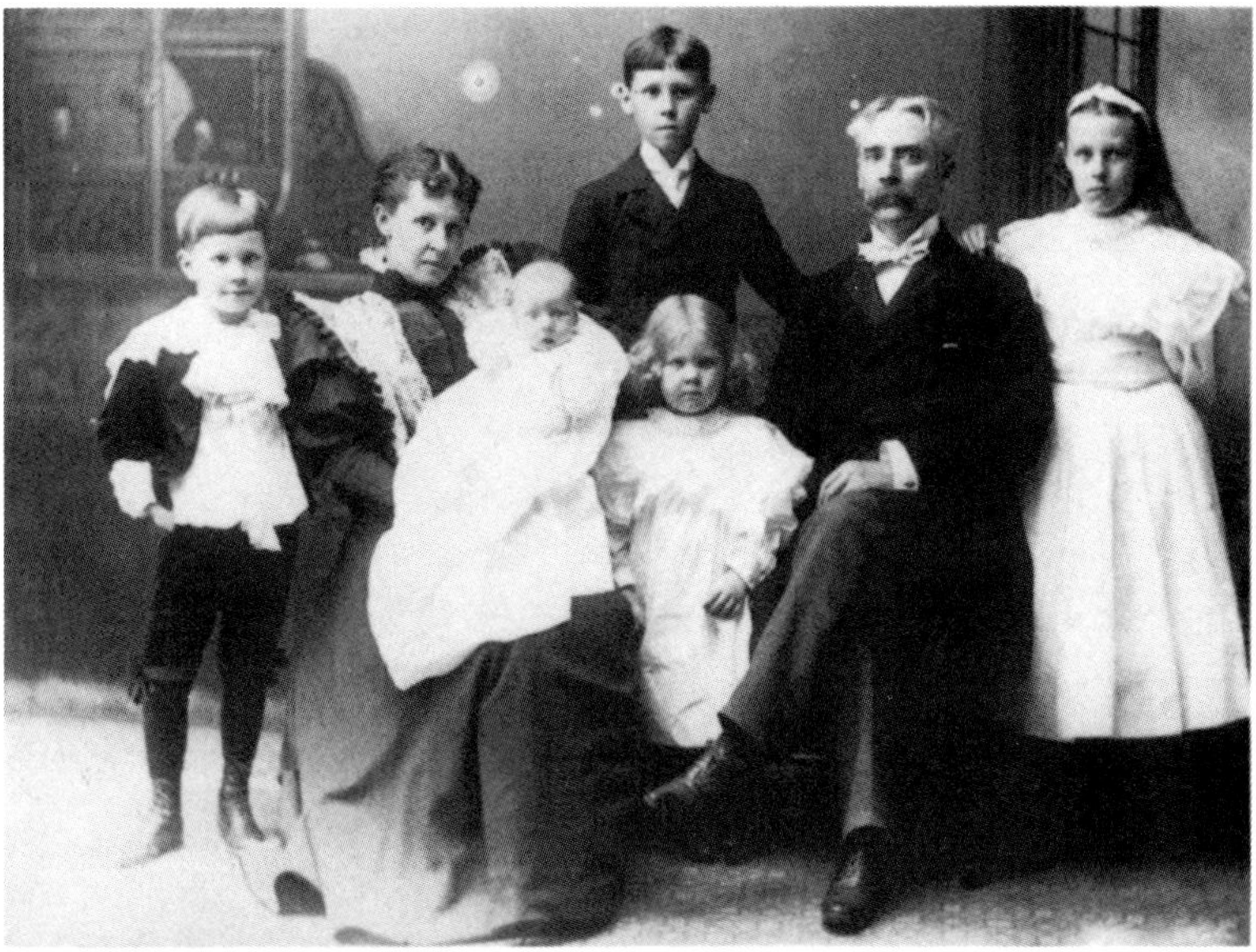

大家族は早期アメリカ社会の特徴だった．大家族の構成員の役割，および相互関係は小家族ほどはっきりしていない．19世紀後半には小家族のほうが一般的になった．子供の小さいこの家族にはさらに数人の子供が生まれ，親は50代，60代を通して子育ての責任を逃れることができず，上の子と下の子の間に大きな年齢の隔たりがあったと考えられる（国立公文書館蔵）．

学年別編成の学校ができるまえ，人口の希薄な地域ではできたあとでも，一教室の校舎にさまざまな年齢の生徒を集めて教えた（国会図書館蔵）．

小児科学が医学の一分野として確立したことは，子供にはその年齢特有の疾病と，大人とは違う生理的発達段階がある，という事実が医師によって認識されたことを示している（国立公文書館蔵）.

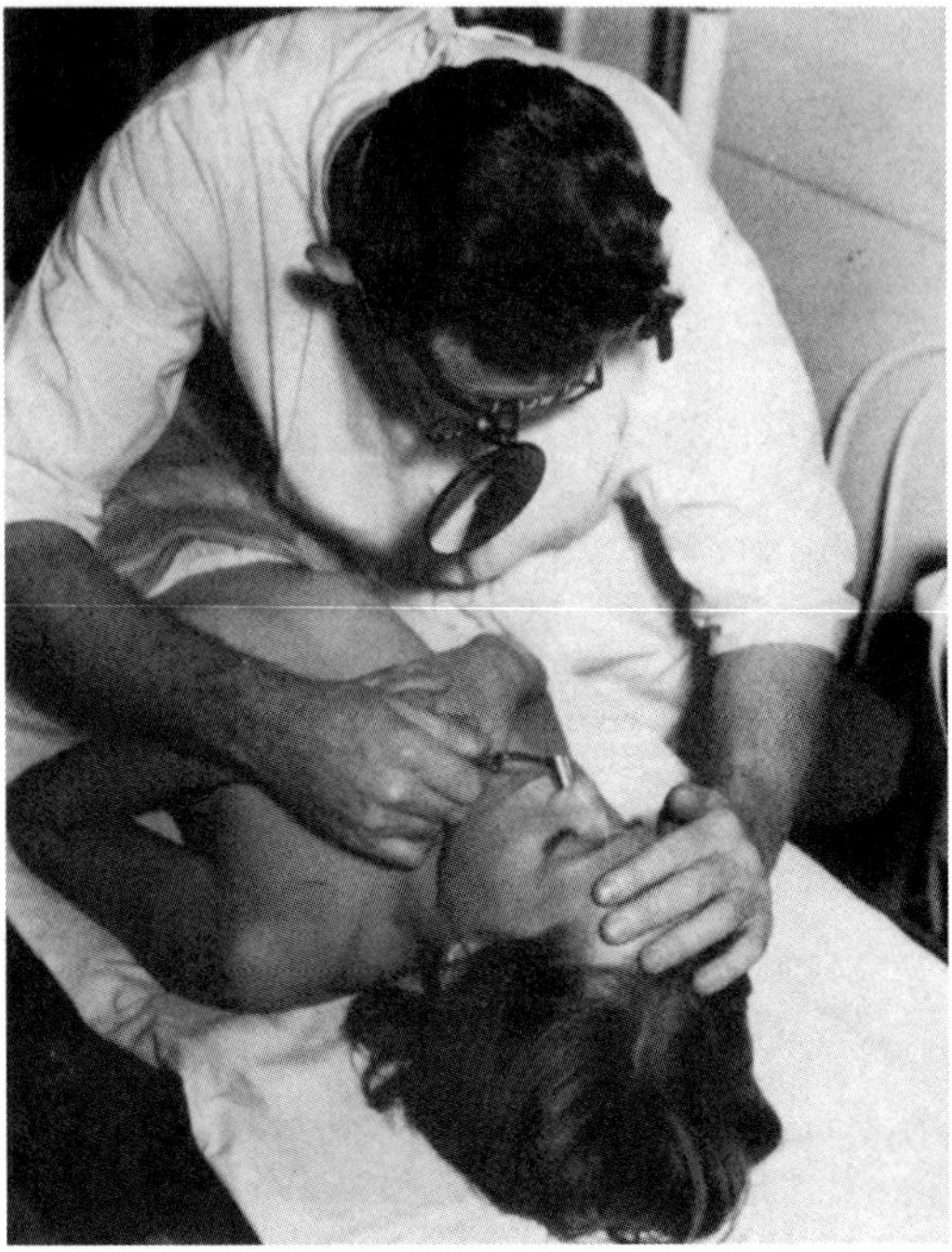

身長のほぼ同じ子供が集まっていることは現代の小学校が年齢別編成であることを示している.（国会図書館蔵）.

1900年には，教育者は各学年の子供たちに学年固有の技能を身に付けさせねばならないと固く信じるようになった．写真は5年生が高さや距離を計測し記録しているところ（国会図書館蔵）．

20世紀初頭にできた中学校は7，8，9学年を小学校と高等学校から分離し，青年期前の若者を隔離して集団化される同年者の幅を狭めた（国会図書館蔵）．

Daughters of Woodcraft
Burlington Vt - copyright 1909

子供だけでなく，大人の活動にも同年者同士の付き合いが強まった．ここに掲げた『アメリカ革命の娘たち』運営委員会の1905年の写真は，委員のほとんどがほぼ同じ年齢であることを示唆している（国会図書館蔵）．

**右頁上**／年齢別編成は授業に留まらず，課外活動にも及んだ．写真は1909年，ヴァーモント州の『木彫の娘』バーリントン支部（国会図書館蔵）．

**右頁下**／６歳から８歳児を対象としたガールスカウトの小分隊，ブラウニーズの編成は，青少年組織の年齢区分を細分化し，同年者の集団化を推進しようとする運動の反映である（国立公文書館蔵）．

19世紀末までに同じ年齢または近似した年齢の者同士の結婚が，累進的な増加をみるようになる．そうした同年輩カップルの間では，ナイアガラの滝への新婚旅行が流行になっていた（国会図書館蔵）．

20世紀初頭，社会改革者や心理学者は，同年輩同士からなる若者の集団に刺激をうけ，思春期の若者に目立つ特徴や欲求に，以前より関心を払うようになった（国会図書館蔵）．

オハイオ州の老人ホームの入居者を撮ったこの写真は，社会的慣習として老人を他の年齢層の集団から引き離すのが，20世紀初期に始まったことを物語っている（国会図書館蔵）．

身内で催すのであれ，同年輩仲間で催すのであれ，バースデー・パーティはアメリカ人の年齢意識を最も儀式化したものである（国会図書館蔵）．

これは1875年ルイ・プラン社発行のものだが，最初の頃のバースデーカードは，「幸せなお誕生日が何度も訪れますように（ハッピー・リターンズ・オブ・ザ・デイ）」というテーマを表現し，現在の幸せの永続を願うものであった（ホールマーク・カード社提供）．

バースデーカードのメッセージは，20世紀初頭になると，現在に，つまりある特定の年齢に，達した意義に焦点をあてたものになる（ホールマーク・カード社提供）．

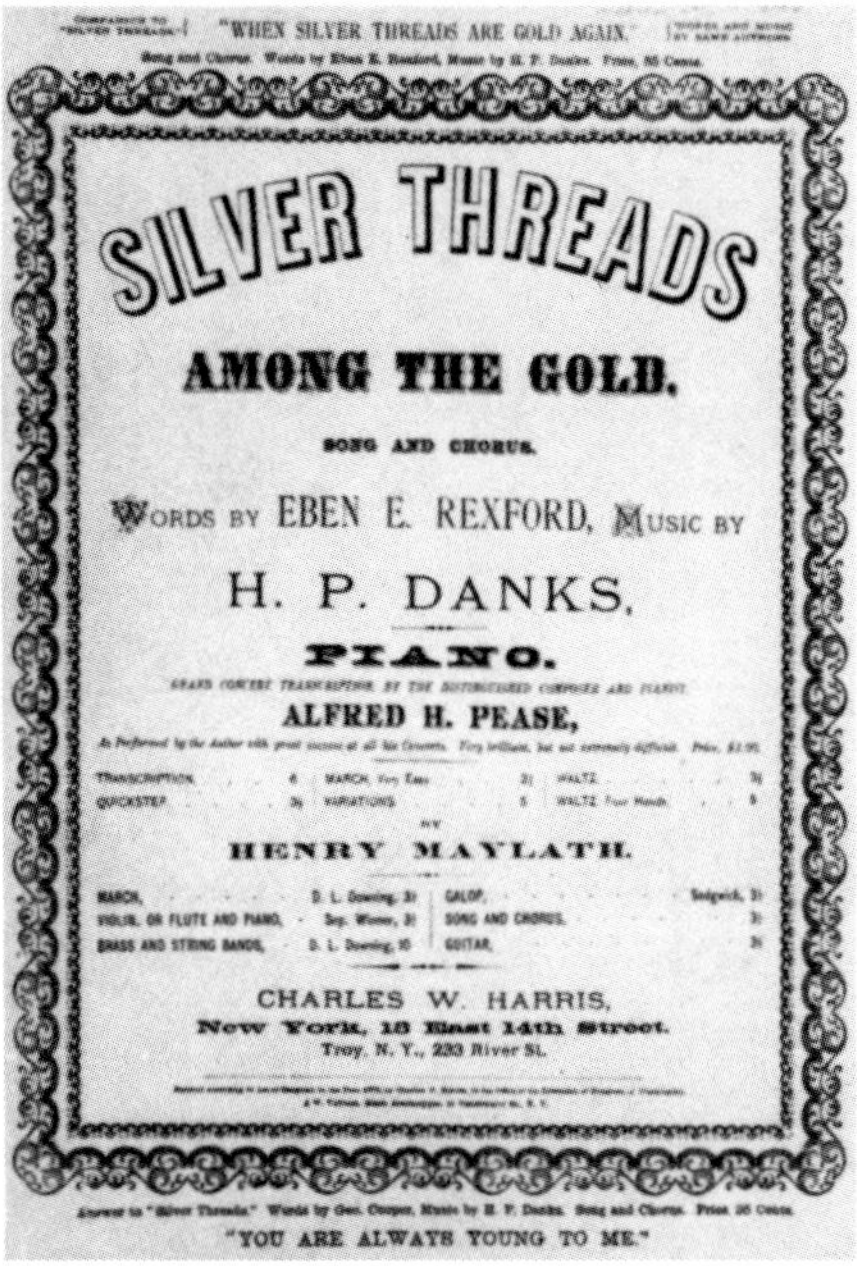


1873年に世に出た『金髪に混る銀髪』は，老年を感傷的にうたい，1870年代，80年代におそらく最も愛唱された歌となった（ブラウン大学，ジョン・ヘイ図書館蔵）．

1911年に出た『僕が二十一，君は花の十六の頃』のような歌は，年齢と年齢規範を明瞭に表示している．それは20世紀初期には新しいものであった（ブラウン大学，ジョン・ヘイ図書館蔵）．

これは1916年に出たものだが，こうしたシート・ミュージックの表紙絵は，老年期のイメージ——寄る年波に動作も緩慢，人柄も丸くなり，老耄のきざしも窺える——といったイメージを世に広める一端を担った．注目すべき点は——薄くなった髪，不恰好な服，針金の縁のメガネ，編み物——といった特徴が老人を他の年齢集団から区別する特徴として描かれたことである（ブラウン大学，ジョン・ヘイ図書館蔵，ニューヨークのシャピロ・バーンスタイン社の許可を得て複製）．

1960年代からアメリカ老齢年金生活者協会のような，老人のフォーマルな団体が結成され，高齢者の要望をかち得るための陳情運動を展開した（国会図書館蔵）．

ナンシーに

# 謝辞

本書の資料はその性質からして各地に散在しており、たとえば六か所の古文書保管所を当たれば基本的資料は集まる、というわけにはいかなかった。アメリカ文化の年齢問題を論ずるに当たっては、社会史研究に使える一次および二次資料が役に立った、ということがあって、資料はいたるところにあり、収集するのにいちいち名前を挙げられないほど多くの方々のお世話になった。

しかし、とりわけご援助を頂いた方々のお名前を以下に挙げて感謝の言葉を述べたい。ブラウン大学人口研究教育センターに対するフォード財団からの研究助成金の一部が充てられた調査活動には、クレア・フォックス、グレッチェン・アダムズ、バーバラ・ナン、バーバラ・ベイアーの各氏に一方ならぬご援助を賜った。多くの図書館関係者にも貴重なご尽力をお願いしたが、中でもブラウン大学ロックフェラー・ライブラリーのジャネット・ドレイパー、イセル・リーの両氏、ブラウン大学ジョン・ヘイ・ライブラリーのジェニファー・リー、ローズマリー・カレンの両氏、並びにインディアナ大学キンゼイ性・性別・生殖問題調査研究所の職員各位には一方ならぬお世話を頂いた。また、ホールマーク・カード社の資料保管所、とくにサリー・ホプキンズさんとシャロン・アーラー氏に感謝の言葉を捧げたい。スミソニアン研究所のジャックリーヌ・マッグレイドさんには写真の調査と本書の内容について貴重なご意見を賜った。

事実関係や解釈の誤りについては著者のみに責任があるが、数人の同僚に解説、批評、示唆、等々を頂いたことを申し添えたい。わけても著者はジェイムズ・T・パターソン氏にお礼を申し上げたい。拙稿を丹念に読んだうえでの貴重なご意見は本書の上梓に測り知れぬ力となった。グレン・H・エルダー・Jr.氏は人生コースの分析に筆者の目を開かせ、本書の理論的補強に貢献してくださった。ジョン・モデル、マリス・A・ヴィノフスキス、タマラ・K・ハレヴェン、の諸氏も貴重な洞察力をもって力をお貸しくださり、ジョン・L・トマス、シオドア・サイザー、リチャード・メッケルの諸氏、およびブラウン大学歴史ワークショップの学生諸君には執筆の過程で種々の有益なコメントを頂いた。プリンストン大学出版局の皆さんにはなにかとご尽力を賜ったが、とりわけ最初から著者を励まし、本企画が進行する過程で歓迎すべきインスピレーションを提供されたゲイル・アルマン氏、鋭い編集眼をもって論旨不明の散文に赤を入れ、理路整然たる文章に直してくださったジャネット・スターンさんに感謝したい。最後になったが、妻のナンシー・フィッシャー・チュダコフには一貫して著者を支えてくれたことを感謝する。

# 序文

「おいくつですか？」という質問は現代のアメリカの社会ではきわめて頻繁になされる。ずばり子供に訊くのは、この問いかけが会話を始めるのに格好なきっかけだと考える大人だったり、自分とくらべたがる同世代の子供だったりする。また、この質問は見知らぬ大人同士が出会うさいに暗黙のうちになされたりもする。実際の話、私たちが初めて人に会うとき、年齢と性別はまず思い浮かぶ分類のやりかたなのだ。人の本質を計ろうとすれば、「年配の人」とか、「三十歳ぐらいの女性」とか、「中年の男性」といった印象がまず私たちの意識をよぎる。

アメリカ人の話し言葉——したがって文化——は年齢の表現に富んでいる。語句のなかには暗黙のうちに価値観を含んだ簡単な表現がある。たとえば「恐るべき二歳児」とか、「娘盛りの十六歳」とか、「三十を越えて」、「初老の人」といった具合である。また、「揺り籠泥棒」(ずっと年下の相手と結婚する人)、「人生は四十から始まる」、などのように、はっきり規範を示すものもある。どんな年齢にも特有の期待や役割や地位がある。現代のアメリカ人は、「学校へ行っている」、「結婚している」、「油が乗り切っている」、「引退している」、などのように、特定の年齢を特定の状態と結びつけて考える。それだけではない。それぞれの年齢と状態は社会が是認する規範を暗に示しているのだ。[1] そんなわけで、人は十歳になれば学校に入るべきであり、三十二歳では結婚しているのが当然、七十五歳では引退しているのが当り前、ということになる。否定的な規範も関係してくる。十六歳で結婚するのは早すぎるし、四十七歳の女性では遅すぎて子供が産めない。それとは逆に、四十八で引退するのは早すぎることになる。特定の年齢、たとえば二十一、三十、四十、六十五、などは特別な象徴的意味合いをもっており、各年齢にはさまざまな生物学的、社会的、法的特質が混在している。二十世紀末のアメリカ社会が時代意識と、日常生活におけるその意味にきわめて敏感なことは疑いを容れぬところである。

常にそうであったのだろうか？　アメリカの制度と人々の生活態度を形成する原理として、年齢が常に強い影響力をもっていたのであろうか？　そうでなかったとすれば、アメリカ人はどんな経緯で年齢を自覚し、個人の年齢や年齢集団に規範を設けるようになったのだろうか？「おいくつですか？」という質問は年齢に関する私たちの好奇心を象徴し、「年相応に振る舞え」という忠告は、この表現の下敷きになっている問いや付託や価値判断の理論的根拠を要約している。理論的根拠がどんな経過で発生したか、これが本書の主題である。

どんな人にも年齢というものがある。年齢は人が生きた期間の直接かつ客観的な尺度である。私たちは時として年齢を変えたり偽ったりしようとする。体重や髪の色はもちろん、男女の性でさえ変えることができるが、年齢は究極的に変えたり操作したりはできない生命の特質であって、何人《なんぴと》といえどもその制約から逃れることはできない。しかし、年齢はこの一世紀かそこらの間に単に暦年的、生物学的現象を越えたものになってきた。社会的意味合いを獲得して人々の態度、行動、個人間の関わりあい方、などに影響を及ぼすようになったのだ。確かに、近代以前の社会や原始社会にあっては、人生の段階がしばしば人の役割や社会的地位を決定した。通過儀礼は、新しいタイプの衣服をまとい、肉体的技倆を試すなどのことがあろうがなかろうが一定のレベルの成熟に伴うもので、軍事、政治、家族、等々への責任を担わせ、またはそれらを免除することによって、個人に新しい社会参加の資格を与えるものである。

しかし、とりわけ現代の西ヨーロッパと北アメリカでは、一定の暦年的時間を経過することが個人の身分を決定づける手段としての通過儀礼と過去の象徴に取って代わった。私たちは、特定の年齢に科学的に定義づけられた生物学的、心理学的特徴を付与するばかりでなく、個人が暦年齢を重ねるにつれて程度の差こそあれ報酬を与え、一種の社会的移動性を経験するようなやり方で加齢に伴う役割と報酬を確立してきた(2)。二十一歳に達すれば、人はそれまで否定されたある種の特権を受ける資格ができるし、六十五歳では享受してきた特権を失う可能性に直面する。顕在化してはいないながら一般的な加齢に伴う社会的移動の例は数が多い。年齢は社会が年齢と結びつけることを期待する特徴の代替物、または予言者になっている。そして私たちはある年齢の人、ないし年齢集団の人々を別の年齢の人または年齢集団の人々と違った扱い方をする。

すべての人に年齢があるように、社会にはそれぞれ年齢によるグループ分けのやり方がある。単純な社会には二つないし三つの階層しかない。子供、大人、そしておそらく老人がそれである。もう少し複雑な社会では、幼児、よちよち歩きの子供、十代、若い大人、中年、初老、老人、といった具合に階層は細分化される(3)。社会層ないしコーホート(統計因子を共有する集団)が一つの年齢集団に限定される事例もある。たとえば一つの層が十八歳の者全員で構成されるわけだ。さらに、人が年老いて成層化された複雑な社会構造のなかを移動するさいには、男女のいかんを問わず役割や報酬の点でさまざまな変化を経験する。社会は十代の若者にたいして十代以前の子供とは違う期待を抱く。代わって後者は学齢以前の子供や、よちよち歩きの幼児とは違う扱いを受ける。中年層や老年層と対比する意味で、初老の年齢層についても同じことが言えるのである。

私は以下の各章でアメリカ社会の年齢による成層化が十九世紀後半に複雑化し始め、その結果起こった年齢意識と、年齢階級（年齢による段階づけ）が二十世紀の最初の三十年間で強まったと主張したい。二十世紀半ばを通して優位を占め、今日なおいささかの変更を伴いつつ優位を保っている制度化した社会の組織の大半はこの過程で創られたものだ。全期間にわたって、年齢意識は教育、医学、心理学、等々の分野における理論や実践に浸透したばかりか、大衆文化の領域にまで広がった。アメリカ社会全般にわたって、年齢は現代生活を秩序だて理解するさいに不可欠な統一原理として採用されてきた。

年齢意識と年齢による行動や慣行の段階づけは、十九世紀末から二十世紀初頭にかけてアメリカ社会に起こった区分化の大きなうねりの一環である。これは科学、産業、交通機関などが人々の生活に革命的な影響を与えた時期でもあった。能率と生産性を重視するようになった結果、人間の生活と環境に秩序と予測可能性を与える手段として計測値の数量的表現を強調するようになった。科学者や技術者や企業経営者は、専門化と専門知識を適用することで精度と管理を目指した。同じ努力が制度や人間活動に適用されて生まれたのが学校であり、医療であり、社会組織であり、余暇である。合理性と計測への弾みには、正確な理解と分析を促進する整然たるカテゴリーの確立が含まれている。こうした分類化の過程において、年齢は際立った基準になるのだ。

工場や会社や学校の変化の背後には、人間の価値観や関係のもっと大きな変化があった。都市化と技術革新の一つの結果として人々の接触の仕方は規模が広がり、多様化した。鉄道、電報、電話、新聞、雑誌、路面電車、自動車、ラジオ、広告、等々は時間と空間の概念を変えてしまった。時計と「時間どおり」という概念への依存が日常生活のあらゆる側面に入り込んだ。加えてアメリカ人は消費主義文化を採り入れた。アメリカは昔から資源と機会の豊かな国だったが、十九世紀末から二十世紀初頭にかけて初めて、豊富こそは全ての人にとって真の可能性だと信じるようになったのである。彼らの語彙と習慣は、必要、購買、販売、リクレーション、そして満足などに対する新たな強調を反映している(4)。

こうした変化は二つの面で年齢意識と年齢による分類に関係している。まず交通とメディアの革命が年齢に関する新しい価値を前の時代には不可能だった広い大衆にまで広めた、ということがある。健康、教育、娯楽、仕事、ならびに家庭生活の領域で医師、教育者、心理学者、その他の専門家が作った年齢規範に触れ、かつそれらを吸収した人々の数が増えた。こうしてメディアは社会を秩序立て、画一的なやり方で区分化しようとする企てを強めた。同時にメディアは消費者がほかの人々の生活や考え方と接触することを可能にし、広い範囲にわたってより多くの人々と自分を比較する、という態度を促進したのである。

アメリカにおける年齢意識の広がりは容赦のないものとはいえ必ずしも積極的に受け入れられたわけではない。社会を織りなす無数の繊維が、年齢規範と年齢による組織化という模様に織りこもうとする企てに抵抗を示した。十九世紀が終わると、批評家は職業指向の強い人々、とりわけ「適齢期」

を過ぎるまで結婚を引き延ばそうとする女性にたいする懸念を表明した。社会的、経済的変化に比較的さらされなかった、「孤島社会」の痕跡を留める地域では年齢別のクラス分けを採り入れず、家族制度は官僚的な社会の分類化と秩序化を拒んだ。少数民族の構成員はボーイスカウト、ガールスカウト、YMCA、YWCA、セツルメント、市民連合、教員組合など、年齢を基準にして組織される白人中産階級の制度が及ぶのを故意に避けた。労働者階級には家族や社会活動において伝統的な世代間接触を維持している者が多く、彼らは家庭経済を支えるために幼年労働の禁止や就学を強制する法律など、年齢に関連した規制に従うことを拒否した。多くの店舗、工場、会社等々には年齢による差別がどちらかというとなかった。ボードビル、映画、観るスポーツなど、新しい娯楽の興行主の中には、限られた年齢層ではなくて、あらゆる年齢のファンに訴えることを狙う者が出てきた。したがって、年齢による格づけを強制しようとするエリートの努力には広範な抵抗が起こり、年齢格差のない組織や組合に所属する人々は、アメリカの社会を分かつものは今もなお、階級、民族、民族性、性別、などの社会的特徴であって、これからもそうであり続けるだろうと主張した。

とはいえ、年齢意識がアメリカの社会組織の支配的な特徴であることに変わりはなく、社会の態度、関心、懸念、言語、などにますます深く入り込んできた。一八八〇年頃の著述家や雑誌の記事は年齢や年齢集団について明確に言及しているが、これはそれ以前にはあまり見られなかったことである。こうした著述家が行なった社会の分析や助言や創作は、当時の人々が年齢規範——各年齢層の人々にとって当を得た行動や技能を構成するものは何かということ——を強く意識していたことを反映していたのだ。この意識は人々が口ずさみ、ラジオや舞台を通して聞かれた歌のような、大衆文化のさまざまなジャンルに認められる。今日のアメリカではきわめて一般的になったために、ほとんど義務的に遵守して由来を考えることのめったにない、誕生日を祝うという一見たわいのない行事も、しだいに芽生えてきた年齢意識の一つの重要な側面であり、反映であった。年齢は人が所有しているものにとどまらず、個人の生活に時々刻々ついて回るものでもあった。

官僚組織、科学や医学の新しい理論、生産の合理化、消費者中心主義、出生率の低下、寿命の伸び、移住など、社会的変化をもたらす要因が年齢集団の間に同じ年齢集団の個人間より大きな影響を与えた。こうした結果はとりわけ若者に影響を及ぼしたが、それは彼らが子供時代から思春期、青年期へと成長するにつれて身に着けた習慣や交際を持ち越すために大人の世界にまで及んだ。十九世紀末の改革者や政策立案者はしばしば、社会変革の圧力のもとで起こりつつあるとされた家族の崩壊を阻止する手段として形式張った施設をつくった。学校、クラブ、運動場などは若い人々を年齢差別のない家族的背景から排除し、同じ年代同士のつきあいに構成していったのである。こうした同年代の集団は改革者の教育目標と人格形成に寄与したばかりでなく、重要な社会化の媒体として集団の構成員に価値と習慣を付与し、構成員ならびにより大きな社会の調停役を果たした。

この研究の下敷きになっている二つの大きなテーマは、(一) アメリカの社会が年齢を意識し、年齢による区分化が行なわれるに至った過程と、(二) こうした過程が大きな社会変革とどのような関係にあったかを追求することにある。これらの過程と相互関係の結びつきはおそらく歴史的分析の他の形式よりも曖昧であろう。特定の戦争の結果や、ある特定の候補者が選ばれることには必ずしも絶対にこれと決まった理由があるわけではないが、因果関係の直接的な系譜が認められるのが通常である。最初の場合にはある特定の戦闘ないしは物資の補給と人員の確保ができたかどうかが問題であり、二番目の場合には特定の演説または経済の状態が問題となる。それと対照的に、アメリカの歴史における年齢の問題は、最終的にはっきりした道を歩むに至るまで長年にわたって変化しながら、きわめて緩慢な歩みの様式、傾向、衝突、よろめきで成り立っている。方向は戦闘や演説といった別々の出来事が決めたのではない。

以下の年齢分析はほとんどが現代アメリカ文化の支配的な、少なくとも最も目立つ部分、つまり都市の白人中産階級にハイライトを当てている。農村部の非白人、移民、労働者階級と折りに触れて比較してはいるが、社会文化的変化、社会経済的変化、性別による変化の詳細な検討を全て含むとすれば研究の範囲が広がってとうてい手に負えなくなるだろう。以下の章で扱った資料がとくに重要だというつもりはない。むしろ最も広く行なわれている一般的展開を見極め、変奏曲とこれに替わる主張は他の人の研究に俟ちたいと思う。筆者はさらに、年齢規範と年齢に基づく組織の発達は広くゆきわたり、かつきわめて強力なので、アメリカ合衆国のほとんど全ての個人や集団に影響を与えるに至ったと考えている。したがって、社会的相違点は重要ではあるが、年齢現象は社会全体に深く根ざしていたのである。

# 1
## ぼやけた年齢差
### 一八五〇年以前のアメリカ社会

ニューイングランドの住民は昔からドライな機知で有名だった。皮肉と風刺に奇抜な趣向と人生哲学をこきまぜ、目を輝かせながらむっつり顔で言ってのける。この古い形のアメリカ的ユーモアを特徴づける、ぶっきらぼうな説教としっぺい返しにはえてして文化的批評が含まれている。十九世紀半ばに流行《はや》ったしゃれはそういうものである。たとえば「ニューイングランド人」が年齢を訊く。訊かれた男はしばしば顎をなでて、「はっきりしたこたぁわからんけど、七年目の浮気の虫が三度うずきよったからな」と答える、などはそうしたしゃれの一つである(1)。

年齢が正確にわからなかったという典型的なアメリカ人の神話は、一八五〇年以前にはおそらく当り前のことだった。アメリカの社会の構造と組織のなかで、年齢は重要な役割を果たしていなかったからである。年齢が人に知れたさいに単純な機能を果たすことは大方の文化の場合と選ぶところがない。それは人がどれだけ生きてきたかを計るし、体力と知識を推し測る物差でもあった。しかし、社会一般の人々を類別する基準としては、年齢は二十世紀の方がはるかに重きをなしている。地域社会において権力や報酬に近づくさいに、年齢がある程度まで影響力をもっていたのは事実である。けれども、人生のある段階で責任を果たし、また加齢に伴って責任を免れるさいに、年齢のもつ形式的、または非形式的な規範は二十世紀におけるほど強くはなかった。要するに、個人の年齢がわかれば自動的に役割や社会的地位がわかる、ということにはならなかった。このように年齢は社会的属性というよりむしろ生物学的現象だったのである。[2]

一八五〇年以前にも、アメリカ人が青春期、大人、老年といった人生の段階や、段階にふさわしい行為に関して一定の概念を抱いていたことは間違いない。しかし、段階の境界線ははっきりしていたわけでもないし、広く認められていたのでもない。たとえば青春期という言葉は七歳から三十歳までの誰にでも適用された。ボーイという言葉には複雑な含意があって、年端もゆかぬ男の子から未婚の男性や、事実上年齢を問わぬ男性の召使いまで、広い意味で使われた。年齢身分と社会的身分が混同された痕跡は今日でも残っており、ボーイやガールがおとしめるような含意を留めているなどはその一例であるが、十九世紀中葉以前のアメリカとヨーロッパでは意味はさらに曖昧だった。[3] 年齢に関連した規範と掟がまったくなかったわけではないが——たとえば大抵の地域社会は若い男と高齢の女の結婚に賛成しなかった——年齢に関連する文化的価値観は不明確だったのである。子供と若い大人の死亡率の高さ（前者は病気、後者は病気と戦争、および出産が原因）に天寿をまっとうすることを阻まれた人々は多かった。そんなわけで、シェイクスピアの言う「人生の七期」のような年齢による諸段階は実体験に基づくというよりも理論的な考え方なのだ。[4] 実際に存在した年齢規制が適用されることはめったになかった。多くの州には若くして結婚する個人に親の同意を必要とする法律がなかったか、あっても強制することはなかった。また、参加者の年齢を規制している義勇兵団や、文学団体のような組織が規制を無視することはしばしばあった[5]。

西欧世界の農耕社会と同じように、十九世紀半ば以前のアメリカ合衆国では人々の日常生活や交際に年齢が重要な役割を占めてはいなかった。この国の制度は年齢別に成層化されてはおらず、文化的規範も年齢相応の行動を強く求めてはいなかった。こうした年齢による段階づけや年齢意識が欠如していたことを証拠立てるものは多様である。しかし、三つの一般的な文脈を検討することで、初期のアメリカ人が年齢をどのように意識したか、ないしは意識できなかったか、を知ることは可能である。三つの文脈とは家族生活、より大きな地域社会、文化的価値の謂である[6]。本書に集められた証拠は総合的なものではないし、決定的なものとも考えていない。むしろそれは初期のアメリカ人が日常生活を営むうえでどこまで年齢への配慮を顧みなかったか、を示唆するのが目的なのだ。

## 初期アメリカ人の家族における年齢集団の統合

十九世紀半ば以前の田園地帯におけるアメリカ人家庭では、違う世代の構成員が毎日一緒に働き、互いに依存しあっていた。地理的にかけ離れているため広い社会との接触を欠くことがしばしばなので、家族はとかく自足した経済単位として機能する傾向があった。野良でも家庭でも、個人の果たす役割は年齢よりむしろ性別によって異なった。もっとも、役割の交替は男女間においてさえ頻繁に行なわれた[7]。また、産業化以前の都会の家庭でも、家族の家庭経済は年齢集団を混淆する傾向があった。長靴や短靴作りとか、小売店の経営といった生産や商業活動の多くは家族はいうまでもなく、職人や手伝い人の協力を必要とする。[8]

産業化以前のアメリカ人にとって、家族の概念そのものが年齢と世代の統合に源を発し、かつ強化された広い意味をもっていたのである。親族のグループ分けは――祖父母と大人の兄弟姉妹を含まない、両親と子供の集団を含め――大多数の構造がはっきりしないが、家族という言葉は共通の家長の下で共同生活を営み、何らかの共通した経済活動に従事している人々全員を指すのが最も一般的である。[9] したがって家族は単なる生殖単位に留まらず、「一家」と同義語であって、血縁関係者のほかに奴隷、召使い、労働者、徒弟、職人などが含まれる場合もあった。家族の人数は十九世紀末には五人、現代ではさらに少ないけれども、そうした単位は大きくて、人数は平均して六人だった。[10]

典型的といいうる事例を一つ取り上げるのは難しいが、ヴァージニア州、ミドゥルセックス郡に住んでいたサラとアンドゥルー・ウィリアムスン一家は初期のアメリカ人家庭の年齢関係に照明を当ててくれる。[11] サラとアンドゥルー夫妻は一六六三年にイギリスからこの郡に移住したが、当時ふたりは二十代後半か三十代の初めだったと考えられる。彼らにはすでに三人の男の子がおり、サラは四人目を懐妊中だった。ウィリアムスン夫妻はまず土地を借り、やがて郡裁判所から約一マイルのところに農場を買った。一六七九年までにサラは少なくともさらに八人の子供を産んでいる。全部で十二人が育ったが、幼時に死んだ子供がおそらくひとり以上いたと思われる（五番目から十二番目は、四番目から五番目が生まれるまで六年の間隔をおいたあとで生まれているが、これはその間に育たなかった子がいたことを示唆している）。当時にあっては、こうした大家族は珍しくなかった。約三六パーセントの家族に九人ないしそれ以上の子供がいたし、大家族の数が多いせいで子供の過半数が大家族に属していた。植民地時代のアメリカの出生率は当時のヨーロッパ社会や近年の傾向にくらべて高かった。十八世紀の年間出生率は人口十万人当たり平均約五十人で、最近ではこの数値が十五人前後であることに思いを至せばいかに多かったかがわかるだろう。(12) サラ・ウィリアムスンは多産な女性で、出産期間は一六五〇年代後半から一六七九年に最後の子を産むまで、二十年を越えている。これはまた、サラとアンドゥルー夫妻が一六八〇年代から一六九〇年代の初めまで子供を育てていたことを意味する。

高い出生率は家族構成に重要なパターンを生むことになった。家族の大きさが仕事の構造と結びついて年齢に基づく差異を曖昧にしたのである。子供がつぎつぎと生まれてくるので、ウィリアムスン家のような家族の構成は子供が生まれるにつれてまず拡大し、成長して上から順に出て行くにつれて縮小するから、おそらく四十年にわたってたえず変化する。子供を産み終えた家族にあっては、幼児から二十代までが一括して「子供」という範疇に入れられかねない。そんなわけで、ウィリアムスン家で最年少のマーガレットが一六七九年に生まれたときには五歳以下と十七歳以上の子供がそれぞれ三人いたのである。子供にとって生まれてくる順序は特別の意味をもっていた。第一子と第二子は親が若くて活力にあふれている時期に生まれて育つが、最後の子は二十年にわたる子育てにおそらく疲れ果てて年老いた親しか知らない。最後の子が生まれたときサラ・ウィリアムスンは五十五歳を過ぎており、アンドゥルーはその子が三歳のときに死んでいる。

生まれてくる順序は兄弟姉妹との関係にも影響を与えた。親が不在、多忙、その他の理由で子供の世話ができないときに、第一子が親代わりをつとめて下の子の面倒を見ることはしばしばあった。他方、末っ子は親のほかに数人の親代わりに育てられるが、親に準ずる者の年齢はさまざまである[13]。兄弟姉妹の年齢に上限と下限で大きな隔たりがあるため、ギャップが埋まって家族を世代別に区切ることを阻んできた。ウィリアムスン夫妻が子供を産み終わった一六八〇年には、この家庭には一歳から二十二歳まで十二人の子供がいたと考えられ、それに四十代の夫婦、場合によっては二十代から三十代の召使いや労働者もいた可能性がある。そうした一家は、三十代半ばの夫婦には十から十二歳の子供二人のほか同居者は誰もいないという、現代の家族にくらべて構造が複雑であるばかりか、人間関係もかなり違ったものになってくる[14]。したがって初期アメリカの大多数の家族にはくっきりした世代間の区別がなかった。第一子は両親が子供を産み終えぬうちに結婚して子供を産む可能性があるので、末の子には親同然の兄や姉がいるばかりか、第一子の子供には似たような齢の叔父や叔母ができることになる。子供時代を年齢に規制された特別な人生の一時期とする考え方は後世の所産である。西ヨーロッパにおけると同様、十九世紀半ば以前のアメリカ社会は後世にくらべて大人中心だった。子供は親の関心事と欲求に従わせられたのである。子供は人生の特別な段階にあって独自の欲求と能力をもっている、という認識はほとんどなかった。植民地時代のアメリカでは子供は親と同じ服装をしていた。たとえばニューイングランドでは小さな男の子が父親みたいにダブレットを着、革のブリーチズをはき、革製のベルトを締めて編んだ帽子をかぶった。女の子は母親同様にシュミーズ・ボディスを着け、リンネルのペチコートにコットンのスカートをはいた[15]。幼児や年端のゆかぬ子供は精神的に弱者で服従させる必要があると考えられたが、七歳ともなればしだいに大人として扱われ、大人並の責任がとれるとされた。学校や同年齢に基盤を置いた組織のような外的影響力よりも、子供自身の肉体的発達が大人への移行を決定づけた。子供をいつどのように教育するかを決める年齢規範はなかった。たとえば十七世紀末にメリーランド州のトーマス・ディーキンスンが子供を学校へやったのは十六歳になってからで、ロバート・コールズが五人の子供を学校へあげた年齢は五歳から十二歳とまちまちだったし、ウィリアム・ホートンが名づけ子を学校へ入れたとき子供の年齢は七つか八つ、期間はわずか二年だった[16]。

しかしながら、成熟の過程は二十年以上にわたることもあった。十代と二十代初めの青年——とりわけ男性——が半ば自立しながらも、親の支配を完全には脱していない状態が続いたからである。三十歳ちかくまで家に留まって父親から土地を貰い、あるいは遺贈されて一家を構える息子は多かった。娘は結婚するまで家にいたものであるが、召使いとして住み込んで他家の主人に仕える者も多かった。そんなわけで、一家は大人になった子供を包含することがしばしばあって、これが年齢の構成と関係をいっそう複雑なものにしたのである[17]。

頻繁な出産と親にたいする子供の半依存性が現代以前のアメリカの家族を膨張させたとすれば、死は縮小する方向へ働いた。しかし、その結果年齢意識と、年齢による格づけは抑えられることになった。疾病、事故、自然、人間の紛争、等々による人命の喪失は年齢を問わず、現代にくらべて頻度も高かった。乳幼児の高い死亡率は高い出生率の影響を緩和した。生まれてから一年目を生き残れないアメリカ人の子供の比率はかなり大きかったのである。南部の黒人やアメリカ生まれの白人の間では乳幼児の死亡率が最も高く、健康状態の比較的よかった十八世紀のニューイングランドでも千人につき約百五十人の嬰児が死んだ[18]。ノア・ウェブスターによれば、彼が所属するニューヨークの監督派教会の会衆は一七八六年から一七九六年の間に三千三百七十八人が死んでいるが、そのうち四二パーセントに当たる千四百四十人は二歳以下の子供であった[19]。誕生時の平均余命はわずか四十から四十五歳だった。乳幼児から子供時代を経て二十歳まで生きれば、六十歳まで生きる可能性はかなり高かった[20]。それでも大抵の地域社会で高齢者はあまり見かけなかったのである。一八五〇年の時点でも、六十歳以上の人口はわずか四パーセントにすぎず、親または連れあいの死が家族崩壊の主要な原因となる状況は変わらなかった。

ほとんど気まぐれともいえる家族の死は不安を醸成したが、それを解消するには家族の間で調整しなければならなかった。死は年齢に関わりなく襲いかかる。家族の誰かが死ぬと、二十世紀末のアメリカ人には通常経験できないようなやり方で調整する必要が起こった。現代では乳幼児は育つのが当り前で、死は高齢と密接な関係があり、死によって情緒的安定、または経済的安定が損なわれた場合には外の力に解決を求めることになる。全ての年齢集団が依存しあう生活態度は初期アメリカの家族生活が脆弱だったことに由来する。一七七〇年には人口の半分以上が二十歳未満で、幼児の死亡率が高かったにもかかわらず三分の一は十歳以下の子供だった。その結果、人生のうちでおそらく最も生産的、かつ独立した時期である十六から六十歳までの年齢層は過半数を割ることになった。したがって、「生産的」な年齢の人一人にたいして十六歳以下、または六十歳以上の、何らかの意味で生産階層に依存しなければならない者は一・一人を数えた[21]。生産者にたいする依存者の割合は一八二〇年には一対一・五、一八五〇年には一対一・二と、依然として比較的高かった(一九五〇年には前世紀にくらべ出生率が格段に下がったことを反映して〇・七まで落ちている[22])。初期アメリカでは非高齢層の大人に依存する子供が非常に多く、加えて数こそ少ないが老人も扶養しなければならぬとあって、大人が死ぬと残された家族は新たな役割、責任、機能、等々を果たさねばならず、これが年齢の規範と、年齢に寄せられる期待を不要のものにしたのである。したがって母親に死なれた十二歳の女の子は、弟や妹にたいしては母親代わりとなり、やもめの父親には主婦の機能を果たさねばならなかった。さらに、過密な住居空間にはプライバシーがないばかりか、他者とは異なる存在として自分を意識する――年齢意識を含めて――などはありえなかった[23]。十代の少年や八歳の子供のような特定の年齢集団によくある、人工物で「大人の部屋」や個人の寝室を飾る可能性はほとんどなかった。初期アメリカ人家族の年齢範囲の広さと構成の変化は構成員の体力や報奨への接近に複雑な差異を創り出した。そのシステムはかならずしも調和的ではなかったし、信頼感を生み出すことにもならなかった。父親が子供に財産を遺贈するさいには、自分の死後に母親の面倒を見ることを条件とする場合がしばしばだったが、これは親にたいする愛と義務を強制する必要があったことを反映した慣行である[24]。にもかかわらず、複雑に絡みあった強い家族は無常な人生の出来事にたいして大きな砦となった。一人で生きる個人はほとんどいない。世代間のつきあいは一般的に言って同じ年齢グループ間のつきあいよりも多かったのである。

## 地域社会の弱い年齢規範

家族の場合と同じように、アメリカの田園地帯と大規模産業発達以前の都市社会は、十九世紀半ば以降にくらべて年齢集団をあまり区別だてしなかった。教会その他の地域社会集団は、家族、地域、共通の利益、などを基盤に構成され、それらの活動には年齢格差、すなわち年齢による分類がなかった。こうした集団の中に仲間集団ができるのは避け難いことだが、そのような集まりはとかく一時的なもので、年齢を基盤にした下位文化が社会一般から正式に認知されることはない。ニューイングランド清教徒団のような集団が大人と子供の世界を区別したことはあったものの、両者間の知的・情緒的差異が大きいとは信じていなかったのである。(25)

当時は世代を縦割りにしたつきあいが圧倒的に多かった。しかし、大きな例外はロウエルやマサチューセッツのような初期の工場町で起こった。これらの町では一八二〇年代から一八三〇年代にかけて、ともに生き、働き、学んだ何千人もの若い女性からなる仲間社会が形成された。彼女らに共通した活動と経験がロウエルの工場労働者を他の年齢集団から引き離したが、こうした隔絶はその程度において他の社会の女性労働者にはみられなかったものである。これが発展して、後に労働者の抗議行動となった結束を育て上げた。(26) しかし、そうした結束は例外的なもので、大抵のところでは若者を糾合して同年代グループの発展を促す普遍的な学校教育がなかったし、大人の仕事の世界に子供が参入するのを先へ伸ばす長期間にわたる教育も行なわれなかった。仕事の背景ばかりでなく職業そのものも、年齢によって峻別する制度を欠いていたのである。

一八五〇年から一八六〇年代にかけて年齢集団別に教育する学校が発足したが、それ以前の青少年教育はまちまちで、系統立った方法というものはなかった。男の子も女の子も生活の知恵と技術は農場で家族から学んだ。年配者が説明し、実地にやって見せ、命令した。そして若い人々は年上のやることを見、話を聞き、わからぬことは訊いて実行に移した。教育はおおむね日常生活との関わりのなかで行なわれ、血縁関係のない子供と職業的教師をクラス単位に集めて行なったのではない[27]。たとえば清教徒は何人《なんぴと》も聖書が読めなくてはならないと信じていたが、子供に文字の読み方を教えるのは親の仕事だと考えた[28]。

十八世紀末には組織的な学校教育が北アメリカ中に普及していた（もっとも、南部では北部や中西部ほどには普及していなかった）。しかし、歴史家のローレンス・クレミンによれば、「農家のキッチンや辺境の教会に集まる半ば学校の形をとったものからニューヨークやフィラデルフィアの慈善学校、ニューイングランドの町の主催する試みや、国内各地にできた準公立の学校」など、形は千差万別でバラエティに富んでいた。こうした学校には入退学に一定の年齢基準がなく、幼い子供が十代の少年と同じ教室で学ぶ姿を見るのは珍しくなかった。就学年齢や出席日数が決まっていないので、年齢は勉学のレベルを計る尺度にはあまりならない[29]。一教室しかない校舎が最も一般的な施設で、さまざまな年齢の子供を収容してひとりの教師が教えた。したがって全員に課題を与えることが教師の仕事の大部分を占めていたのである。ときにはグループごとに分かれて暗唱したり、兄弟姉妹や他の生徒から教わったりもした。クレミンによれば、教師がおおむね未経験である上に生徒の学習態度が悪く、閉校のやむなきに至ることもあった。校庭も合併授業を反映してさまざまな年齢の子供が同じゲームや遊びに参加した[30]。

一七九〇年から一八五〇年までの国家主義発揚期に存在した少数の大学は多くの活動に年齢区分を設けなかった。大抵の大学は四年の履修課程を設置し、学生を一年から四年まではっきり分けはしたが、各学年、および学生全体の年齢構成は十九世紀後半の大学にくらべてかなり緩やかだった。ハーヴァードやイェールのような大学に十四歳の学生が在学しているなどは珍しいことではなかった。二十代半ばの青年が在籍していることについても同様である。また、教職員や理事の年齢が年長の学生のそれと重なりあうこともままあった。チャペル・ヒルのノースカロライナ大学を統括したジョゼフ・コールドウェルが一八〇四年に学長に就任したとき彼は弱冠二十四歳だった。学生と教職員は教室の外で多くの共同活動に参加した。礼拝、寄宿舎、食堂、などは年齢集団や地位集団を二十世紀の大学生活では考えられないほど結びつけた。学生は文学サークル、社交クラブ、スポーツ・チーム、といった集団のなかで自分たち自身の活動を行なってきたが、組織内の年齢構成が厳密な意味での同年代のつきあいを阻んだ。そして少なくとも一八五〇年以前には、小グループの活動より全学的な行事の方が一般的だった(31)。

勉学のほかに、若者が大人のような交際に参加することで年齢制限のない活動へ参入させられることになった。ジョゼフ・ケットも言及するように、「若者」の早熟性を受け入れる大人は多かった。現代ではあまり見られなくなった寛容性である。たとえば十九世紀初頭に興った信仰復興運動には子供も十代の若者も大人と同じ程度に参加した。改革や友愛組織にはえてして年齢の制約がなく、メンバーの年齢幅は広かった。ケットは一八〇〇年に結成されたデラウエア奴隷制度廃止協会を引きあいに出し、メンバーの年齢は十代から五十代に及んだと述べている。禁酒協会、聖書協会、討論クラブ、などは年齢のいかんを問わず、若者や大人に広く門戸を開いていた(32)。初期の若年者禁酒協会は、通常十二歳から十八歳まで、という具合に年齢制限を設ける場合もあったが、対象が若年者であれ大人であれ、主要な目標はメンバーに禁酒を誓わせることにあり、酒の誘惑に弱いのは子供も大人も同じだとすれば年齢に制限を設ける必要はなかったのである[33]。また、後日YMCAに吸収された組織は若い男性を年齢に関わりなく無差別に組み入れた。こうしてスコットランドのグラスゴウに住むディヴィッド・ナイスミスが一八二〇年代にイギリス、フランス、およびアメリカで七十の若い人々のキリスト教協会の調整《コーディネーター》役になったときには、メンバーは十四歳から三十五歳までの個人で成り立っていることがわかったのである[34]。

　地域社会の活動、わけても田舎の村や町のそれには後年にくらべ、さまざまな年齢や世代の個人が参加した。ニューヨーク州の北部に当たるナンティコーク・ヴァレーでは、十九世紀を通じて典型的な社交の場であったキルティング・パーティの参加者は男女を問わず、年齢もさまざまだった[35]。こうしたパーティでは「若い者」のグループは一目でそれとわかったが、彼らが差別されたり年長の大人と違う仕事をさせられたりすることはなかった。同様に、地域社会のメンバーは全員が年齢に関わりなく「プレイ・パーティ」に参加したが、これは一八三〇年前後にアメリカの開拓者の間で一般的だった社交的な集まりである。プレイ・パーティはゲームと歌で構成され、世代によって違った活動をする。若いカップルが輪になって踊り、子供と年配者は背景で手拍子を打ち足を踏み鳴らす。輪の中心にいる一人の男性が女性のパートナーを「盗もうとする」、あるいは選ぼうとするゲームであるが、あらゆる年齢と世代の人々がこの活動に参加するところがミソで、皆で合唱しながら踊るが、そのさい『スキップ・トゥ・マイ・ルー』という歌を繰り返しうたうことがしばしばだった（ルー lou は恋人という意味で、スコットランド語の love に当たる loo から派生したもの[36]）。

住民の活動に年齢制限を加える法律や習慣は多くの地域社会でなおざりにされた。たとえば、子供の労働を禁止する法律を可決した州はほとんどなかったが、十九世紀初頭にそうした法律をもっていた州にも年齢を証明するものの確認を雇用者に義務づける規定はなかったし、ほとんどの雇用者はそんな法律など無視してかかった。また、一定の年齢以下の者が結婚するさいには親の承諾が必要だとする規定は強制されず、年齢に無関心なあまり結婚の登記簿に年齢を記載しない地域さえあった[37]。

十九世紀半ば以前の貧民救済に関する法律は年齢意識の欠如をさらに反映するものだったが、当時としてはこれが支配的な社会の態度だった。アメリカの大方の地域社会は、貧窮者の範疇を決めてはっきりした対策を講じるよりは「救済に値する」貧窮者を見分けることに関心があった。十八世紀には、多くの町や村は地元の救貧院に収容することで極貧にあえぐ市民の面倒を見た。この政策は孤児、精神障害者、老齢者、寡婦、身体障害者、等々の区別なく救済に値すると考えられる者にのみ適用された。貧窮者は年齢に関わりなく等し並みに福祉対策の対象となった。一八二〇年代から一八三〇年代にかけて税金による公的施設が開設されたが、そこでも被収容者を年齢や状態によって区別することはなかった。貧窮院には老若男女の別なく、さまざまな程度の障害者が収容された。大都市では肉体的障害の程度によって受ける救済にも差異があったが、そのさい年齢は考慮の対象にならなかった。幼い子供を除いて、体に異常のない貧窮者でまともな者は全て働くことになっており、健康であるかぎり労役所に収容され続ける可能性があった[38]。

仕事場そのものが、異なる賃金集団が混じりあうもう一つの環境を提供した。田園地帯に住む家族の日常生活を支配する農作業は全員の協力を必要とした。仕事の基本的な区別は経験と体力によって決まり、時には性別にも依ったが、年齢に左右されることはめったになかった。一八三〇年以前の職人芸に大まかな年齢区分――技術の修得と熟練に基盤を置く部門で――があったのは事実だが、労働環境に厳密な差別はなかった。一般的に言えば、十四歳から二十一歳までの労働者（中には七歳の子供もいたが）は技術修得中の徒弟だった。職人は自分の道具をもっているけれども他人の下で働き、年齢は通常二十代から三十代だった。彼らは四十の声を聞くまでに親方になる。これは独立した生産者で、人を雇い入れ、原材料と製品は自分のものである[39]。初期の製造工程には仕事を差別化するものもあった。たとえば十八世紀末におけるマサチューセッツ州、リンの靴製造業では職人と親方は家の外の「テン・フッター」と称する小さな仕事場で革を裁断し、鋲を打ち、底を上部に縫いつけた。一方妻や徒弟や子供は家のなかで上部をこしらえた[40]。しかし、鞍や馬具作り、鍛冶屋、大工、宝飾品作り、などの職人は年齢等による仕事の分割を最小限に留め、みんな一緒に同じ仕事に携わった[41]。

仕事場でさまざまな年齢の者が一緒に働く習慣は十九世紀まで続いたが、製造工程の変化に伴って年齢と熟練度による労働者の類別化が起こってきた。工業化はほとんどの職種で仕事の性質に二つの基本的な変化をもたらした。一つは課せられる仕事の複雑さが減じたことである。したがって要求される技術の数も減じて機械を利用する度合いが相対的に増大した。こうした変化が最初にもたらした大きな結果は徒弟制度の崩壊で、生産工程から多くの十代の労働者が消えたのである。手工業が機械化されると、最も若い労働者は助手や使い走りのような熟練を要しない仕事に使われ、将来熟練した職人集団の一員となる望みはなくなる。さらに、少年を労働者として頼りないと感じて大人の未熟練労働者を雇う経営者が増える。彼らはしばしば移民であった。徒弟制度の衰退は突然やって来た。たとえば一八五〇年から一八六〇年の間に工業化の進んだ国内きっての手工業の中心地、ニュージャージー州のニューアークでは、高度な技術を要する業種で働く十五歳から二十歳までの白人男性の割合は六五パーセントから四一パーセントに減り、同じ年齢集団の白人男性で失業または在学中の者は六パーセントから二七パーセントに増えた。[42] リンの製靴業界でも、同じ徒弟制度の衰退と十代の労働者の排除が起こっている。[43]

工業化への移行はまた一部の業種から高齢の労働者を排除する、という事態を引き起こした。高齢に伴う知識と技術の需要が減じ、新しい機械の手入れや監視に臨機応変の反射神経と肉体的効率が要求された。こうして一部の工業化された手工業では従業員の年齢は狭い範囲に圧縮され、失業する十代と高齢者層が出現し始めた。[44]

それでもなお、一八五〇年当時は工業化の過程がさして進んでおらず、限られた地域しか影響を受けていなかったために、ほとんどの仕事は年齢による分化と専門化が行なわれていなかった。年齢の下限を決めて子供の就労を規制した少数の州も、実施はあまり強制しなかった。子供と大人の間に年齢の境界線を引き、かたや教育の世界、こなた仕事の世界、とはっきり分ける義務教育法はなかった。年齢のスペクトルの対極に、高齢者を生産に従事する大人と分かつ強制退職や年金制度があったわけではない。農場では男も女も体力の許すかぎり働いた。仕事場でも職人は身につけた技術や経験が必要とされる間、あるいは怪我や体力の衰えが原因で仕事ができなくなるまで働いた。ほとんどの事業所が小規模で、大量生産が揺籃期にあった時代には、自営が全ての年齢集団、とりわけ高齢者の間に見られる生産方式だった。

あらゆる年齢層が共に働いた時代をロマンチックに考えるのは間違いというものだろう。ほとんどの人は主として自分の口を糊し、家族を養うためにあくせく働いたわけだが、この目標を達成するのは必ずしも容易ではなかったのである。不作や商売の失敗例は多く、労働時間は長かった。さらに、雇用は気まぐれな景気循環に左右された。労働人口を区分化し、年齢が一八五〇年以前にくらべてはっきり成層化される重要な変貌はまだ起こっていなかったのである。

## 年齢が重要な意味を持たなかった時代

家族の役割や地域社会への参加問題で年齢への配慮が曖昧であれば、社会の規範もまた年齢意識を反映したものにはならない、ということは論理的な帰結である。十九世紀半ば以前に、アメリカ人の表明した社会的に重要なもののなかに特定の年齢に対する期待が含まれることは稀で、大衆文化は年齢差別のない社会のあり方を補強していた。この文化は全ての地域、階級、民族、人種・言語集団に共通の画一的なものではなかった。しかしながら、この時代に人気のあった著述を見ればアメリカ人が社会の組織化をもくろみ、青写真を描くさいには年齢を重要な分類原理とは考えなかったことがわかる。十九世紀初頭は人の行ないや人格の向上を説く著作が大いに流行《はや》った時代である。一八〇〇年代初めに国内のほとんどを席捲した福音派キリスト教の梃入れたる第二の覚醒大運動の結果の一つとして、俗界、宗教界の著述家がこぞって、適切な道徳的振る舞いに至る道と彼らの信ずるものに照明を当てる論文や手引き書を出版する、ということが起こった。なかには旧世界の慇懃《いんぎん》な言動とエリート意識を模倣ないし見習おうとする者もいた。さまざまなエチケットの手引き書が、もう一つ上の階層によじ登ろうとする男女を対象に行動の規範を説き、宮廷か上流の社交界ならばそうでもあろうかと言いたくなるような助言を書き連ねた。これらの著作は人生の各段階に違いのあることを認めていたが、それぞれの年齢や年齢集団にふさわしい行動、ならびに行動の基準にはほとんど例外なく触れていない。たとえば初めイギリスで出版されアメリカでもいくつかの版で入手できたチャールズ・ウィリアム・デイの『エチケットに関するヒント』には、晩餐会の着席法、結婚、衣裳、会話、立ち居振る舞い、等々、多くの章にわたって詳しく述べながら年齢には何の言及もない。事実年齢という言葉は晩餐に関する章で一度使われているだけで、その部分を引用すれば、「パーティの出席者が客間に揃ったところで、その家の主人または女主人は、事実上または想像上の前例、地位……年齢、または一般的な社会的重み、などに従ってどの夫人からダイニングルームに案内するかを決め……」となっている(45)。

デイの手引き書は男性向けに書かれたものだが、これの向こうを張るものに『淑女のためのエチケット』というのがある。この本では「若い淑女」、「年老いた淑女」、と二つに分類しているが、それぞれ何歳から何歳までを指すかについてははっきり述べていない。著者は、淑女にふさわしい会話は「常に女らしく齢《とし》相応でなければならない」と言い、衣裳については、「齢相応の原則とは中程度の資産家の子女がどんな服装をするかというようなものだ。たとえば年老いた淑女は華やかな色や凝った趣向を避けるべきだし……羽根飾り、花、宝石、などの優雅な装身具も感心しない」(46)と述べている。しかし、ある行動が受容され、別の振る舞いが不可とされる年齢は明示されていない。また、エレガントな晩餐会の席では「若い客はテーブルの下座につく」べきだと述べているものの、若いとは何歳ぐらいを指しているかについては言及がない。しかしながら、そうした規範は、エリートの晩餐会にはさまざまな年齢の若い大人や、大人の年齢集団が出席した可能性を示すものでもある。[47] 同様に、アメリカの人気エチケット作家、ハーヴェイ・ニューカムの著した『淑女になる方法』にも、敬虔、人前での振る舞い、テーブルマナー、読み物、ドレスのスタイル、などさまざまな項目にわたる指針に年齢規範を挙げていない。[48] ニューカムはこの本を『若い淑女のガイド』の先駆けのつもりで書いたが、いずれの著作でも対象とした読者の年齢範囲をはっきり示さなかった。むしろ彼は、『若い淑女のガイド』は「人格があるていど成熟し、宗教的な生活にすでに入っているとみなされる」女性にむけて語りかけたものであり、『淑女になる方法』は「もっと若い女性」を対象とした、と述べている。[49] 規範的・教育的著作において年齢を限定しないやり口は世紀末にはあまり見られなくなるのである。[50]

中産階級を対象としたこの手の読み物の作者も規範を示したが、年齢基準はやはり欠いていた。十九世紀初頭から中葉までの中産階級向けの指針は俗界の徳目とキリスト教への敬虔さを結びつけた。洪水のように出版されたこれらの手引き書は、若い人々に神と社会への義務を教えようとする牧師や俗界の指導者の努力を反映したものである。こうした著述家を代表する人物のひとりジョエル・ハウズは、コネティカット州、ハートフォードの会衆派教会で牧師を五十年ちかく勤め、一八二八年に初めて『人格形成に関する若い人々への講義』を出版した。ハウズはとりわけ読者にむかって、君らは「やがて家庭をもち、財産を所有し、会社に勤めて権力を握り、今は他人の手にある影響力を行使するようになる」と語りかけた。こうした責任を双肩に担うためには、知性と、高潔かつ道徳的な人格と、個人的な宗教を身につけねばならないと説いた。[51] 大人の人生にいくつかの段階があって、それぞれの段階は前のそれに依存している、ということを彼は漠然と認識していた。したがって彼は、「若いときに自分のことしか考えない者は長じて男らしさに欠け、老年に至っては惨めな守銭奴となるであろう」と警告した。[52]

人生に段階があり、若い時分に高潔な人格を形成すべきだとするハウズの認識は、同時代の著述家の書いたものよりも明確にこの段階を定義づけている。しかし、彼の定義はまた、二十世紀初頭の年齢意識に共通の側面をあらわしている。「若い男性の危機」と題する講演のなかで、彼は次のように主張した。

人生のそれぞれの時期には特有の誘惑と危険が付き物である。しかし、最も大きな危険が伴い、目が離せないのは十四歳から二十一歳までであろう。人格が形成され、固まるのはなんといってもこの時期だからだ。いわば人の性質と習慣の春季であって、性格が永続的な形と色彩を帯び、若者の将来が決まる……我々が通常、若い人と呼ぶ時期は人の生涯で最も重要かつ危険の多い時期である。[53]

こうした考え方は七十五年後にG・スタンリー・ホールの青年期に関する理論に受け継がれているが（第4章参照）、それが書かれた時期を象徴していることを示す要素がいくつかある。ハウズは「若い男性」を十四歳から二十一歳で括れる時期と定義づけたが、これは現代の基準からすればいささか大まかである。要するに、十四歳の子供と二十一歳の青年を同じ範疇に入れることは、一世紀半前にくらべて今日では受け入れ難くなっているということなのだ。さらに重要なことは、十代の者を「若い人」と見るハウズの考え方が子供と大人の間に境界を認めない当時流行の規範を反映していたことである。成人が十四歳から始まるのは、十代の終わりまで親への依存が尾を引く、ないしは十代の者を大人の生活の重荷から保護しなければならない、ということがあったとしても稀だったためだ。[54]事実、一八五二年に出版された著者不詳の『育ちのいい少年少女』に至っては成人は十歳に始まるとし、この年齢に達すれば大人の行動基準に従い、他人の面倒を見るなど大人としての責任を自覚しなければならないと述べている。[55]ジョン・A・ジェイムズの手になる『家を出た若い男性』(一八三九年刊)、ダニエル・エディ著の『若い男性の友達』(一八五〇年刊)、ダニエル・ワイズ著の『若い男性の相談相手』(一八五〇年刊)、などもハウズほどはっきりした言葉によってではないが若い成人の時期を定義づけている。これらの著者がそれを十五歳から二十一歳までとするのが一般的だったことは、この時代のパラメーターの幅と大まかさをよく示している。[56]

若い男女向けに行動の手引きを書いた著者の多くは結婚問題に一章を割いた。結婚の宗教的・社会的意義に関する冗長な説教のほかに、この章では結婚相手や恋愛遊戯と真面目な求愛の違いについて厳しい助言を与えた。しかし、結婚の適齢期についてはっきり述べていないのは注目に値する。むしろ、結婚は早まるなかれといった具合に、年齢基準は漠然と述べるのが通例だった。たとえばティモシー・ティトコムは、「過渡期」の間、若い女性は「自分自身を人生のさまざまな義務に合わせるよう心掛けるべきである……自分の心を知るには若すぎ、一般的に言ってそれは知るに値しないと心得ねばならない」。したがって「若い女」は男と恋愛遊戯をするのはいいが、結婚を考えてはならない、というのが彼の結論だった。[57] ティトコムは男にたいしても似たような助言をしている。彼は「結婚に強い憧れをもつな……とりわけ二十一歳以前に起こる失恋が大きな打撃になると想像してはならない」と言っている。[58] 同様に、フランス語版から翻訳されて一八四〇年代にアメリカで広く読まれた「結婚、その生理学的検討」と題する論文は、結婚は自慰行為の悪習を治す唯一の方法であると論じたが、同時に若い読者にたいしては潜在的結婚相手に「ことのほか魅了され」、結婚するまえに「熟慮する」ことを促している。[59] 著者は年齢を意識し、結婚するには若すぎる齢と、結婚しないでいるには老いすぎた齢があるということを認識していたものの、こうした十九世紀半ばの手引き書は世紀末の類書を特徴づける年齢の明示と、そうした規範に従わないことで同世代の足並みを乱す者にたいする譴責《けんせき》を欠いていた（第3章参照）。

大人の「男」と「女」として共に暮らす結婚後の生活を考えるに当たって、アメリカ人は植民地時代から十九世紀初めにかけて年齢、または人生の段階に基づく区別だてを事実上しなかった。ティモシー・ティトコムの著書の「若い夫婦への手紙」と題する章には、子供はいつ産み始めいつまでに産み終えるべきか、肉体的・心理的変化が起こるのはいつか、一家の収入と支出が最も大きくなるのはいつか、等々の年齢に関連した基準がないが、こうしたことは十九世紀末には特定の年齢と結びつけて考えられた。[60] 十九世紀半ばに書かれて人気を呼んだ『私の住む家』と題する一般向けの生理学手引き書にも、年齢に結びつけた生物学的パターンの情報はない。助言書を数多く世に出した著者のウィリアム・A・オルコットはこの論考に隠喩を駆使して人体を建物になぞらえ、骨格を骨組みに、皮膚と筋肉を屋根と外壁に、目を窓に、内臓を家具に、それぞれ喩えた。各部分の働きに関する説明でオルコットは、柔らかい骨は「齢をとると固くなる」と述べているほか成長ないし年齢に関連した発達段階への言及をしていない(61)。特定の年齢に対する唯一の言及は、人は二十歳から七十歳まで一日四十マイルの割合で週に六日、歩き続ければ左右の膝をそれぞれ七億五千百二十万回屈伸することになる、と述べた箇所だけである(62)。

以上見てきたように、初期アメリカ人の大人の認識に年齢と段階の意識が欠けていたことは、歴史家ジョン・デモスが行なった十八世紀末のマサチューセッツ州、セイラムにおける魔女裁判の分析にも示唆されている。セイラムその他の地域で非難の対象となって処刑された魔女の年齢を図表にあらわした結果、そうした女——少数の男もそうであったが——の大多数が今日の言葉で「人生半ば」とか「中年」と呼ばれる四十代から五十代だったことがわかった。しかし、デモスによれば魔術狂の時代にこの事実を過大に重視した者はいなかった。植民地時代のアメリカ人が中年期を生活環（ライフサイクル）の中の一つの段階としてはっきり認識していなかったからである。植民地時代の人々が年齢を考慮に入れていたのは間違いのないところだが、四十から六十歳までの男女に何か特徴を認めていたとすれば十分に発達した体力と能力ということになる。この年齢集団に属する男は通常、信望と富と責任の絶頂期にあり、女は産み終えた子供の養育に当たっているので一家の女主人として権勢をふるっている。ヒステリーの時代にあっては、他者にたいして権力を握る者は男女を問わず魔術を弄する者として非難の対象にきわめてなりやすかったのではないか、というのがデモスの推測である。そのくせデモスも強調しているように、魔女狩りが猛威をふるった時代に魔女として非難された者の年齢、または人生の段階に意識的に触れた者はいなかった(63)。

初期のアメリカ社会における高齢者の存在が年齢にまつわる配慮を促したのは事実である。若い者は年配者を重んじ、場合によっては敬わねばならないとされた。また、清教徒のような集団の文献は、老年は神の贈物だと主張した(64)。たとえば清教徒のインクリース・メイザー牧師は、「長寿に恵まれる者がいれば、長らえた命は神に賜わったものと思え」と説いた。彼はさらに言葉を継いで、「自然によって(人々の)心に書かれた法律は、高齢者にたいして特別の関心と敬意を払えと指示している」とも述べている(65)。こうして植民地時代のアメリカ人は老年を人生の一段階としてはっきり意識していたが、そのイメージはディヴィッド・ハケット・フィッシャーも論じた通り、社会的慣習と言語が高齢者に否定的な特質を付与し始めるにつれて変わった。その結果、男も女も若作りな服装をするようになり、親方とか雇主の意味だった gaffer は田舎の爺さん、苔の生えたという意味の fogy が時代遅れの頑固者、という具合に、老人にたいする軽侮の念を反映して否定的な含意を示すようになったのである(66)。

とはいえ、別の面では文化的表現が老齢の特色はもとより存在さえ無視する、ということが起こった。植民地時代の聖職者や地主の日記には高齢による隠退や活動の縮小はめったに記載されていない。ヴァージニア植民地の移民、ウィリアム・バードの日記には七十歳で死ぬ少しまえにラテン語、ギリシア語、ヘブライ語を勉強していたと書かれている。ほかに毎日ダンスをやり、女の召使いをこまめに誘惑していたが、自分の年齢への言及はおろか、寄る年波には勝てぬとか、男の機能も低下したという記述は一切見当たらない(67)。小説家が老齢の自覚を表現するさいには、「失われた青春」とか「冬の季節」といった比喩的表現に託すか、相対的な言葉を使うことが多い。十九世紀半ばの大衆雑誌に掲載された小説のなかで、登場人物が老境と若い頃の違いを語って、「なに、むかしと今ではどう違うかって？　ほとんど同じだねえ……少しばかりリューマチが起こって、寝るときにちょっと大儀で、朝起きるとき体の痛みが増すぐらいのもんだ。違いといいやそんなことぐらいだねえ」というくだりがある。(68) ヘンリー・ディヴィッド・ソーローやラルフ・ウォールドー・エマスンのような著述家は老年に固有の特質を挙げているが、彼らとて何歳から老年に移行するかについてはっきり述べていない点では他の著述家と選ぶところはない。

最後に、日記や自叙伝に書かれる自己省察はえてして本人を取り巻く文化との関わりを露呈するものだが、これもまた年齢規範をほとんど示していない。たとえばニューヨーク州の田園地帯にあるナンティコーク・ヴァレーでは、人が家族や社会の活動に参加するさい年齢はめったに決定要因とはならなかった。若い人々が新しい社会的役割に興味を抱いてそれを担うむね意思表示をし、親が同意すれば手続きは終わったのである。両親、とりわけ母親は彼らの人生を生きた年数ではなく、子供たちの経験と世代から世代への移行で計った。ナンティコーク・ヴァレーの日記作者は、時間の経過と生活の変貌を誕生日の回数や齢を数えるなどの方法によらず、親の死、子供の結婚、孫の誕生、等々によって論じた。(69) 日記作者は折にふれて考えたことを人の目に触れさせようとは思わないので、わかりきった子供の齢を書く理由はなかった。これに反して自叙伝作者は読者を想定して書くが、彼らもまた子供や親戚の年齢には触れていないのである。一例を挙げれば、レベッカ・バーレンドは一八四八年に出版した自叙伝のなかで一家が一八三一年にイギリスのヨークシアからイリノイ州のパイク郡に移住した経緯を詳細に述べているが、自分と夫と五人の子供で構成される家族について述べた箇所では子供の年齢を列挙することを重要とは思わず、当時「長男は九歳ぐらい」だった（傍点筆者）、とさりげなく書いているだけである。(70)

いくぶんエリート趣味ながら、十九世紀半ばの年齢にたいする態度を象徴するものの一つにロバート・Eとメアリー・カスティス・リー夫妻の娘、アグネス・リーの日記がある。アグネスが日記をつけていたのは十一から十八歳までの一八五二年から一八五八年にかけてだが、心の奥底を覗かせる記述が数多くありながら年齢については事実上ひとことも触れていない。誕生日を迎えたとか、齢を一つとった、という記述がまったくないのだ。(71) 誕生日への言及がない、あったとしてもことのついでに触れるだけ、ということは十九世紀の他の日記作者にも共通していることだが、これは人々が年齢を重ねることにさして意味を認めなかったか、誕生日を機に自分のやってきたことを顧みる習慣がなかったか、のいずれかを示している。アグネス・リーが過去を振り返ったのは社会的記念日にさいしてであって、自分の誕生日ではなかった。そんなわけで十三歳の一八五四年一月二十二日に彼女は、「あたしは一年でとてもたくさんのことを学び、経験した。あたしは変わったような気もする。若いレディとして遅くまで起きていてお話をしたり、散歩をしたり、召使いにあれこれ用をいいつけたり、考えたりもしなければならない、まるで二十歳にでもなったみたいに(72)」と書いたが、この文章もまた、同時代の手引き書に表現された価値観を反映している。要するに、「しかるべき家庭」では後日若年期として認識された特別な時期をほとんど考慮に入れず、子供から一気に奥様の身分に駆け登ったのである。さらに、アン・モリソン・リードのような初期の日記作者は家族の集まりや訪問が非常に多かったことを記録に残しているが、年齢差別や同輩グループの活動に関する記述がないところから、こうした行事には年齢や世代を越えて全員が参加したと考えられる。

植民地時代と独立直後の時期に書かれた、生活の心得や日記には人生の段階と個人的時間の経過をどのように感じていたかが瞥見されるが、それらを読むと、人生コースの変化は緩慢な展開をたどり（たとえば独立と依存と半独立の間を行きつ戻りつしながら結婚するにつれて大人の役割を無理なく担うようになるなど）、ある年齢に達することで急激に起こるものではない、というのが彼らの考え方だったことがわかる。人々が従ったり押しつけられたりした規範や掟は、社会的に受け入れられる言動とはどういうものかをわきまえさせることに目的があった。したがって年齢はせいぜいのところで暗示されるに留まったのである。人生の段階を示す仕切り線を何歳で引くかについて合意はなかった。若年、成人、淑女、老年などの、明確に特定できない時期に何がふさわしいかについて、漠然とした言及があるにすぎない。そして人々が自分の人生を振り返るときには、何らかの文化的年齢基準に則して社会的地位や業績を測る、ということは滅多にしなかった。したがって彼らの記述は年齢差別のある社会よりも、むしろなかった社会を表わしているのである。

以上の分析は、十九世紀半ば以前のアメリカ社会の特徴ははっきりした年齢意識や年齢規範がなく、年齢階層はある程度まで否定的証拠に基づいていた、という一般論を支持している。要するに、資料は年齢への無関心、または言及の脱落を示しているのだ。人々が折りに触れて年齢を考えたことは間違いないし、社会組織が暗黙のうちに年齢による成層化を反映していたことも事実である。さらに、アメリカの歴史が始まって二百五十年間はこと年齢に関しては静的ではなかった、ということがある。人々の態度や慣習がさまざまな面で変わったのだ。たとえば十九世紀初頭にはホレース・ブッシュネルのような宗教界の自由主義者があらわれ、神の恩寵が人間――大人の意味――を神に引き寄せるとする清教徒の信条を改めにかかった。子供を含めてあらゆる人間の精神的成長には段階があり、人は宗教教育の助けを借りてそれぞれに神を求めるものだ、というのが彼らの主張だった。しかし以下の各章が示すように、この時代の文化や制度にたいする年齢意識の浸透度は一八五〇年以降にくらべてはるかに少なかったのである。

入植以来の二百五十年間を特徴づける現代以前の社会環境においては、個人の人生コースの変わり目には正式な通過儀礼がある一方で儀式張らない役割引受けの自由さがあった。通過儀礼には長いズボンやスカートの着用、徒弟から職人への地位の向上、改宗の経験などが含まれた。漠然と年齢に関連してはいるものの、こうした儀式にはっきりした年齢規範はたとえあったにしてもほとんど適用されなかった。歯芽発生、初潮、閉経、などの生理的現象でさえ年齢に関連づけて考えられることはあまりなかった。いつ働き始め、親になるか、といった役割引受けの時期はえてしてまちまちだった。すでに触れたように、親に養われる子供から独立した大人への移行は不可逆的ではなかった。若年者が半ば親に依存する状態に置かれていたからである。したがって一家の中で親と子供の地位に混乱を来たす、ということが少なからず起こった。地位を巡る競争を押さえるには大まかな年齢規範が必要になってくるが――十八歳の若者が職人の親方になるとか、五十歳の女が二十五歳の男と結婚するということはめったに受け入れられなかった――そうした規範は伝統的な慣習として存在していたので

あって、現代のように社会の秩序を保つ手段として制度化されていたわけではない。(73)

しかし、十九世紀末には制度化された移行が通過儀礼に取って代わり、役割引受けの過程を秩序化した。通学の開始と終了、大人の仕事への就業、結婚して子供をつくり一家を構える、隠退して老境を迎える、などの時期がより厳密に決められ、より正式に認められることになった。こうした成り行きの結果は、初期のアメリカ人が可能とは考えなかったまでの年齢意識と年齢階層のある文化や社会の出現であった。

## 2　年齢階級の起源
### 医学と教育

現代のアメリカ合衆国にみられる年齢階層は多岐にわたる要因の所産だが、発端は子供の教育と医療である。中世にヨーロッパに住んでいたアメリカ人の祖先は子供の知的、肉体的、道徳的問題にほとんど関心をもたなかった。子供は乳離れの直後から大人の世界に組み込まれる。しかし、子供の幸福は道徳的秩序の確立に欠かせないとする認識が十六世紀から十七世紀にかけて学者や聖職者や医師の間に起こり、十八、十九世紀を通じて加速された。著名な児童史家、フィリップ・アリエスによれば、「爾来、子供は実生活への準備ができておらず、大人の世界に入るまえに特別な扱いを受け、一種の隔離状態に置かれなければならない、ということが認められた」のである。(1)

アメリカ人は十七世紀と十八世紀にさまざまな教育機関をつくった。プロテスタントの各宗派が経営する小学校があるかと思えば読み書きのほかに科学や外国語を教える私立学校もあり、大学は若者を法律、医学、宗教などの専門家に育てた。そのほか講演や討論会を開催する特別協会。金持ち階級の子女を教える個人教師。ダンス、フェンシング、音楽、その他の上流階級の稽古ごとを教える特殊学校。金持ちを対象とするカトリックの修道院や、貧民向けの伝導活動などがあった。一六四二年のマサチューセッツ州を皮切りに五、六州が学校を設立したが、基金は通常、税金で賄った。こうした学校に入るのは概して貧しい家庭の子女だったため、公立学校は慈善事業の一環とする認識が広まった。以上見たように、初期アメリカの教育制度には一貫性がなく、設立母胎もさまざまだった。

十九世紀における教育界の主要な業績の一つは公立小学校の設立である。ここでは大多数の子供に総合教育を施したばかりでなく、異なった社会階層の子供が一緒に学んだ。アメリカの公立小学校がどのような経緯で設立され、しだいに顕われはじめた官僚体制が是とする価値観を補強するに至ったか、については資料に事欠かない(2)。しかし、大方の歴史家はアメリカの教育が年齢別クラス分けを導入した過程と、そうした組成が文化にもたらした結果に触れるのみであった。

初期アメリカの教育施設は多様性に富んでいたが、子供の医療機関には見るべきものがなかった。医学は十七世紀と十八世紀に画期的な進歩を遂げたが、小児科学の歩みは遅々として進まなかった。子供が病気に罹ると母親や産婆が治療に当たる。家族の手に負えなくなって初めて医者が呼ばれた(3)。しかし、十九世紀には疾病の新しい臨床研究が医師を促して子供にいっそうの注意を払わせ、子供の病気を再認識させた。その結果、病気と年齢の相関関係に着目することになり、子供の病気にたいする新しい態度が医療関係者の尽力で社会にゆきわたったのである。

## 年齢階級を導入した教育への影響

年齢階級を導入した教育はアメリカで始まったのではない。起源は遠くギリシア、ローマに遡る。

古代ギリシアとローマにおける若い男性の正式な教育は通常、大まかな年齢別に三つのレベルに分かれていた。一つのレベルから次のレベルへの移動は正式な通過儀礼の一部として行なわれた。ローマの若者が十六歳前後でトーガ・プラエテクスター（緋〔紫〕の縁飾りのついたトーガ）からトーガ・ヴィリリス（元服用のトーガ）に着替えるときには——これは成人に達して大人の仲間入りをしたことを示す儀式である——同時に文法と文学の勉学にいそしんだ文法学校を卒業して専門的な職業訓練を受けた(4)。

ヨーロッパでは長い間ギリシアとローマの学校が教育のモデルだった。この状況は十六世紀に入って教授法が数人の有力な著述家の主題になるまで続いた。近代初期のもっとも重要な教育理論家はおそらくドイツの学者で宗教改革者でもあったフィリップ・メランクトンであろう。メランクトンはチューリンゲン公国の教会や学校を訪れたあと、一五二八年に『訪問記』を出版したが、そのなかで彼は子供を三つのレベルに分けて教えるシステムを概説した。分割の目安は年齢よりむしろ読み方、文法、文学といった特定の技能や科目の修得に置かれた。しかし、メランクトンの提案には形式化した等級づけないし階級化が含意されており、これが後日教育者によって一五五九年にはヴュルテンベルク、一五八〇年にはサクソニーで、それぞれ学校法に採用されるところとなった。一六三〇年代にはモラヴィアの改革者ヨハン・アモス・コメニウスがギリシアやローマの制度に似た教育制度を提案し、十九世紀に起こった諸改革の確たる前例をつくった。コメニウスは『ディダクティア・マグナス』のなかで年齢別構成の三つの学校の構想を描いている。すなわち六歳から十二歳までを対象とする母国語学校または小学校、十二歳から十八歳までを対象とするラテン語学校または中学校、十八歳から二十四歳を対象とするアカデミアまたは大学である(5)。

教育に階層性を導入しようとするコメニウスの計画が十分に実行に移されたのは一八一九年、プロシアの学校制度が確立した年のことだった。爾来それは教育改革者、なかんずくアメリカの改革者にかなりの影響を与え、一八三〇年代には州政府が学校視察の目的で数人の教育者をプロシアに派遣した。たとえばオハイオ州はハリエット・ビーチャーの夫であるカルヴィン・ストウを一八三六年に送っているし、マサチューセッツ州は一八四三年にホレース・マンを派遣した。彼らの報告はプロシアの制度を強く支持した。たとえばマンは、「プロシアの学校制度が優れているゆえんは何よりもまず……生徒を適切にクラス分けしていることにある。生徒の数が分けられる程度に多いところでは、例外なく年齢や習熟度別にクラス分けされている。また、一人の教師が受け持つクラスは一つと決まっている」と書いた(6)。こうした視察報告がオハイオ、マサチューセッツをはじめ、その他の州に公立小学校の設立を促したのである。

ヨーロッパの有力な教育理論の第二の流れは、一七六二年に出版されたジャン＝ジャック・ルソーの『エミール』に発してスイスから流れ出した。少年教育の理想を描いたこの作品のなかで、ルソーは学習過程を自然な成長過程に合わせる新しい方法を説いた。この本は、現前する「自然状態」の中で自己実現をはかることを強調する理論と違って死後の生活を説く、形式的な教会の教育にたいする批判書の役割を果たした。したがってルソーは、プロシアが採用したクラス別編成の理念に人間は段階的に発達するという考え方を加えたことになる。

ルソーに深い影響を受けた人々のなかにチューリヒの教師で人道主義者でもあったハインリヒ・ペスタロッチがいる。校長になった一七六九年から一八二七年に世を去るまで、ペスタロッチは子供の才能と能力の自然な成長に見合った教育計画の開発に没頭した。彼はルソーの思想を敷衍して、教育者は子供の発達の法則を発見して全人の形成に手を貸さねばならない、と主張した。教育は子供の成長に合わせて段階別に組み立て、一つの段階を経て次の段階へと、論理的な手順を踏みつつ進めてゆかねばならない、というのがペスタロッチの信条だった。(7) ペスタロッチの考え方と実験はヨーロッパの他の教育理論家のそれと同様、ヨーロッパを旅行するアメリカ人を引きつけた。最も著名な訪問者はコネティカット州とロードアイランド州で教育改革を行なったヘンリー・バーナードであるが、彼は一八三六年から三七年にかけてスイスの学校教師でペスタロッチの熱烈な信奉者の一人だったエマニュエル・フォン・フェレンベルクのもとに身を寄せている。

しかし、厳しい段階づけをした教育計画がアメリカで支持されるためには、イギリスで始まった現存のモニター方式を乗り越える必要があった。十八世紀末に、ともにイギリス人だった英国国教会派の牧師とクエーカー教徒の学校教師が、宗教の基本を従来より経済的かつ効率的に教える方法を同時に開発した。この方式は生徒を助手、つまりモニターとして使い、教師一人では手に負えない大きな複数クラスの授業に当たらせる、というものだった。独立したばかりのアメリカとあって、英国国教会はもとより、イギリスにまつわるものはすべて人気がなかったので、この国で採用されたのはクエーカー教徒の教師、ジョゼフ・ランカスターの考案した方式だった。一八〇六年にニューヨーク市で初めて採用されるや、この方式はたちまちほとんどの人口稠密な地域に広がった。「ランカスターのモニター制」の名で知られるこの方式は生徒を小グループに分け、モニターに任命された生徒を頭にすえる。「先生が連隊長でモニターは若い分隊長」という関係であるが、この分隊長は連隊長に直接教わったことを隊員に教えた。こうして一人の教師が先生と監督者を兼ね、数百人からなる生徒集団を管理することができた。モニター方式のグループ分けは前時代の個人教授に取って代わったけれども、分け方は年齢理論や子供の発達段階に基づいたものではなかった。むしろそれは生徒を教科や能力によって分け、頭のいちばんいい子をモニターとしてグループの頭にすえたのである。最初は文字の読み方と、教義問答を教えるのに使われたランカスター方式だったが、やがて他の教科にも利用されて一八三〇年代にはしっかり根をおろし、とりわけ東部の都市の学校で著しく普及した(8)。

全ての影響がヨーロッパからやって来たのではない。アメリカで生まれた理論も、最終的に年齢別クラス編成の現代の学校を生んだ大きな流れに注ぎ込んだ。最も重要なアメリカ生まれの理論家の一人にサミュエル・ハリスン・スミスという人物がいたが、彼の書いた「教育批判——徳行と英知の密接な関係を例証する」と題する試論は、一七九五年にアメリカ芸術科学アカデミー賞を授与された。後にトマス・ジェファーソン大統領の機関紙になったフィラデルフィアの新聞、『ナショナル・インテリジェンサー』の編集者だったスミスは、「親の権威から独立し、かつそれを凌ぐ」教育制度を確立することは国家の義務だ、と論じた。彼は、子供が「一定の年齢」に達すると公的教育が家庭教育に優先すべきだ、と信じた。その年齢は「頭が偏見に支配されず、徳行と真実の前に第一印象が消え去る」程度に若くあるべきだとした。したがってスミスは、年齢と教科によるクラス分けの結びつきが大まかであるような教育計画を提案したのである。彼の計画は学校を二つの段階に分ける。第一段階では五歳から十歳までの子供が読み書き算数の基礎を教わる。第二段階では十歳から十八歳までの生徒が英語と算数の懇切丁寧な個人指導を受けるほか、歴史、地理、自然科学等も学ぶ(9)。

国内で初めて年齢制限を設けた教育施設は幼児学校だったが、これも大英帝国を真似たもう一つの改革である。幼児学校は一七九九年、スコットランドのニュー・ラナークで手工業者ロバート・オウエンが労働者階級の幼い子供を対象に、徒弟や職工になるまえに道徳的、肉体的、知能的訓練を施す目的で創設したことに始まる。この考えがアメリカ人を魅きつけたのはほかでもない、当時アメリカ合衆国で行なわれていた教育のありようが、子供が七歳ないし八歳になるまで故意に小学校から遠ざけておきながら読み書きの基礎ぐらいは習い覚えていることを期待する、という次第のものだったからである。東部の各都市が幼児学校や小学校を競って建設し、通常三歳から七歳までの、幼い子供に施す公的教育の準備に取り掛ったのは一八二〇年代のことだった。家庭まがいの環境に子供を収容し、女性教師が基礎的な知能訓練や躾を遊びに結びつけながら教える。幼児学校は教育を子供の自然な発達と一致させるとするペスタロッチの理念を最初に実行したといってよいが、そうすることで彼らは、アメリカの教育を発達段階別組成という基準の導入に近づけ、それに合致するように教科課程を整備していったのである(10)。

皮肉なことに、子供の発達段階論が早く完成の域に達したことと、公的教育の形式化が幼児学校運動の首を絞めることになった。ペスタロッチの原則の一つに、教育を自然の成長に合致させるにさいしては教師は子供に負担をかけすぎないよう留意しなければならない、というのがある。一八三〇年代にはこの警告は、幼児学校で物心もつかぬうちから詰め込み教育をやられると幼い子供の頭や体は損なわれるのではないか、と数人のアメリカ人著述家が危惧の念を表明するきっかけとなった。むしろ子供の成長を促し、後日の過酷な勉学に備えて体を鍛えるべきだ、というのが彼らの論旨だった。

こうした危惧にはっきり表われているのは、年齢規範と人生コースに適切な予定を立てることの必要性である。「老年も早くやって来る」のではないかという恐れのせいで、子供の教育を始める「時期が早すぎる」ことには根強い反対があった。一人の著述家に至っては、八歳以下の子供に一日一時間以上勉強させれば脳に「病的状態」が発生し、最後は「てんかん、狂気、白痴」になりかねない、とまで言った。手引き書は五歳以下の子供に知的訓練を施すのは安全でなく、唯一の適切な活動は遊びだ、と注意を促した。さらに、一八五〇年代に公立学校制度が確立されてくると、教育委員会が就学年齢を六歳ないし七歳に決める、ということが起こった。こうして世論が幼い子供を幼児学校に入れることに反対するばかりでなく、官僚側からの改革が小学校の就学年齢を下げたこともあって、幼児学校の年長組に通う子供がいわば小学校に吸い上げられた。やがて小学校は女性教師の採用数を増やしはじめたが、これは幼児学校の職員供給源を侵害することになった。我々はなにも反対者が言うように知育を過度に強調しているのではない、と経営者は抗議したが、資金繰りと職員の補充がしだいに苦しくなって、幼児学校運動は一八五〇年代には消滅したのである[11]。

## 学年別編成小学校の設立

幼児学校の衰退とほぼ時を同じくして公立小学校設立運動が加速しつつあった。アメリカ合衆国で年齢別編成が初めて形式化したのはこの運動においてである。公立学校の設立と年齢別クラス編成はいくつかの方面から直接弾みをつけられた。一つの影響は人口統計学と実際性が結びついた結果によるものである。一八四〇年には学齢人口、とりわけ急速に発展しつつあった都市のそれは、従来の学校組織では対応できないほどに増大した。ランカスターのモニター制度はもともと増え続ける生徒への対応策として採用されたものだが、それですら一つのクラスにさまざまな年齢、体格、能力の男女生徒が詰め込まれていることから生じる苦情は処理できなかった。ヘンリー・バーナードは「都市および農村における公立学校の学年別編成」と題する有名な講演でこうした考え方を述べたが、そのなかで彼は、さまざまな生徒が混在する教室は効率的でなく、思いやりに欠けていると主張した。加えてこの頃には生徒数が増大し、教師を増やさなければやっていけなくなった。教育委員会は常に経費の膨張を警戒しているので安上りの女性教師で間に合わせたいところだったが、当時の風潮は、子供から十代の若者まで年齢に幅のある騒々しい男子生徒をか弱い女性教師に任せることに否定的だった。生徒を年齢で分け、年長の男子生徒を男の教師に回せば女性教師の負担が軽くなるはずである。[12]

学校建築の責任者は増え続ける生徒数に合わせて細かなクラス単位に仕切られるように校舎の構造を変えた。十九世紀初頭には、都市部でも校舎には一教室しかないのが通例だった。ランカスター方式が導入されると、モニターは生徒の喧嘩の仲裁をしていないときは教室の決まった箇所に席を占める。しかし、生徒の数が増えるにつれて、教室のとなりに暗唱室のある校舎が登場した。校舎が新しければ新しいほど暗唱室の数も増えてゆき、一八四〇年代には新しい校舎の多くが学年別編成の可能な造りになった。十九世紀後半に建築された標準的な校舎は三階建で、各階には四教室あった。[13]

理論と必要性が基礎を、校舎造りが枠組を、それぞれ提供したので、学年編成の学校を発足させるには行政の改革を残すのみとなった。十九世紀半ばには、旧来の個人指導制では民主主義の価値、すなわち制度や理念を徹底して教えるには十分ではない、と確信する教育者が多かった。公的教育の普及を図るには、何らかの原理に従って学校の組織を変える必要があった。そうした原理こそ教育的見地から行なわれるグループ分け、換言すれば学年別クラス編成の導入である、というのが多くの教育者の一致した見解だった。公立学校制度を成功させる主要な条件は、同じ教師の監督下にある一つの教室に常時、「年齢と到達度がほぼ同じ（傍点筆者）生徒を発達段階別に収容するクラス編成だ」、とヘンリー・バーナードは述べた。[14]『マサチューセッツ州教育委員会書記の第七年次報告書』（一八四四年刊）でプロシアの教育制度を絶賛し、最終的には学年別編成への道を拓いた論争の火つけ役ホレース・マンは、民主的な学校の統一と社会化の目標は生徒を管理可能な集団に分けて教えたとき初めて実現しうる、と主張した。そうしたシステムは生徒の気質、能力、興味の対象、などの個人的な違いを許容するはずだった。にもかかわらず彼はクラス分け、カリキュラム、教科書、躾、等々を画一的にする合理的な組織化――換言すれば官僚体制化――を求めたのであった。[15]

アメリカの教育を組織化しようとする改革者の努力は一八四八年に重大な時期を迎えた。その年、ホレース・マンの信奉者だったジョン・D・フィルブリックがボストンにクインシー・スクールを設立したからである。フィルブリックのクインシー・スクールは十二教室と集会所を備えていたばかりか、各教室に一人の教師、六百六十人の生徒には机を一つずつあてがった。最も重要な点は年齢と段階別にクラス分けしたことだった。フィルブリックは一八五六年に教育計画を公表したが、それによると生徒は六か月ごとに進級していき、クラスとともに教師も変わることになっていた。[16]

その後二十年にわたって、ほとんどの都市と多くの町村では独自の段階的なカリキュラムをもつ学年別編成の小学校が設立された。七、八、九年制とまちまちだったが、八年制がもっとも一般的で、通常六歳で入学し、十四歳で小学校の課程を終える。一八七一年には多くの都市が就学年齢を六歳、高等学校――小学校の次の段階――の入学年齢の下限を十二歳とする法律を可決した。

こうして一八七〇年代には学年編成の公立学校がアメリカ全土に定着したのである。義務教育法はまだ根づいていなかったものの、一八七〇年には学校に通う五歳から十九歳までの白人の子供は六一パーセントを超えた。これを一八三五年の三五パーセント、一八五〇年の五〇パーセントとくらべてみれば、増加の度合いがいかに大きかったかがわかるだろう。(17) こうして学年編成のクラス分けは、かなりの割合にのぼるアメリカの子供を年齢によってグループ化し、こうしたグループ化は教育に固有なものだという考え方を大人の世界に定着させた。

学年組成を標準化することでアメリカの学校の社会的多様性と一見混沌とした環境に秩序をもたらすことができる、と教育者は考えた。効率的な学校経営を達成するため、改革者は製造過程を一つずつ積み上げてゆく工場の分業制度をあからさまにまねた。セントルイス市の公立学校視学官だったウィリアム・T・ハリスは、旧い教育法を「銃身から銃床まで何もかも一人で造った鉄砲鍛冶」になぞらえた。学年編成の新しい学校は「スプリングフィールド造兵廠とか、ウォルサムやエルジンの時計工場で行なわれている分業制度」を採り入れて成功したものだ、というのが彼の結論だった。(18)

学年編成の採用は段階的進級制の工場じみた環境に子供を押し込めたばかりでなく、早熟性の発生と許容を排除する結果となった。ということはつまり、幼児学校の衰退と六歳から十四歳までを対象とする八年制学校の設立が四歳で小学校に入学したり、十四歳で大学に入ったりすることを難しくした、ということなのだ。

私立学校の提供する数字はこうした成り行きを裏打ちしている。十九世紀半ばに中等教育を担っていたのは主として私立学校だった。公立高校が十九世紀末まで普及しなかったからである。一八五〇年以前には、大英帝国とアメリカ合衆国の私立学校には子供や十代の少年や若年の大人が一緒に在籍していることがしばしばだった。しかし、小学校に学年制が導入された結果、中等教育はおおむね十代の少年を扱うようになった。たとえばフィリップ・エクセター・アカデミーの学生を調査したジョゼフ・ケットは、十三歳から十九歳までの学生は一八一〇年の五七・七パーセントから一八四〇年には六九・七パーセントになり、一八七〇年にはさらに増えて八七・三パーセントになっていることを発見した[19]。一八六八年にはイギリスでも同じ傾向があることがわかり、これを調査した人は、「十三ないし十四歳になるまでは子弟をハーロウやラグビーのような学校にやらず、同じ年の少年が通う予備学校に行かせるのがきわめて一般的な風潮になってきた」と述べた[20]。

アメリカとイギリスの中等学校で起こったのと同じ年齢幅の縮小と、早熟性にたいする寛容度の減少がわずかに遅れて単科大学や総合大学でも起こった。その結果、一八五〇年にはブラウン大学に入学した学生の三六・一パーセントが十八歳から二十一歳だったが、一八八〇年にはこの数字が五七・二となった[21]。一八三五年には、オックスフォード大学の入学者のうち二七パーセントは十七歳ないしそれ以下だったが、一八八六年にはこの数字は六パーセントに落ちた[22]。こうして高等教育機関も小学校同様に、在学生の年齢の標準化が進んだのである。

学級の年齢別編成が教授法の分野に反映したことは驚くに当たらない。十九世紀の初めから急激に増えてきた教科書の著者も、学校が採用しつつあった段階的組成をしだいに採り入れ、学年と生徒の年齢に合うよう内容を整備していった。

教科書はマン、バーナード、その他の人々が小学校を改革するはるか前からある程度まで年齢別になっていた。読み書き算数の技能が積みあげを必要とするところから、授業の教材は全てこうした技能の修得に役立つ構成になっているべきだったからだ。したがって早い時期の綴字教本や読本は段階を踏んでしだいに難しくなるように編まれていた。たとえばアレキサンダー・H・ガフィーの作った有名な教科書には入門書につづいて六段階の読本があり、段階を追うごとに言葉と内容が洗練され、要求される知識も高度になった。

しかし、こうした教科書の段階は年齢や学校の段階づけとかならずしも一致しなかった。一冊が終われば次の段階に進むのと、使用する年齢が特定されていなかったためである。要するに規範はなく、[23]フレデリック・A・アダム著の『算数（上）、（下）』（一八四七年刊）や、ダナ・P・コルバーン著の『小学算数』（一八六〇年刊）の内容は思考方法を述べているだけで、年齢と知的能力の関係、つまり使用学年を指定しなかった。同様に、一八六〇年代、および七〇年代に出版された歴史の教科書は使用対象の年齢と学年には触れず、「若い生徒」ないし「小学生」向き、と一般的な書き方をしていた。なかには、「年齢を問わず全ての生徒向き」としたものもあった。[24]

しかし、一八八〇年前後には、教科書は学年別編成をもつ新興の学校を対象にして書かれるようになった。サミュエル・G・グッドリッチの『図解世界の歴史』（一八八〇年刊）や、ディヴィッド・H・モンゴメリーの『歴史の主な事実』（一八九〇年代発行のシリーズもの）には、レベルを対象学年に合わせたさまざまな種類があった[25]。アレグザンダー・フライはその著『子供と自然、砂模型を使った地理の教え方』（一八八八年刊）の中で八学年のそれぞれを対象としてテーマ別に詳細な授業の解説を行ない、地理学習の参考に供した。ペスタロッチを彷彿させるマサチューセッツ州クインシーの元校長フライは、「何が科学、または主題の因果的連鎖を構成するかを示し、生徒の知的発達段階に応じて課題として与えるのがこの学習の狙いである」と書いた[26]。算数の教科書の著者も対象学年を明示し、シリーズものとして出版した。教育の新しい発達段階論を算数に適用した結果がジョージ・ウィリアム・マイヤーズによって発表されたが、彼は『マイヤーズの算数』の前文に、「算数を学年別に配列するさいには子供の知力の自然な展開に合わせなければならない。この重要な事実が教科そのものの論理のなかに失われることが余りにも多いのである」と書いた[27]。こうして教科書の著者と出版社は公立小学校が制度化した年齢別学年編成のカリキュラムを受け入れ、定着させたのである。

## 日曜学校における年齢別編成の中止

十九世紀の後半に入ると、年齢別クラス分けは学校教育に浸透していった。しかし、十九世紀の大半を通じて宗教教育は人々の生活の重要な部分を占めた。とりわけそれは若者の生涯にわたるキリスト教信仰の基盤となった。この点でプロテスタントの日曜学校は最も重要な教育機関の一つだった。しかし、日曜学校は公立学校と違って十九世紀には恒久的な年齢別編成にならなかった。年齢別に教える傾向は十九世紀早々に発足したものの、日曜学校のカリキュラムの性質が変わるにつれて衰退したのである。
一七八〇年代にイギリスから持ち込まれて、十九世紀初頭にはほとんどの都市で流行っていたプロテスタントの日曜学校は、俗界と宗教界の問題を教えた。しかし、勉強の主流は聖書の読み方と、教義問答の学習から成り、それから高度な聖書研究へと進んでゆく。最初の日曜学校は四つの科に分かれていた。「幼児科」では子供たちがアルファベットと一音節の単語を学び、「小学科」は長い単語の読み書きのできる子供向けで、「聖書科」では聖書からの抜粋を読ませ、「上級科」は旧約と新約聖書を広範に扱った。しかし、四段階に分かれていたものの、年齢による生徒の類別は行なわなかった。生徒は一つの科で教える技倆を修得して初めて次の科に移ったのである。[28]
十九世紀初頭にいっそう形式的な教義問答法が採り入れられると、日曜学校のカリキュラムは年齢による段階づけの傾向が強まったが、これは学年別編成の小学校に先立つこと約四十年である。日曜学校に出席する子供の年齢と能力に合わせてさまざまな教義問答が作られた。こうして一七八八年にアイザック・ワッツが編集し発行した教義問答集には三つのレベルがあって、それぞれが特定の年齢集団を対象としていた。第一段階は三歳から四歳向け、第二段階は七歳から八歳用、第三段階は十二歳から十四歳が対象だった。メソジスト教徒の教義問答にも三つの段階があり、第一段階は七歳以下の「幼年」用、第二段階は七歳以上の子供向け、第三段階を「若い人」向けといった。けれども、多くの宗教界の指導者は教義問答の主題——贖罪、再生、救済、キリストの生贄、サクラメントの意義——は年齢別編成のような単純化にはそぐわないし、聖書は教義に優先して教えるべきだ、と信じるようになった。こうして一八二〇年代には教義問答はすたれ、聖書が宗教教育の中心に据えられることになった[29]。

一八二〇年以降、日曜学校の主要な活動となった聖書研究には聖書の文章を暗記または暗唱させ、出来不出来によって賞や罰を与えるなどのことも含まれた。聖書は教義問答と違い学習者のレベルに合わせにくいとあって、聖書研究クラスはあまり年齢別にはならなかった。研究を初心者、中級、上級の三つのレベルに分けるため、教師は授業にさまざまな工夫を凝らし、それぞれのレベルに目標を定めて賞を与えた。けれども、レベルの移動は子供の年齢よりも教材の消化の度合いによった。聖書研究法がマクガフィーのリーダーや類似のテキストに見られる俗界のカリキュラムに似てくるにつれ、年齢別クラス編成は衰退していった[30]。

一八六〇年代には、プロテスタントの各教団が主催する日曜学校の指導者が聖書研究法の教え方と、カリキュラムに統一性が欠けていることに不満を抱くようになった。公立小学校の改革運動に影響されたこともあって、これらの指導者は、日曜学校を子供たちが聖書の丸暗記を強制されるところに留まらず、本物の教育機関にしたかった。シカゴ日曜学校教員組合書記のジョン・H・ヴィンセント師、『日曜学校教師』の編集者だったエドワード・エグルトン師らの改革者は、自分たちの改革を宗教教育の年齢別編成論とあからさまに結びつけることはしなかった。しかし、日曜学校の生徒を年齢別に教える必要が生じるにつれて、彼らの考え方はそれを予示するものだったことがわかった。ヴィンセントはその著『キリストとともに二年間』の中で、キリストの生涯に基づく四段階からなる均質な授業計画の概要を述べた。それによると三歳から六歳までは「幼児段階」で文字の読めない子供を対象とし、六歳から十歳までの小学生程度の読解力がある子供は「第二段階」に入れる。「第三段階」は十歳から十六歳までで、年齢がそれ以上または大人には「上級段階」というコースを設けた[31]。しかし、ヴィンセントが作ったような計画は例外的で、議論の余地があった。一八七二年にインディアナポリスで開催された全米日曜学校年次総会の席上、全ての年齢集団に画一的な授業をすることの是非を巡って討議が交わされた。総会はそうした授業例を用意することとし、担当委員を任命した。委員会は年内に『国際日曜学校授業例』を発表したが、これは全ての大宗派に適用できるものとされた。授業は聖書研究に力を入れ、あらゆる年齢集団を包括していた[32]。子供には大人と違った宗教的欲求がある、ということを漠然と認めた内容ながら、教材中心の授業形態は子供の発達段階に準ずる計画の作成を妨げた。宗教教育の正式な年齢別編成は二十世紀初頭まで行なわれなかった。二十世紀に入ると、日曜学校の指導者は現代教育と発達心理学の原理を受け入れ始めたのである（第5章参照）。

## 年齢意識と小児科学の起源

哲学、官僚、生まれたばかりの心理学、等々が教育を年齢別編成に向かわせていたのと時を同じくして、科学の展望の変化が年齢意識というもう一つの次元を創りつつあった。こうした変化と、アメリカ合衆国において年齢を重要な概念にした変化の意味は、医療行為、とりわけ子供の治療にはっきりあらわれた。小児科学が医学の一分野として認められ確立したことは、学年別編成をもつ学校の形式化に似てアメリカの社会に一つの合理的な制度を提供し、これが文化一般に年齢に基づく配慮を確立したのである。

現代以前の西欧社会に生きていた人々は、概して子供をとくに配慮するまでもない小さな大人として扱ったが、開業医は子供の病気と心理に大人とは違った特性があることに気がついていた。たとえばヒポクラテス（紀元前四六〇頃―三七〇年頃）は子供の発達と歯牙発生について論文を書いているし、ガレン（紀元一三〇頃―二〇〇年頃）は子供の医療について手引き書をものしている。また、アラビアの医師ラーゼス（紀元八五〇―九二三年）は子供の病気を詳しく解説した。後世の著述家はとくに新生児に関心を抱いた。ルネッサンス時代のイタリアの医師パオロ・バゲラルドは、一四七二年に『小児病覚書』を出版したが、これはおそらく幼児の病気に関する最初の本格的な医学教科書といってよかろう。ドイツ人医師エスカリウス・ロエスリンは十六世紀初めに幼児の医療と助産婦学について数冊の重要な著書を出版し、一七七四年に出版されたスウェーデンの宮廷医師ニルズ・ローゼン・ローゼンシュタインによる幼児の病気に関する論文は、子供特有の疾病の定義づけに向かって重要な一歩を踏み出したものだ。

しかし、医師は子供専門の医学の分野をまだ認めておらず、年齢に関連した臨床治療については理論もなかった。したがって病気に罹った子供は大人と同じ治療を受けた。要するに催吐剤や下剤を服用するか、放血、発汗、などの手段に訴えたのである。また、治療薬には主として塩化第一水銀、酒石、キニーネ、阿片、などが使われた[33]。多くの人が暦に書かれた家庭療法に頼ったが、植民地時代の人々には暦が重要な俗界の情報源だった。子供の受けた唯一の専門的治療は主として助産婦と医師が行なった。助産婦は新生児と幼児を受け持ち、年長の子供と大人は医師の領域だった。

保育に関する十八世紀唯一の年齢規範は乳離れについてである。この領域の助言はおおむね庶民の習慣や信仰に根ざしており、ある程度まで生物学的規則性に則って離乳は歯牙発生と同時、つまり子供がだいたい一歳になったときに始めるべきだとした。しかし、専門家のなかにはこうした規範に手を入れ、個人差を認める者もいた。こうして一七〇八年に出版されたカルペパーの『イギリスの医師』は、「丈夫な子供は弱い子よりも離乳期を早めるべきで、十二か月で離乳する子がいれば十五か月の子もいる」と助言を与えたのである[34]。しかし、ほかの医師にとっては離乳を始める季節がどの年齢規範よりも重要だった。医学書の著者は、ほとんど例外なく空気が最も健康にわるい夏の離乳に反対した。たとえばライオネル・チャルマーズは一七七六年に、「子供がきわめて丈夫で健康だったとしても、気候が涼しく爽やかになる十月までは離乳してはならない」と書いている[35]。

十九世紀の初めには、啓蒙運動の新しい合理主義が科学の展望と人々の死や生にたいする態度を変えた。科学の理論は論理的思索よりも、管理された観察、実験、推理、などから引き出される度合いがしだいに大きくなった。思索から実験への変遷は医療業務のなかに専門化への道を拓いた。同時に生命の尊厳が大衆の意識のなかに優先権を獲得し、人間には環境を支配する能力があるという信念を生んだ結果、当時は高かった乳幼児や子供の死亡率を下げる努力につながった。

フランスに発する科学の展望のこうした変化に伴って医学のルネッサンスが起こり、十八世紀末から十九世紀初頭にかけて子供の疾病と内科学の分野で主要な進歩が見られた。小児医学のフランスの草分けはシャルル・ミシェル・ビラールで、彼は子供の疾病の病理学に関する最初の近代的教科書を出版した。その著『新生児と乳児の疾病概説』(一八二八年刊)は誕生から思春期までに子供が罹りやすい病気を分類したばかりでなく、ビラールを初めとして当時の医師が成長期の子供と器官の重さ、大きさ、形、などの標準と考えていた数値を列記した最初の教科書でもあった。教育を子供の発達と結びつけたペスタロッチの理論のように、ビラールの仕事は発達段階の子供に医学的治療を施す上で初期の枠組を提供したのである。

ビラールを初めとするフランスの医師は、この時期のアメリカの医学にかなりの影響を及ぼした。フランスとは協力関係にあり、イギリスには反感を抱いていたせいで、アメリカの医学雑誌はフランスの論文を大量に掲載し始め、あこがれてパリへ留学するアメリカ人医師が増えた。個々の症例に使われた薬と治療法を逸話風に述べる傾向のあった当時のアメリカの医学論文と異なり、フランスの論文は病理学と治療法に直接焦点を当て、詳細な臨床研究を発表するものだった(36)。

フランスの外でも、医学書の著者は従来よりも子供の特異性を強調するようになった。しかし、発達の基準や年齢との関係は依然として曖昧だった。たとえば、イギリスの医師、リチャード・T・エヴァンスンとヘンリー・マーンセルは、一八四二年に出版した『子供の管理と疾病に関する実践的論文』第四版のなかで子供時代を二つに分けた。誕生から一歳までと一歳から八歳までの二段階であるが、一歳を分岐点と見る理論的根拠は歯牙発生が通常この頃だからである。八歳をもう一つの境界と見たのは、この年齢を過ぎると「子供の特性」が大人のそれと重なり合うためだとした(37)。生理学的発達に関する彼らの見方には思春期について手短に述べた箇所があるだけで、年齢関連の言及はこれ以外にはない。子供の第二段階の記述においても、エヴァンスンとマーンセルの成長の記述は年齢よりも生理機能の変化を基準にしている。一例を挙げれば、「幼児は歳をとるにつれて消化作用が活発さを失い……呼吸は緩慢に、心臓の鼓動は遅くなる」といった具合である(38)。ジョン・フォーサイズ・メイグスの著した『子供の病気に関する実践論』――一八四八年に刊行されて一八八二年に七刷が出るまで版を重ねた――のようなアメリカの教科書も、成長と病理学の記述では年齢の基準化を論じていない。

子供の治療は大人のそれと医学的に異なる、という認識に向けての最も重要な一歩は小児病院の設立だった。イギリスでは一七九六年に貧窮家庭の幼児を対象に施療院を設けたが、もっぱら子供の治療を目的とした最初の病院は一八〇二年にパリに建設された「子供病院」である。この施設は三百床を擁して二歳から十五歳の子供の治療に当たった。ロンドンのグレイト・オーモンド・ストリートに子供病院が出来たのはそれから半世紀後のことである。アメリカ合衆国で最初に登場した恒久的な小児科専門の医療機関は「フィラデルフィア子供病院」で開院は一八五五年、急病や重症の子供を治療した。同じような病院は一八六九年にボストンに建設された。[39]こうした施設は子供の医療を医学の独立した分野として認め、かつ発展させるうえで重要な役割を果たした。

一八七〇年代には、アメリカの医師は子供の医療にさらに多くの関心を寄せるようになった。調査の結果、ほとんど全ての都市で子供の三分の一以上が五歳未満で死んでいる、という事実が判明したからである。しかし、皮肉なことに、子供の医療を大人のそれとは違うものとして推進しようとする、初期の運動の最も成功したものの一つは医師ではなくて、動物保護団体から起こった。一八七四年四月、アメリカ動物虐待防止協会の創立者兼会長ヘンリー・バーグは、養父母に虐待されていた「メアリー・エレン」のためにニューヨーク裁判所の証人台に立った。子供が虐待されているのを知った慈善活動家が数か所の孤児院や慈善施設に引き取り方を交渉したが断わられ、動物保護協会に泣きついたのである。こうして彼は保護団体の法律顧問だったエルブリッジ・T・ゲリーと二人でメアリー・エレンを冷酷な保護者から引き取り、「適切な扱いが受けられる人の手に委ね」たのである。[40]

メアリー・エレンの事件、わけても殴り、監禁し、食物や衣類を与えないなど、愛情のかけらもない養父母の扱いは世人の注目を浴びずにはおかなかった。バーグとゲリーが介入した結果、子供の養母は逮捕され、悪質な暴行のかどで有罪を宣告された。裁判所はメアリー・エレンを「シェルタード・アームズ」の名で知られる施設に預け、生みの親探しを行なった。さらに重要なことは、この事件の結果としてゲリーらの慈善家が一八七四年十二月に子供虐待防止協会を創設した事実である。この時以来、子供のみ、または子供と動物を共に保護する組織や機関は増加の一途をたどり、一九〇〇年には二百五十を数えるまでになった。[41] 以上見てきたように、子供虐待防止協会の設立は、保護するのに特別な努力と組織を必要とする人生の一時期として子供時代を認識することに向け、もう一歩大きく踏み出したことを意味する。社会福祉と医学の両分野は、この時点では子供とその発達段階に関する概念を明確に把握するには至らなかった。

子供に向けられた医学的関心の量と種類の広がりは、小児科学が専門分野としての地位を確立したときに頂点に達した。子供の治療に効果を上げて評判になった医師は昔からいたが、小児医学の専門家をいかに養成するか、その方法は一八八〇年代より前にはわからなかった。実を言うと小児科学なる言葉自体、医学辞典になかったのである。子供の診療に当たるのは通常産科医だった。しかし、子供を大人と違うものとして扱う新しい博愛主義的な見方は、幼児や子供の疾病の研究と結びついて医学の新たな専門領域を可能にしたばかりでなく、容認できるものにしたのである。一八六〇年代の医学校（部）には小児科学の教授職を設けたところが少数ながらあり、そうした教授の一人で一八五〇年代にドイツから移住したアブラハム・ジャコービは、一八六二年に子供の病気を専門とするアメリカ最初の診療所をニューヨーク市に開設した。一八七五年前後には、子供の診療を専門とする医師は自ら小児科医と称し、専門分野を小児科学、または育児学と呼ぶようになった。そして彼らは一八八八年にはアメリカ小児科学会を設立し、初代会長にジャコービを選んだ（今日では足病学《ポディアトリー》との混同を避けて小児科医《ペディアトリシャン》と小児科学《ペディアトリックス》という言葉が使われている）。翌年には学会は三十人を超える小児科医を擁し、小児科専門の診療所は増えつつあった。一九一九年には国内百十九の医学校（部）のうち六十四校に小児科学の教授がいた(42)。

小児科学を医学の専門分野として確立したことは、二つの意味で年齢意識と年齢による分類を促進した。まず子供を小さな大人以上の存在と見る科学的根拠を提供した、ということがある。医学史家のトマス・コーンによれば、「いまや医師は、乳幼児、子供、成人間の心理的・生物学的相違は小児科学を内科学とは異なる学問として確立するに足るものだと確信」していた(43)。あるいは当時アブラハム・ジャコービが述べたように、「小児科学は大人のミニチュアを扱うのではない……それは独自の展望と地平をもっており、乳幼児と子供にしか見られない異常さと疾病がある(44)」ことをはっきり認識した。こうした考え方は革命的ではないが、子供時代は人生の特別な段階だとする、従来にはなかった概念を確認することになった。

二つ目の意味は、診療科目としての小児科学の成長は新たな臨床および実験研究とあいまって、子供の成長と発達に関する理論をさらに精密なものにしえたことにある。他方それは、成長段階とそれに伴う疾病に年齢規範を当てはめたのである。こうしてヘンリー・ボウディッチは現代小児科学研究の先鞭をつけた初期の論文のなかで次のように書いた。

子供の正常な成長率を精確に把握することは、罹りやすい疾病の性質に光を当てるばかりでなく、治療対策を解明する際の指針ともなる。疾病と患者の成長に関する統計をとれば、成長の緩急と、一定の疾病に罹患する頻度が最も高い年齢との間に、思わぬ関係のあることが露呈するかもしれない（傍点筆者）(45)。

教育におけると同様、年齢は医学においても統一原理となりつつあったが、世紀末にはますますその傾向を強めるだろう。

## 初期の青年組織と雑誌に見られる年齢意識

したがって一八八〇年代には教育と医学の改革が新たな官僚的態度と科学的態度を生み出したばかりでなく、青年に新しい意味を付加した。子供の発達と思春期に関する理論は磨かれぬままに留まっていたが、教育者や医師は社会の目を若い人々の特殊な欲求に向けさせた。こうした態度が学校や病院とはあまり関係のない分野の活動に影響をもち始めたのは驚くに当たらない。

たとえば、キリスト教青年会（ＹＭＣＡ）は合理化と年齢別編成志向を反映する形で組織変えに取り組んだ。都市生活の誘惑のなかで自己向上と信仰持続への道を求める、おおむねホワイトカラーの青年によって一八四四年、ロンドンに設立されたYMCAは一八五〇年代にアメリカ合衆国とカナダに広まった。初めのうち都市連合はあらゆる年齢の若い人を受け入れた。上限を四十歳と決めたものの、十代半ばの子供の入会さえ認めていたのである。しかし、一八六〇年代の終わりが近づくにつれ、YMCAのリーダーは会の活動を合理化し、会員の欲求にもっと耳を傾ける必要がある、と痛感するようになった。当初、各地のYMCAは若い人々の精神的、知的、社会的状況の向上を目標に掲げていた。しかし、ニューヨーク支部を皮切りに「体力の向上」を目標としてつけ加えるところが出てきた。これでYMCAには肉体、知性、精神という三つの究極のテーマが決まり、その結果、ニューヨーク市に建設された新しいYMCAビルなどには体育館も併設されるようになった。この組織は世俗化しつつあったばかりでなく、メンバーの構成も年齢別編成に向かいつつあった(46)。

少年たちの欲求を満たそうとする指導者は最初はごく少数だった。組織そのものが家庭を巣立った若い大人を対象とし、親の保護のもとにある少年は援助をあまり必要としない、と考えていたからだ。しかし、少年たちが体育館に魅かれてYMCAの建物に集まるようになると、各地の支部は集会所や運動設備の使用許可を与え、プログラムを作成するところも出てきた。マサチューセッツ州、セイラムのYMCAが一八六九年に初めて少年部を設けると、他の支部もこれに倣った。

歴史家のディヴィッド・マクラウドによれば、「少年時代は保護された子供の生活と、比較的独立した若い大人のそれに挟まれる重要な時期だとするYMCA指導者の認識は、少年はきわめて早い頃に道徳的危機に遭遇するという危惧の念と、YMCAの慣行を合理化する必要から徐々に出来上がった」[47]ものである。一八八〇年代には、少年部を創設した支部のほとんどは十六ないし十七歳を少年と若い大人の境界と決めたが、少年部に入部する年齢の下限は六歳から十二歳までと、支部によって異なった。

組織の構造を標準化するために、イリノイ支部のI・E・ブラウン書記は一八八五年に少年部を十歳から十六歳までに制限することを提案した。この政策は全国組織にはっきりした年齢基準を初めて示したものである。その後まもなく、身体の発達と体育館の建設を強調したことの究極の結果として運動連盟が年齢別に結成され、YMCAの年齢に関連した基準の採用はさらに定着した。[48]

YMCAのような組織が年齢別編成への全国的な弾みを認めたのと軌を一にして、子供向け人気雑誌の台頭は学校で起こりつつあった厳密な年齢による分類ばかりでなく、新たな分類を利用しようとする商魂をも反映していた。アメリカの雑誌の歴史に詳しいフランク・ルーサー・モットによれば、南北戦争以前にも少年向け雑誌は二、三誌あったが、それらは宗教色が濃く、「融通性がなくて不自然」だった。[49]しかし、学年別編成の公立小学校が全国に広まりつつあった一八六五年以降は子供向け雑誌も数が増え、しだいに特殊化していった。ほぼ半数は宗教性を帯びていたが、宗教色を払拭した新しい雑誌の人気には目を瞠らせるものがあり、一八八五年には『ユースコンパニオン』の発行部数は三十八万五千、この数字はおそらく何紙かの通信販売方式の新聞をのぞいて全米一だったと考えられる。[50]子供向けの人気雑誌にはほかに、『フランク・レスリーの少年少女週刊誌』、『フランク・レスリーのおしゃべり』（主として女の子向け）、『ニューヨークの少年』（低俗な週刊冒険物語）、『少年スポーツ・物語・冒険ライブラリー』などがあった。

おそらくもっと重要なことは、子供や思春期をさらに小さく区分して、内容をそれぞれの時期に合わせた定期刊行物が数多く出版されたことである。たとえば四歳から十歳までの最も小さな子供を対象とする『子供部屋』は一八六七年にボストンで創刊された。これに続いて一八八〇年に創刊された『子供と育児室』は、多作で論争好きだった作家のウィリアム・テイラー・アダムズ（オリヴァー・オプティックの名でも知られる）が編集に当たり、三歳から九歳までを対象とした。幼児向けの雑誌にはこのほか、「赤ん坊自身の雑誌」と銘打った一八七六年創刊の『ベビーランド』、一八九七年創刊の『小さい人たち』などがある。六歳から十二歳の児童向けには一八六六年創刊の『子供の時間』、一八七九年創刊の『若い人々』、一八八〇年創刊の『小さい男と女たち』、一八六八年創刊の『若い人の雑誌』、一八七五年創刊の『ワイド・アウェイク』、一八八一年創刊の『少年チャンピオン』、等々があるが、一八八二年に出版を始めた『前進』は、芽を吹き出した年長児童向け雑誌のなかでも評価が高かった。『前進』の編集者は新時代の特殊化をはっきり認め、発行人欄の下に、この雑誌は「子供新聞」を幼稚だと思う人たち、「たとえば十六歳から十八歳の若い人々を対象としている」と書いた(51)。

医学の場合と同じように、特殊化がしだいに雑誌というメディアを特徴づけた。絵画、音楽、スポーツ、女性の権利、法律や医学のような職業、などを扱う専門誌も百花繚乱の様相を呈した。少年少女向けの新しい雑誌は、専門化ないし特殊化へ向かうこうした動きの重要な一翼を担い、幼少年期の細分化、ひいては年齢階級化の、文化への定着を促進させたのである。

思想と文化のさまざまな撚り糸が年齢意識という社会的織物を織り進むにつれて、模様はたいてい幼少年期の周りにできてくるが、それを強調しても論理にもとることはあるまい。アメリカ社会は現在の管理と未来の保証を求め、知識と美徳と純粋さにたいする希望の身受け人として子供に期待した。子供には順応性がある。彼らの頭には無限に知識を詰め込むことができる。しかし、彼らの体はしばしば命取りになった病に脅かされ、自立していないために医学の実験材料になりがちだった。また、娯楽への欲求は著述家や改革者を動かし、道徳的、生産的な方法で満たされることになった。二十世紀が近づくにつれ、年齢階級を伴う模様に従って社会的織物を織り成そうとする運動は幼少年期に集中し続けたが、ほかの人生段階も構図のなかに入ってきた。その結果起こったのは二十世紀の生活の大半に影響を与える価値と制度の確立であった。

## 3 年齢規範とスケジュール化
### 一八九〇年代

一八七〇年代のある時期に新しい用語がアメリカ人の言葉に入ってきた。「時間どおり」という語句と、それに付随する「時間に遅れて」、「時間前に」であるが、こうした表現は主として産業資本主義に欠くことのできない計測から出てきた。大規模産業化以前のアメリカでは時計は珍しく、あっても正確な時を刻むことはめったになかった。家庭や野良や職場を問わず、人々の活動には計画性がなかった。人は「時間どおり」を初めとする正確さをあらわす言葉を口にするよりも、「そのうち」、「準備ができたら」などの不確定な表現を使ったのである。家庭用置時計の大規模生産は一八三〇年代の後半まで行なわれなかったし、大量生産の安価な懐中時計が手に入ったのは一八六〇年代に入ってからだ。規則的な労働時間と生産計画をもつ工場が全国に広まって初めて、時間の正確さが重要な問題になったのである。(1)

加えて、明白で規則的な運行計画のある鉄道や路面電車の登場で人々はいっそう、時計を意識し、時間に従わざるをえなくなった。一八八二年十一月十八日、アメリカの鉄道が政府や公的機関の許可なく全国に一様な時間帯を施行した。一八八四年には、二十五か国の代表がワシントンに集まって子

午線ゼロ度のグリニッチ時間を標準時と決め、一日の正確な長さを測って地球を二十四の時間帯に分けた。(2)

一八九〇年頃に発明されたタイムレコーダーは、生産の需要に応じ官僚的能率を維持するために、人々の日常生活をさらに規制した。加えて、仕事の能率向上が目的の科学的経営法、別名「フレデリック・W・テイラーの計画」が一八八〇年代から一八九〇年代にかけて作業場に影響をあたえ始め、質より時間が生産性を測る主要な基準となっていった。(3) 時間どおりであることに対するアメリカ人の新たな執着は徹底しており、一八八一年には「わずか二、三分の遅れが一生の希望を破壊してしまう」ほどの国民的神経過敏を引き起こしたのは時計だ、と言う者まであらわれた。(4) 時間厳守に対する関心は十九世紀末には真新しいものではなかったが、それが格段に強まったのは紛れもない事実である。(5)

一八九〇年代には、こうした新しいスケジュール化はもう一つの面でアメリカ文化に浸透した。それは通常の一日の時間に留まらず、人の生涯に影響を与えずにはおかなかった。生産活動やタイムレコーダーの使用、あるいは経営にしても、仕事が標準化されたように、年齢関連の人生経験も標準化された。前章でも注目したように、教育と医学の理論は幼少年期の一定の発達と経験を特定の年齢範囲に結びつけるようになった。十九世紀が幕を閉じる頃には、これらの理論は精練され、若年者ばかりか年配の集団にも適用された。それだけではない。彼らの理論が影響を与えた、大衆雑誌や専門誌や諸施設の代表者はさまざまな経験を時間の継起に従って理想的に並べ換えた。そうした図表化は規範を含意するばかりか明示する。その結果、スケジュールどおり、スケジュールに遅れる、または先行する、等々の表現は単に列車の到着や仕事の完成を意味するに留まらなかった。それは個人の経験と業績のタイミングを文化の基準に合わせることでもあった。

十九世紀後半に社会科学者の行なった調査や実地踏査の数字は、一定の社会的行動が強い安定性をもっていることを示した。この安定性は政治のタイプや性格とは無関係に思われた。誕生や死のような自然の出来事だけでなく、結婚や犯罪といった意思的行為にも年々歳々、変わらぬ一様性がある、という事実が統計学者や、統計学者の影響を受けた者を促して「統計的法則」と、法則に内在する予測可能なスケジュールの発見につながった。個人の行動の理由を全て説明するのは不可能なことだが、社会科学者や大衆作家は、集団現象に関する一般的、かつ統計的な真実は社会の理解を深める場合がある、と信じるようになった。そして人間の行動を仔細に検討した結果、統計的法則に内在するスケジュールの予言者は年齢にほかならないことが判明したのである(6)。

## 結婚に対する年齢規範

禁酒運動家であり、女権拡張運動の急先鋒だったフランセス・ウィラードは、一八八九年に『いかにして勝つか。若い女性に捧げる本』と題するエチケットの手引き書を出版した。この本には振る舞い方と計画の立て方について気のきいた、擬似科学的な助言がふんだんに盛り込まれていたが、その中の「女性は何歳で結婚すべきか?」と題する一章はスケジュールを強調する新たな文化的傾向に初めて触れたものとして注目される。この章ではウィラードが調査した「アメリカで最も優れた八人の医師」と、結婚の適齢期に関する彼らの理論を紹介しているが、ウィラードは理想的な年齢は十八歳から二十六歳の間だと述べている[7]。

重要なことは年齢の範囲よりむしろ、結婚に適齢期なるものがあると強調した点である。ウィラードが調査をする前には、女性や男性が結婚するのに「最適の」年齢をあえて規定しにかかった専門家はほとんどいなかった。たとえば一八六七年にはある寄稿家が「結婚するのにふさわしい年齢というものはない」と『ゴディズ・レディーズ・ブック・アンド・マガジン』に書いている。彼は言葉を継いで、むしろ女性は「相手がふさわしい人間であれば、なるべく早い時期に恋に陥るべきだ」と説いた[8]。ここで「ふさわしい」とは社会的身分と性格についてであって、年齢に言及したのではない。それから十年後に、「求愛と結婚のエチケット」と題する一文を書いた人は、二十歳以下の女性が結婚するのは望ましくないとしながらも、「それでは何歳が適当かを決めるのは不可能」だと言っている[9]。こうした初期の手引き書に見られる結婚についての最も一般的な助言は、男も女も衝動を抑えて「ふさわしい」相手と巡り逢うまで待て、というものだが、年齢規範は出てこないのである[10]。

しかし、ウィラードの一章が示すように、十九世紀末には結婚の年齢規範は明確化し、具体的に示されるようになった。一八九〇年に『レディーズ・ホームジャーナル』に「どちらが若くあるべきか」と題する論文を寄稿したコラムニストは具体的な年齢を挙げなかったものの、「彼（婿）のほうが花嫁より数歳上であることがつねに望ましい」とはっきり述べている[11]。この論文は題そのものからして人生のスケジュールにたいする意識の増大を反映しており、規範は年齢関連の価値が存在したことを例証している。論文によれば、妻が夫より若くあるべきなのは「母親と間違われないため」であり、年をとるにつれて女のほうが「嫉妬ぶかく」なる傾向があって連れ合いに愛想を尽かされるためだとした。[12]

ウィラードと同様、ほかの著述家も助言に科学的研究の装いを凝らした。ニューヨーク市の保健局長だったサイラス・エドソンは一八九四年に『ノース・アトランティック・レヴュー』誌に寄稿し、女性は出産に耐えるだけの体力が蓄えられるまで結婚すべきではない、とする医学的見解を述べた。新郎の平均年齢は二八・八歳、新婦のそれは二四・五歳というニューヨーク市のデータを使い、彼が出した結論は、体力の蓄積に要する時間からみて結婚には「適切な年齢」があるというものだった。[13]さらに、エドソンの論文の標題である「早婚の弊害」は、時間にぴったり合わせようとする意識と適切なスケジュールに固執しないことの恐るべき結果を二つながら暗示している。年齢の明示は一九〇〇年以降さらに一般化するが、一八九〇年代には潮時の選択とスケジュール合わせ（タイミングとスケジューリング）が以前にまして精力的に標準化されつつあったのである。

## 小児科医と幼少年期のスケジュール

人生の規範書をものした人々は医学理論に則った助言をしばしば書いたが、それにはもっともな理由があった。臨床的観察が医学書の著者や開業医にスケジュールを立てるさいの基準や、年齢関連の経験に権威ある確実性を与えたからだ。一八八〇年代に小児科学が医学の一分野として確立したが、これで大人とは違う年齢集団としての子供の肉体的発達と疾病がいっそうの注目を浴びることになった（第2章参照）。一八九〇年代には数人の小児科医がそれまでの調査をさらに推し進め、年齢に基づいて幼少年期をさらに細分化した。彼らの仕事は知的・情緒的発達に関する初期の理論を特徴づけた。ルイス・スターは当時最も影響力があり引用された小児科教科書、『子供の疾病に関するアメリカの教科書』の編集者であるが、彼は序文の中で、「正常な環境の下では」子供は体重も身長も「規則的な割合」で増えると述べ、基準とスケジュールに新たな関心を示した。スターは成長に関するデータを蒐集し、参照したあとでさらに言葉を継ぎ、「年齢別に子供の正常な身長・体重を決めることは可能である。したがって、計測の結果標準値を下回ることがわかれば、栄養状態に欠陥があると考えて差し支えない」と述べた(14)。スターは医師が昔から知っていたこと――つまり、子供の成長には論理的な因果関係があるということ――を言葉で述べたにすぎないが、彼は成長に年齢ごとのスケジュールがあり、スケジュールの基準を満たしえなければ何らかの欠陥があると考えるべきだ、と初めて言い切った医師の一人だった。

スターは成長と発達に関する年齢関連の規範を過去の医学論文執筆者の誰よりも詳しく述べた。幼児を対象に食事を与える手順、入浴の頻度、睡眠時間、運動量、等々を年齢別に規定したのである。彼は誕生後まもなくから十二歳までを七つの時期に分け、それぞれに「正常な」脈拍数の範囲を羅列した。そして、特定の病気を扱った各章では病気の発生と程度に関して年齢規範を設けた。たとえば麻疹は幼少年期の最も一般的な伝染《うつ》りやすい病気とされ、「罹病率が一番高いのは二歳から六歳の間である」と書いた。百日咳については「年齢が強い影響力を行使し……患者の大多数は六歳以下」だとした。子供の貧血症の一種である萎黄病の発生に関しては、「年齢は病因論的に見てきわめて重要な要素であって、ほとんどの症例は十三歳から十四歳の間に起こっている」と書いた[15]。これらの記述が正しいか間違っているかはこの際問題ではない。重要なことは科学的権威と年齢の特定化の関係である。

コロンビア大学内科外科学カレッジの小児科教授としてアブラハム・ジャコービの後を襲ったL・エメット・ホルトは、スケジューリングの概念をさらに確認した。彼は一八九五年に親向けに書いた人気医学書、『幼少年期の疾病』のなかで肉体と知能の発達に及ぼす栄養の影響を詳しく論じ、年齢ごとに必要な栄養の条件を概説した。彼はその後の著作で成長と食事に関する理論を敷衍してテキストに豊富な目録と図表を補い、十六歳までの身長、体重の基準を年齢ごとに示した[16]。

ホルトはまた、基準値に達しないことから起こる望ましからざる結果を強調した。一八九〇年代から一九二〇年代までに行なった一連の講演でホルトは、身長と体重の基準に達しない子供は学校の成績も良くないと述べた。彼はこの主張を『食事、健康、成長』においても展開し、一八九三年に収集した調査データから「知的障害」のある子供は身長も体重も平均値を下回り、知能の発達が「加速された」子供は身長、体重ともに平均値を超えている、という結論を引き出した[17]。カロリーの摂取量についいては、代謝と運動によって必要量は異なるとしながらも年齢と発達段階の違いによる摂取基準を作成した。一九四六年、アメリカ・グロリエ・クラブがアメリカ人の生活と文化にもっとも大きな影響を与えた書物百冊を選んだ際、ホルトの『子供の育成と栄養補給』をそのなかに入れたことは重要な意味合いをもっている。

## 新しい老年意識

一八九〇年代における疾病の時期と肉体的発達のスケジュールに関する概念は、これらの段階を分かつ人生の段階と、年齢による変化にしだいに注意を引くようになった。また、人生に段階があるという考え方は十九世紀末になって出てきたものではない。アリストテレスのような古代の哲学者や、シェイクスピアのような著作家は「人の年齢」をさまざまに取り上げている。しかし、一八九〇年代にはこれらの段階は臨床的正確さに近いやり方で定義づけられ、各段階にはっきりした基準が設けられた。そうした定義の最新の次元は大人の段階と変化の規範的特徴で成り立っていた。たとえばコロンビア婦人科病院およびワシントンD・C産科病院の元産科医、ジェイムズ・フォスター・スコットは一八九八年に、「正しい生き方をするには、逃れ得ぬ災厄に襲われないよう自分が人生のどの段階にあるかを理解しなければならない」と書いた。[18]

スコットはとりわけさまざまな段階における性行動に関心があり、誕生以前から老年までを七つの段階に分けて、それぞれに違った性行動の様式があるとした。彼は「厄年」に特別の注意を払ったが、これは人が一つの周期を終えて次のそれに入る際に危機を迎える、という古来あった概念である。古代の理論は、人間は七歳、十四歳、二十一歳、四十九歳、六十三歳、八十四歳でそれぞれ厄を迎えるというもので、六十三歳の厄を「大厄」と呼び、生産年齢と老年の分水界だと考えた。[19] スコットは何歳を厄年とするかについて明確な発言をしなかったものの、老年とそれ以前の人生段階を分かつものが何かについてははっきり述べているので以下に引用したい。「男女の性生活は更年期まで続くが、この年に重要な変化または危機が起こって……組織の老廃化と回復のバランスが崩れる。これを契機に人は人生の午後にさしかかり、肉体的観点からすれば再び性の伴わぬ生活に入って行くのである[20]」。この厄年は女にあっては四十二から五十歳の間、男の場合は五十から六十五歳の間に起こる、とスコットは考えた。スコットは明らかに月経閉止や、老境にある人々の性生活に関する知識を示していないが、彼の考え方や著述がアメリカ社会に広まりつつあった年齢と段階意識を反映していたことは間違いのないところである。

中年期以降の大人の行動、および性生活の特徴に強い興味を抱くのは社会の一般的傾向だった。同時にそれは新しい老年意識と、老年にたいする態度のあらわれでもあった。歴史家のW・アンドルー・アシェンバウムとキャロル・ヘイバーの言うところによれば、アメリカの老人は十九世紀の後半に社会的地位が衰退した。それまで老人は長寿はもとより、豊かな人生経験と知恵の蓄積で尊敬をかちえてきた。しかし、科学と経済的合理主義が国民を変貌させるにつれて年配者にたいする態度は尊敬と軽侮の混在から軽蔑へ、さらには敵意に変わりさえした[21]。こうした変化は老年がしだいに孤立した人生の一時期、換言すれば明確な年齢の境界に区切られた時期、として認識されたことに伴うものであった。

高齢になるまで生きてきた人が若い人々と違う特徴をもっていることはどんな社会でも認めている。たとえば老人は若い人より賢く、敏捷さに欠け、怒りっぽく、金持ちであったり貧しかったり、大家族に囲まれている者もいれば、連れ合いに先立たれて孤独な者もおり、あるいは体が弱かったり、強い政治力を駆使しているかもしれない、といった具合である。現代以前の多くの社会では、高齢者は長生きをしたという事実だけの力で尊敬を集めることができた。彼らは人生の脅威や誘惑に勝ち残ったのである。しかし、人がいつ老齢に達するかということははっきりしなかった。六十五歳の人が三十歳の人より畑の耕し方や布の織り方がうまい、ということは珍しくなかった。出生率が高く、女が四十をかなり越えるまで子供を産む社会では、親の子育てはかなり高齢になるまで続き、家族生活のなかで中年と老年を分かつ「巣が空《から》」の（夫婦だけで暮す）期間というものはない。額に汗して自活する必要のない、新たな段階への一歩を労働者に繰り出させる退職や年金制度はなかった。さらに、とりわけ初期のアメリカでは若い移民の入植が続いたことと、比較的短い平均余命が全人口に占める老人の割合を低くおさえる、という状況が続いた。したがって六十歳以上の人口がわずか四パーセントだった（現代は一五パーセントを占める）一八五〇年には、老人はあまり目立たぬ存在だったのである。(22)しかし、十九世紀の終わり近くには、著述家や作家がしだいに増える老人を社会から切り離して扱うようになったが、こうした分離は年齢を基盤とした仮説からきたものだ。

老人を他の年齢集団から分離することは医学の世界で起こった。幼少年期を他の年齢集団から区別する、新しい考え方の反映として小児科学が発達したが、同じ動きが老年世代にも起こって、新しい医学の分野として老人医療が確立される道を拓いた。十九世紀以前には、医師は子供にも老人にも同じ治療を施した。痛風やリューマチのような病気に罹るのは老人が多いと理解していたものの、一般的にいって医師は大人の病気と年齢よりも子供の病気と年齢に相関関係を認めることが多かったのである。

医学書が老齢に触れる際には不可逆的な老化の過程に言及するのが通常だった。古来、医師や素人は、人体には限られたエネルギー量しか詰め込むことができないと信じたので、七十年をもって人の命の自然の長さとする聖書の言葉を受け入れてきた。七十年が経過すれば肉体に蓄えられたエネルギーは尽きる、と考えたわけだ。なかには衣、食、振る舞い等に一定の規律を設け、それに従うことでエネルギーの消耗を遅らせることができる、と考えた者もいた。しかし、病気と知力の減退は避けられぬことゆえ、七十年の限界を越えて生きられる人間はめったにいない、というのが当時の考え方だった(23)。

しかし、皮肉なことに医師は十九世紀半ばには老人の肉体的、心理的、病理学的状態を詳細に調べ、高齢者には他の年齢集団から離して特別な医療を行なう必要がある、という結論に到達した。何人《なんぴと》も老齢化は避けられず、どんな食餌療法や節制も罹病を防止することはできないからである。老年に特有の病理学的特徴に初めて焦点を絞ったのはフランスの医学著述家と臨床医だった。貧困と病気のために入院させられた高齢者の、解剖に基づく調査結果は動脈硬化、繊維組織炎、その他の組織劣化を含め、老齢の特徴である一般的衰退の系統的理論化を可能にした。医学史家キャロル・ヘイバーの指摘によれば、これらの医師は老齢の衰弱は回復不能という結論を出した。要するに劣化した組織は若い人の組織には戻らない、というのである。

病気と衰退は老年に付き物なのでほとんど同じだといってよい。十九世紀半ばに老人医学の基礎づくりに功績があったフランス人医師ジャン・マルタンによれば、「老齢が体内に引き起こす組織の変化は、生理学的要素と病理学的原因が渾然と混じりあい、前者から後者への移行が判然としない」ことがある。[24] したがって、医学の研究者や開業医にとって老人は特殊なライフサイクルをもつ集団であり、彼らに特有の不調や疾病には特別な治療対策が必要になってくるわけだ。[25]

フランスの臨床医たちが発見したことがらは英米の内科医を刺激して老年の病理学、とりわけ命とりとなりかねない疾病の病理、をより精確に解明することにつながった。その過程で彼らは人生のスケジュールに焦点を絞り、老年が始まる時機の特定に取り組んだ。特定化への動機は古来あった厄年の概念から出てきた。初め医師は「厄年病」なるものを想定したが、これは体に突然変調が起こって生命のエネルギーが衰退し老年が始まる、というものである。そうなると高齢の個人は命を脅かす疾病に罹りやすいばかりでなく、背中が曲がり、筋肉がたるみ、皮膚に皺が寄るなど、老人の様相を呈する。これに劣らず重要なことは、厄年病の症状には狂気の傾向も含まれるという事実である。

しかし十九世紀末には、医師は厄年を病気としてではなく、円熟期と老年、つまりある作家の言葉を借りれば「下り坂に向かう分岐点」、を分かつ生物学的・心理学的状態だと認識していた。[26] 人生もこの時点まで来れば、男女両性の行動の特徴は混じりあうようになる、というのが医師たちの見解だった。かつて高貴で勇敢だった男も、貞淑で慈しみ深かった女も、人に頼り、受動的で、弱い存在になる、というわけである。[27] さらに、アメリカの医師による更年期研究の一つの結果として、「年老いた」という言葉が新たな意味を帯びることになった。

ヘイバーの指摘によれば、「年老いた」という言葉は老齢であることを示す中立的な形容詞で、十九世紀以前にはめったに使われず、十九世紀に入ってからも頭や体の衰弱を表現する意味で使われることはなかった。たとえばトマス・ジェファーソンが「雄牛や熊の咆哮にも似た元気な孫に囲まれる老年の安らぎ」が欲しい[28]、と書いたのは一七九四年のことだった。しかし、老人特有とされる病気の数が増えるにつれて、この言葉は病理学的な否定的含意を獲得するようになった。こうして医学辞典には「老人性気管支炎」、「老人性壊疽」、「老人性肺炎」、「老人性舞踏病」などが載ることになった。この傾向は高齢が他と異なる人生の一時期であるばかりでなく、えてして衰弱性の病気を伴い、いったん罹病すれば命とりになることを反映したものである[29]。

老人性という言葉が知能の劣化を含意するようになったのも十九世紀末である。老年に至って理性を喪失する老人性痴呆は聖書の時代から知られた病で、シェイクスピアの『リア王』のような芝居のテーマにもなっているが、これは正常というより異常な状態だと考えられることが多かった。しかし、十九世紀になって高齢者のなかに種々の障害や組織衰退が確認されるにおよび、脳細胞もまた衰退する、ということで医師の意見がおおむね一致をみた。肉体が衰退するように精神もまた衰退する。こうしてシャルル・メルシエ博士は一八九〇年に、老化の心理的過程は「継続的で、しだいに進行する喪失感である。行為、知性、感情、および自意識がしだいに減じ、最終的にはなくなってしまう……老年の衰退は痴呆となってあらわれるが、これは知力の荒廃である。それは正常な心理的痴呆であって、神経細胞の分子運動が徐々に減退し静止する過程で起こる、自然で避けられない結果だ。要するに、痴呆は肉体を人生コースに旅立たせた最初の運動エネルギーがしだいに弱まって尽きる、自然の結果なのだ」と述べた[30]。

医学の権威はいまや、記憶と知力の喪失は老年に達すれば起こりうるのではなくて、起こるのが当然だ、ということを指摘するに至った。脳組織が他の器官の組織と同じパターンをたどって劣化する以上、そうした減衰は自然かつ不可避だからである。医師のなかにはこの結論をさらに推し進め、脳の劣化とそれに伴う理性の喪失は望ましからざる性格の変化をもたらす場合がある、と警告を発した者もいた。老人は倫理的判断力と自制心を失ってとかく反社会的、非理性的、利己的となり、苛立ち、ひがみ、ふさぎ込み、自殺を企て、性倒錯に陥るなどしかねない(31)。こうした傾向は物忘れと同じく老齢と等号で結ばれ、典型的な老人の行動とみなされるようになった。

これが一部の施設の経営者に老人にたいする政策を著しく変えさせた。十九世紀の病院は、これといった病名がつかなくても老衰の兆候が見られる老人を受け入れ、入院させていた。たとえば一八六九年に開院したボストンのローマ・カトリック系病院、カーニーホスピタルは、「病気ではないが収容施設を求めてくる(32)」老人のために一つのフロアを充当していた。シカゴの聖ルカ病院も一八六九年にこれと似た方針を採用し、行き場のない高齢の病弱者にいくつかの病棟を開放した(33)。

しかし、老人の病いは肉体と精神を問わず自然劣化の顕われであって治らない、というのが大方の医師の結論だった。これが病院経営者に影響を与え、老人の患者を拒むようになった。現代の病院は新しい医療技術を駆使して急性の病気や怪我を治療する施設だと見られている(34)。したがって経営陣は治療の結果改善が期待できる患者しか受け入れたがらない(同じ方針がいまでもとられている)。彼らは、七十歳以上の人は必然的に何らかの慢性病に罹っているか痴呆の初期状態にある、つまり治癒の望みのない状態にあるので、やがて完全な無能に陥って介護を受けねばならないのは目に見えている、と考えたのである。医療関係者は治療の必要な高齢者に向かって、私設貧窮院臭がなくて医療も受けられる老人ホーム入りを勧めた。介護の必要な老人の大多数は家族と暮していたが、十九世紀末には老人施設に入っている高齢者の数は急速に増えつつあった（第5章参照）。一九〇〇年にはそうした施設がフィラデルフィアに二十か所あり、それと似た施設はチャールストン、サウス・カロライナ、ミネアポリス、ミネソタ、を含むさまざまなところにあった。こうした施設が国内のいたるところに建設されるにつれて、それはアメリカ人が老人にたいして取りつつあった態度の象徴となっていったのである。[35]

年老いた女性にたいする態度は男性へのそれといくぶん違っていた。歴史家のロイス・バナーも述べているように、十九世紀の大半を通じて老いた女性にたいする大衆感情は男性にたいするそれに比べて両面価値的だった。聖女を彷彿させるお婆さんのイメージが、腰が曲がった意地の悪い皺くちゃ婆さんのイメージと併存したわけである。バナーによれば、十九世紀末には若さを強調する社会の新たな風潮が人気作家を刺激して女性に若作りの化粧と行動を促した。その結果、年配の女性が顔も服も若く装うようになった。しかし、新興の消費者産業と小売業界の流行が若さと美の関係を強調する一方で、年相応に振る舞えとする文化的規制が人々、とりわけ年配者の間に広まった。人気作家のセリア・パーカー・ウーリーは世紀の変わり目に、「十八歳にはぴったりの軽はずみやせっかちも五十という齢でははしたないばかり……老境に向かう男女が若い人の行動を真似ている姿は見て気持がいいものでもないし、ためにもならない」と苦言を呈したそうだが、彼女の言葉は当時の状況を如実に物語っている。[36]

十九世紀が終わる頃には、医学理論家や開業医が年齢と人生のスケジュールに関する一般民衆の意識を踏まえて老年を定義づけた。厄年の概念を敷衍し、組織と器官の衰退に関する臨床研究に基づいて、一定の生理的過程と状態が起こり、かつ避けられない場合には、老年は独特の人生段階を画するという結論に到達した。個人はこの過程を経験し、こうした状態に陥るやいなや老衰の段階に入る――これは同年配者が全て同じ特徴を帯びる時期である。高齢と生物学的・知的衰退の関係を科学的に研究した結果、医師は老人を治療するに当たって他の年齢集団から隔離する十分な理由を見出し、医師以外の専門家や当局者もまた、たとえ物理的に不可能にせよ民衆の意識のなかで、彼らを一つの集団として他から隔離するに足る根拠を発見したのである。不可逆的な劣化のために不断の医療を必要とするし、知力もまた肉体と同じ劣化の一途をたどるとあって、老人はもはや、知恵と経験の宝庫として尊敬を一身に集めうる存在ではない。医学の専門家と社会の観察者にとって、老人の隔離は自然で必要な望ましいことだったのである。

## 教育と子供の生活のスケジュール化

一八九〇年には、アメリカにおける小学校から中等学校を経て大学に至る教育の一貫性と、それの拠って立つ年齢別学年編成が確立した。小学校を七学年編成にした少数のニューイングランドの学校制度と、九学年編成の一部の南部の学校を例外として、標準のコース（少なくとも白人の中産階級社会では）は小学校の八年、それに加えて（少数の進学希望者には）中学校ないし高等学校教育の四年、さらに四年の大学教育で成り立っていた。しかし、一八九〇年代には多くの教育者がこの修学年数に疑問を抱き、効率的な再編成を模索した。しかし、部分的な修正は認めたものの、この制度は大幅な変更に抵抗した。にもかかわらず、現実に起こった変更、わけても是認された一部の改革が引き金となった討論は、高まったスケジュール化と年齢規範の意識を反映したものだった。

代表的な教育改革家だったハーヴァード大学総長、チャールズ・W・エリオットは一八八八年、全米教育協会（NEA）の集会で「学校のプログラムは短縮と内容の充実を同時に行なえるか？」と題して講演したが、エリオットはその席上、ハーヴァード大学入学者の平均年齢はこの数十年間しだいに高くなって現在十八歳十か月であるが、これに通常四年の修学年数を加え、さらに卒業後プロとして通用するまでに要する訓練期間が三年ないし四年に延びていることを勘案すれば、「教職を含め、知的専門職について自活できるまでに大学卒業者は二十七歳になるだろう」と述べた[37]。エリオットはこの状況を嘆かわしいと考えたが、理由はそれが青年の生産活動に従事し始める時期をヨーロッパの青年よりも遅らせるためだとした。

エリオットは一八八〇年代の初めからハーヴァード大学の教職員とともに修学年限を圧縮する問題と取り組んだ。その結果彼らは最終案として四つの方法を推薦した。その一は条件を緩めて入学年齢を下げる。その二は子息に資格ができたと考えた時点でなるべく早く入学させるよう親を促す（このさい女子は看過された）。その三は大学の過程を四年から三年に短縮する。第四案は小学校と中学校の教育者に過程の短縮を求めることであった[38]。

こうした提案はさまざまな議論を呼んだが、それは教育制度に浸透してきた年齢意識の表現であり、かつそれを補強することに役立った。エリオットの影響を受けて、NEAの全国審議会は一八九〇年に「十人委員会」を発足させ、学校教師と大学の教育者の間に一連の会議を開催した。席上討議されたのは最も優れた教授法を初め、それぞれの教科に割り当てるべき時間、成績の評価法、などであった。エリオットを長とする委員会は九つのカリキュラム教科に関して分科会を設け、年内に共同報告書をまとめた。分科会はもともと中等教育の評価が目的だったが、会議の参加者は、小学校に関わる問題を考慮しないで中等教育への勧告を行なうのは不可能、と気づいた。

会議の報告書には年齢意識と、明確な年齢規範への言及が浸透していた。たとえば、ラテン語教育に関する分科会ではヨーロッパとアメリカの学生がこの言語を学習し始める年齢が比較され、「ハイスクール課程――ラテン語教育を含む――の開始が十四歳以降にならないよう、グラマースクール課程（八年制小学校で下級のプライマリースクール四年にたいして上級の四年間。この上はハイスクールとなる）を早急に改革することが望まれる」との答申が出された[39]。ギリシア語分科会は、ギリシア語教育はラテン語と同時に始めることができるとし、現代語分科会は、ドイツ語やフランス語は十歳ないし十一歳で学習が可能という結論を出した[40]。

年齢要件と規範は修学年限に関する一八九〇年代の審議に重要な役割を果たした。頻繁に議論された問題の一つに小学課程は八年から六年に短縮すべきか否か、ハイスクール課程は四年から六年に延ばすべきではないか、というのがある。この問題は高等学校（ハイスクール）の入学年齢を巡って激しい議論の引き金になった。たとえばNEA大学入学要件委員会は小学校と高等学校の課程は六年が適当だとした。十代の初めに迎える七学年目は学生の生活の転換期でもあって、十代半ばの九学年目よりも高等学校という新しい環境に馴染みやすい、というのが委員諸公の論旨だった[41]。一八九八年には著名な教育政策通だったコロンビア大学学長のニコラス・マレー・バトラーが、大学への早期入学につながることを理由に中高校への入学を早めるべきだとする考え方を支持した。バトラーは新生の青年発達論を援用し、「中等教育の時期は本質的に思春期と重なりあう。肉体的にも精神的にも変化のあらわれ方が穏やかな後期思春期と異なり、活性思春期とも言うべき時期だ……（思春期は）十二歳から十六歳、あるいは十三歳から十七歳までが標準と考えている。大学を志願する青年男女は遅くとも十七歳で入学すべきだ」(42)（傍点筆者）と述べた。

エリオット、バトラー、NEA委員会等々の発言や報告書は、柔軟性に欠けると彼らの考える修学年限に批判的だった。現行の制度は修学年数が長すぎる、若者が生産活動を始めるべき年齢を越えているではないか、というのが彼らの主張だった。けれども、さまざまな討論や提案は彼らが改革を望んだ制度と同等、またはそれ以上の厳しい年齢要件を課したように思われる。一部の分析者はそれのもたらしたさまざまな結果を認めている。たとえばニュージャージー州、エリザベスのウィリアム・シアラー教育長は一八九八年に、現行の年齢別学年編成制度は柔軟性がなさすぎると嘆いている。彼に言わせれば、学校は個人差を無視して「各学年の子供らに知的密集行進」をやらせているのだ。(43)シアラーは年度を半年、またはもっと短い期間に区切り、覚えの悪い生徒や頭のいい生徒を対象とする学年のないクラスを復活させたかったのである。しかし彼の考えは、エリオットやバトラーのような改革者でさえ支持した年齢標準化への傾向にそぐわなかった。わけても当時は四年制の高等学校がアメリカ全土に普及し、十代の学生が年齢ごとに仕分けされ、画一化される状況が受け入れられつつあった。(44)小学校の課程を六年とし、七年目から中学課程を始める提案は二十世紀初めの中学校の創設（第4章参照）につながったが、この制度は年齢規範と思春期に関する複雑な理論の産物だった。

## 年齢規範と大衆文化

年齢と規範的スケジュールの意識が高まったことは、一八九〇年代の正規の制度や思想以外のさまざまな文脈の中で確認できる。たとえば女の子の縄とびや童謡の歌詞には、以前にくらべて年齢がはっきり歌い込まれるようになった。十代以前の、九つから十一歳ぐらいまでの女の子がやるこの遊びでは揺れる縄を飛び越えながら歌をうたう。一八九〇年代の終わりか一九〇〇年代初めに出来たらしい、最も人気のあった遊びの一つでは齢をあらわす数え歌をうたい、縄とびをしながら数をどんどん上げてゆく。

あたしはフライパンのなかで生まれた
あたしの齢はいくつかわかる?(45)
一つ、二つ、三つ、四つ……

ここで重要なのは数がはっきり年齢を表わしていることである。これと同じ頃、ニューヨークのある出版社が『童貞物語』と題する本を出版した。一種のポルノであるが、それには故意に年齢が挙げつらってあった。「スミス・カレッジ」なる大学の男子学生がかわるがわる、「童貞」を失った経緯をみだらな語り口で打ち明ける、といったしだいの一連の物語だが、それぞれの話に登場する人物の年齢がはっきり、まるで基準でも示すように言及されている。こうして「トム・ブラウン」は十五歳のときに「若い召使い」を相手に童貞を失い、「バートン」という若者は十四歳で隣人の妻に童貞を奪われ、「ストイヴェサント」は十三歳のとき十二になる隣の女の子に、「J・リチャード」は十五歳で同じ年の女の子に屋根裏の干し草置場で、「ウィンズロー」は十五歳のとき十九歳になる雇い女に、それぞれ童貞を捧げた、といった具合である。(46)

自叙伝作者のフロー・メニンジャーはこれに関連したテーマを扱い、彼女が「人生のさまざまな事実」を知ったのは一八九〇年のことだが、これは標準よりも遅いと述懐している。彼女は一九三〇年代に来し方を振り返って、「赤ん坊がどこから生まれるか、本当のことを知ったのは十九歳のときで、教えてくれたのは年老いた女中、学校の教師になって二学期を迎えた頃だった。思わぬときにこれを教わり、それから無知さ加減を笑われたときにどれほど大きな衝撃を受けたか、おそらく想像に難くないだろう」と書いている。(47)メニンジャーが当惑を覚えたのはこの問題について事実を知らされたのが「時期遅れ」、言い換えれば「スケジュール」に合っていなかったためである。

一八八〇年代の後半以降、人気雑誌の誌面を賑わしてきたいわゆる女性解放に関する議論もまた、「拡大した機会が伝統的な女性の生活に及ぼす影響」をテーマとするさいには新しいスケジュール化の規範意識を反映していたのである。『コスモポリタン』や『ノース・アメリカン・レヴュー』のような雑誌は、学校、結婚、出産、というお決まりの人生コースに挑戦したり、擁護の立場に回ったりした。大学の学長だったディヴィッド・J・ヒルは、その著『女性の解放』の中で、大学の在籍者と労働力への参入者が増えると、女性が伝統的な人生コースを拒み、「もっぱら未婚女性と独身男性から成る」社会が出現するかもしれない、と感慨を込めて述べている。けれども実際問題としては、「女性は結婚と出産を先延ばしにするに留まるだろう」というのがヒルの結論だった。(48) ヒルの言葉は、スケジュール化と規範を二つながら意識していたことを暗示している。

フェミニストのベルヴァ・ロックウッドのような著述家たちは、女性が解放されれば諸段階のタイミングが変わるだろうということで意見の一致をみたが、彼女はそうした変化を促しさえした。教育期間の延長は女性の結婚を遅らせる、とはロックウッドの弁であるが、彼女はさらに言葉を継いで、「女性は結婚を必然とみなすべきではなく、自活できるようになるまでは締結できない神聖にして侵すべからざる契約とみるべきだ」とも述べている。(49) これらの著述の論旨もさることながら、当面の私たちの目的にはここで使われた概念の表現、たとえば「段階」、「遅らせる」、「先延ばし」、等々の方が重要である。そうした言葉がスケジュール化と規範を含意しているからである。

こうして十九世紀も終わりに近づくにつれて、類別化、整理、子供の教育と医療の世界でまず発達した暦年的年齢に拠る個人への配慮、などがアメリカの社会と文化の領域に浸透していった。しかし、年齢による段階づけの哲学的、官僚的、生物学的正当化に加えて、新たな規範への配慮が芽を吹き出していた。つまり、初期の原理と制度の改革は、さまざまな個人がある特定の年齢のときに何をすべきかに留まらず、そもそも個人は何をすべきかについての規範を育てていたのである。年齢はかつて例を見ないほどに種々の期待を帯びた一つの特性となりつつあったわけだ。

## 4　年齢規範の強化
### 一九〇〇年〜一九二〇年

二十世紀が始まる頃には、年齢意識と年齢階級はアメリカの制度と文化に定着していた。一九〇四年に公表された国勢調査局の研究、『広報13——年齢統計の討論』は新しい趨勢の象徴であり要約でもあった。一九〇〇年の連邦調査で収集されたデータに基づくこの報告書は、国勢調査局によって初めて行なわれた年齢とその意義の本格的な調査として特筆すべきものである。ヨーロッパの統計学者は一九〇〇年までに数十年間も年齢に関するデータを研究してきた。したがって『広報13』はある意味で先進諸国と肩を並べようとする国家の努力の表われだったといってよい。しかし、広報の分析はまた、国民生活と政策のなかで高まった年齢の意義を反映するものでもあった。

ダートマス大学の財政学助教授で『広報13』の著者、エリン・A・ヤングが、「人口の科学的研究という目的からすれば、年齢による分類よりも重要で基本的なものは性に基づく分類だけだ(1)」と書いたとき、彼はこうした意識を表現したのである。ヤングによれば、年齢のデータが重要なのはそれが軍事力、有権者の数、労働人口の潜在的経済力、次世代の特徴、などに関する重要な情報を提供するからだけではない、犯罪、貧困状態、識字率、死亡率、等々の予測が容易になるからでもあるのだ。

分析の機会が存在したのは、一九〇〇年の国勢調査が以前の調査よりも年齢を正確に記録したからである。一八五〇年以前の連邦国勢調査に年齢情報がとくに含まれていなかったことは意味深い。調査員は統計局の指示に従い、年齢の分類別に住民の記録をとるが、この分類は通常、十歳単位になっている。一八五〇年に始まって一八八〇年まで、国勢調査員は記録された個人全ての最後の誕生日における年齢を記入した。一八九〇年には国勢調査局が分類法を変え、一番近い誕生日における年齢を記入することとした。しかし、改定は混乱を引き起こすことが分かった。そこで一九〇〇年には最後の誕生日現在の年齢が復活したが、要するに誕生日という新しい項目が年齢の正確さをチェックする手段としてつけ加えられたわけである。

年齢に関するデータは、性別、出生地、住居、人種、職業、配偶者の有無、その他の住民の特徴に関する広範な情報とともに、一九〇〇年の国勢調査をかつて例をみないほど詳細なものにした。報告書に掲載されたおびただしい数の図表、パーセンテージ、割合などは、計測と分類に情熱を傾けるアメリカの社会科学の萌芽を示すものだ。情報の組織的な蓄積は、不完全な知識が進歩を妨げる可能性のない秩序立った社会の創造を容易にする、と彼らは信じたのである。統計を強調するこの新しい行き方は、新しい世紀の最初の二十年間における年齢規範の地固めであり、強化であった。

## G・スタンリー・ホール、子供の発達、そして青年の年齢規範

一九〇〇年代初めの制度や思想における年齢規範の強化をたどれば一人の中心的人物に逢着する。

心理学者のグランヴィル・スタンリー・ホールである。彼は子供の研究を一八八〇年代から一八九〇年代にかけて行ない、その成果は一九〇四年に『思春期――その心理と生理学、人類学、社会学、性、犯罪、宗教、ならびに教育との関係』と題する画期的な著作となって世に出た。ホールの思想は子供の発達の研究や学校のカリキュラムと組織の改革、体育とレクリエーション、知能検査などを含め、心理学と教育学の方向にも大きな影響を与えた。これらの領域に影響を及ぼしたのはホールだけではなかったが、彼の理論の影響は全てに及んだのである。

ホールの経歴は人間行動の研究を専門とする新しい科学たる心理学の勃興と重なり合っていた。この科学の進歩にたいする彼の貢献には著しいものがあって、ある友人に至っては彼を「心の世界のダーウィン」と呼んだほどだった。一八七八年にハーヴァード大学のウィリアム・ジェイムズのもとで心理学の博士号を取得したあと、ホールはドイツで二年間、物理学、生理学、心理学の分野の代表的な学者とともに研究した。ホールはもともと子供の発達には興味がなかったが、当時ドイツの心理学研究を席捲していたこの分野の活動に無関係ではいられなかった。生物学者のウィルヘルム・プレヤーの影響はヨーロッパの科学者のなかでもとりわけ大きく、一八八一年に刊行された『子供の知力』は子供の知的発達を理解する可能性に大きな関心を引いたものとして注目される[2]。

ホールはアメリカに帰国してまもなく、ボルチモア州のジョンズ・ホプキンズ大学に心理学および教育学教授として招かれ、実験心理学と教育学へのそれの応用を研究し始めた。彼はジョンズ・ホプキンズ大学で多くの若い秀才の指導に当たったが、彼らのなかには教育改革者のジョン・デューイ、知能検査の先駆者ルイス・ターマン、児童心理学者アーノルド・ゲセルらの、後に著名な学者に育った人々がいた。一八八八年、ホールはマサチューセッツ州、ウースターに新設されたクラーク大学の学長になり、三十年以上もその行政職に留まったが、その間研究と発表を休まず、児童研究運動の先頭に立ち続けた。

ホールはダーウィンの進化論とハーバート・スペンサーによる進化論の社会学への応用を援用し、人体の成長は人類の経験した進化の段階を繰り返す、と断定した。つまり、個人の肉体と行動の発達段階は人間が未開状態以前から文明状態まで進化するさいに経てきたさまざまな段階と密接に符合している、というのである。ホールにとっては、子供はまさしく大人の親だった。人間の発達の各段階は次のそれへの重要な刺激として機能するが、幼少年期はとりわけ大事な時期で、緻密な観察と研究が必要である。社会の成功と進歩の度合いは、ホール流に言えばその社会に住む子供が危険な早い段階をどう切り抜けるかにかかっている。そんなわけで子供はホールの研究の中心に据えられ、若年者の施設、わけても学校が研究の中核になったのである(3)。

ホールの青少年発達理論には科学的合理主義とロマンティシズムがふんだんに含まれている。ホールによれば、人生の最初の十八年は三つの段階で成り立っており、各段階には対応する民族史と、それに伴う必須の教育学がある。幼児期とよちよち歩きの頃は、人類の進化史を当てはめれば未開人以前の段階に似た原始的本能と行動の時期で、この段階では親や教師は子供を自然に任せ、砂とブロック遊びで体の主要な筋肉の発達を促す必要がある。その後六歳か七歳で危機を経験するが、この危機は八歳から十二歳までの前思春期まで続く。この時期の個人主義的で現実的な行動は初期のピグミー族その他の未開人の世界を彷彿させるものだ。この時点で脳はほぼ大人の大きさになり、体は疲労に抵抗する。こうして子供は小学校へ入るばかりになる。子供の五感は鋭敏で活気にあふれているので自制心を養う必要があり、したがってこの段階の教育はきびしい訓練と服従を強調しなければならない。

その後十三から十八歳にかけて襲う新たな危機が青年期を生むが、これは多情多感な理想主義と連帯行動の時期で、あたかも古代と中世文明を想起させる。青年期が重要なのは、それが個人の未来、ひいては人類の未来を決定する知識、社会的慣行、技術などを習得するための準備期間だからだ、とホールは主張した。「思春期の黎明はたちまち嵐に取って代わられる……非常にいい子になったり、手がつけられぬ悪い子になったりする傾向を示すのがこの時期の特徴である」と彼は書いている。(4)

職業的教育者は時を移さず、ホールの学説を学校改革の理論的根拠にした。前章では新たに認識された十代の欲求に対処すべく、学年組成の変更をめぐって起こった議論を紹介した。こうした議論は一九〇〇年代まで続いたが、これは改革者がホールの考え方の根幹をなす年齢規範に基づく提案を次々と提出したためだ。たとえば一九〇四年には、NEA所属の二十一人委員会が学校改革者の直面する主要な問題を要約した報告書を発表している。シカゴ大学学長、ウィリアム・レイニー・ハーパーを議長とする委員会は、六歳から十二歳までの子供の時期に対応し、中等教育の修学年数を十三歳から十八歳までの思春期に合わせることを目標として、小学校の修学年数を減ずる問題に取り組んだ。(5)報告書はこれらの問題の論点を挙げるに留まり、疑問点を調査するために新たに十五人からなる委員会を発足させるべきだ、といかにも官僚的な文体で述べた以外には、何の提案も行なわなかった。

NEA(全米教育協会)はこの控え目な提案を棚上げにしたが、学年の編成を変える問題は燻り続けた。一九〇九年、シカゴの高等学校の一校長がNEAに四年制学校制度案を提出した。三歳から七歳までの遊び指向のクラス、七歳から十二歳を対象とする「モータータイプ」小学校、十二歳から十四歳までの「中間タイプ」、そして十四歳から十八歳までの「中等タイプ」がそれである。子供は思春期の直前に危機を経験するというホールの主張を支持して彼は、「十二歳から十四歳までの子供は、彼ら特有の状態に見合う適切な環境を与えるためにその前後の年齢層に属する子供から隔離する必要がある」[6]と述べ、中間タイプを正当化した。中には違う区分法を提案する改革者もいたが、思春期の欲求に対応すべく十二歳を境に大きく変えねばならない、とする点では全員の意見が一致した。たとえば一九一三年にはNEA会長のジェイムズ・H・ベイカーが中等教育の第一学年を十二歳まで引き下げるべきだとする個人提案を行なっているが、その根拠として彼は、「知的訓練の多くの過程は時期が早いほど容易だからで、ハイスクールの教育方針を十二歳で始めることは、その年齢で落ち着きを失い、より大きな、多岐にわたることがらに関心を抱く生徒の欲求を満たすゆえんとなろう」と述べている[7]。

子供の発達と年齢規範の概念は俗界の教育改革者ばかりでなく、宗教教育の改革論者にも影響を与えた。一八七〇年代にプロテスタント教会日曜学校に導入された統一授業は、大人ばかりでなく、幼い子供にも不適切だとして反対の声があがった。一八八〇年代と一八九〇年代には全米日曜学校組合にさまざまな年齢集団向けの授業計画案が寄せられたが、組合はどれにも承認を与えなかった。しかしながら、一九〇〇年前後にはホールその他による子供の発達に関する科学的研究がエラスタス・ブラケスリーのような宗教教育家の間でようやく認められた。ちなみにブラケスリーは聖書研究に一連の年齢別授業を採り入れた人物で、彼の方法は統一授業との競争に勝利をおさめた。その後一九〇六年には多くの宗教教育者と編集者がニュージャージー州のニューアークに段階別授業会議を設立し、各年齢集団に合わせて統一授業を改良した。会議の影響の一つの結果として、一九〇八年の国際日曜学校年次総会は全面的に段階別化した授業計画の準備を勧告した。勧告が受け入れられたあとで、同総会は後に国際段階別授業なる名称で呼ばれるに至ったものの公表を許可したが、これらの意図は、「生徒の各発達段階における必要を満たす」ことにあった。こうしてそれは年齢別授業――通常は聖書物語を中心としたもの――を提供することになり、日曜学校もまた俗界の学校と同じように、子供たちに年齢という段階のついた梯子をのぼらせることになった(8)。

ホールの考え方は教育における規範的スケジュールの概念、換言すれば、学習の段階とカリキュラムを成長する生徒の年齢に基づいた必要に合致させる、という考え方に強い足掛りを与えた。それでいて皮肉なことに、一八九〇年代に高まったスケジュール化への懸念は、一九〇〇年代初めには一部の子供が段階の基準に到達できないことへの危惧に道を譲った。知的・肉体的発達段階のより正確で科学的な分類が、「正常」な、間接的には年齢基準に基づくものをいっそう強調する、という結果を招いたのだ。教育者は、顕在化する年齢規範と学校内に起こりつつある現実的状況の不一致に、しだいに目を向け始めていた。

わけてもスケジュールに遅れた子供たちに関わる二つの問題が学校当局者の頭を痛めた。問題の一つは「知能の停滞」といわれるもので、ある段階から次の段階に移れる程度に知能が発達していないか、ほかの理由で年齢以下の段階に留まっている子供の現象を指す。もう一つの問題は「中途退学」、これは十分な教育課程を経ぬうちに学校をやめてしまうケースである。一九〇四年にニューヨーク市の教育長、ウィリアム・H・マックスウェルは、市内の小学校児童の三九パーセントは相当学年よりも年齢が上であることを公表した。マックスウェルの報告はフィラデルフィア、シカゴ、セントルイス、デトロイトといった都市の教育長を動かして同様のデータにたいする懸念を表明させた。[9] 一九〇九年には改革者のレオナード・エイヤーズが『学校のぐずたち』を出版したが、これは当時頻繁に引き合いに出された挑発的な研究で、多くの市立学校で起こっていた成績不良と中途退学の高い比率を劇化したものである。[10] エイヤーズのような研究者は高比率の原因として考えられるものをいくつか挙げているが、このさいもっと重要なことは、これらの著述家が学校の各学年に「規定の」年齢を強調している点である。事実、心理学者のライトナー・ウィトマーは、年齢または学年の統計をとればアメリカの児童の「進度の遅れ」は明らかだと主張した。[11]

アメリカの学校の年齢不適合に関する懸念は一九一一年、『各種学校ならびに大学の年齢と学年に関する調査』と題する連邦政府教育局広報の発表をもって深刻の度を加えた。全国民の年齢データを編集し分析した『広報13』と同様、この調査はアメリカにおける年齢意識の発達を如実に示すもう一つの画期的な出版物となった。人口二万五千人以上の百三十二都市と、人口二万五千人以下の百八十六の地域社会から一九〇八年に収集した情報を使い、広報は年齢が学年「相当」、「越える児童」、「以下の児童」、などの数と割合を図表化して発表した。

コロンビア大学の教育行政学教授で、一九一一年度広報の文章表記部分の執筆者だったジョージ・デイトン・ストレイヤーは、「図表は各学年に正常な年齢を二歳から四歳上回る生徒が多いことを示しており、この現状にあらためて驚きを禁じえない」と結んでいる。教育者は全ての生徒を学年相当の「正常な」年齢にすべきだ、とストレイヤーが信じていたわけではない――彼はむしろ、覚えの悪い生徒のために特殊学校の設立を促している――けれども彼は、官僚的見地からすれば年齢基準は学童を組織するうえで最も効率的な手段だと考えた。こうして彼は早期の年齢別編成の提案を繰り返しでもするように、「一学年に八歳から十五歳、ないしは六歳から十二歳までの生徒がいれば、教師の仕事が能率的に行なわれるはずはない。この状況は学年編成を算数の問題を解く能力や、子供が日常生活では使わないような単語を書く能力を基準にしてではなく、成熟度と教育可能性に基づいて行なうことを要求している」という結論を引き出したのである。(12)

思春期の生徒の知能の停滞、中途退学、発達に伴う必要、などに関する広報と議論は、二十世紀に入って最初の十年間にアメリカの教育に主要な制度改革をもたらした。それはほかでもない、中学校の創設である。中退者の比率が十二、十三、十四歳の生徒の間に激増しているという事実は思春期の特異性を強調するとともに、こうした年頃の知的欲求を学校が満たしていないことを示唆している。これらの要因を念頭に、実業界の名士で構成される民間団体、ミネアポリス商業クラブの教育検討委員会は、七、八、九学年生だけの教育を行なう「中学校」の設立案を市教育委員会に提出した。一九一〇年のことである。中学校の必要性を主張するに当たり、委員がホールの理論を援用したことは間違いのないところだ。彼らが教育長に提出した設立案に、「思春期の始まる十二歳前後は子供が趣味や能力に格段の変化を見せ始める時期でもある。したがって、彼らを教えることにより長い時間をかけ……この三年で教えられる事柄は全て、あるいは役に立つはずの知識は全て、我々の考え方によれば生徒の時間と教師のエネルギーと住民の金の憂慮すべき浪費にすぎない」と書かれていたことはそれの証左だといってよかろう(13)。

中学校設立に向けての全国的運動の推進者の一人はカリフォルニア州、バークレイの教育長、フランク・フォーレスト・バンカーだった。八・四制学年編成にたいするバンカーの批判は、その論理を直接ホールからえている。バンカーは、「この制度は本質的な形式と、各学年相互の関連において、思春期とともに始まる重要な生理的・心理的変化をまったく無視している」と主張し、さらに言葉を継いで、そうした無知が小学校上級と、高等学校入学当初の高い退学率の原因になっている、と断言してはばからなかった(14)。

一九一〇年、バンカーはもっぱら七、八、九年生を対象とした学校をカリフォルニア州のバークレイに設立したが、他の地域の学校制度がおおむねこれに倣った結果、一九三〇年にはアメリカ全土の中学校は約四千を数え、生徒数は百二十五万人を超えるまでになった(15)。年齢別学年編成の歴史においてこの結果は重要である。中学校が十二歳から十四歳までの新たな年齢集団を形成したからだが、彼らの生物学的、心理的発達は彼らを小学生とは異なる、しかし未だ高校生ほどには開花し切っていない集団として類別した。教育者は高等学校の修学期間を四年から三年に削り、独立した教育機関を新設することで青少年の同年代集団の形成と純化に手を貸したのである。

ジョゼフ・ケット、ディヴィッド・マクラウド、その他の歴史家が述べてきたように、発達心理学という新しい心理学の理論、わけてもG・スタンリー・ホールの理論にのっとった中学校や高等学校の改革は、結果として親に依存する少年期を引き延ばすことになった。都市化と大規模産業化がアメリカの社会を変貌させ、若者に経済的成功の新たな要件を課し、新しい誘惑と娯楽で彼らを惹きつけるようになると、学校によって隔離される期間が延びれば大人の世界の難問に直面するまえに知的、肉体的、道徳的能力を発達させる機会が子供に与えられることになる、と中産階級の改革者は固く信じて疑わなかった。学校に入ることは標準であるばかりか、ごく当り前になってきた。一九一九年には、十四歳の少年の八六パーセントが何らかの学校に通っており、一八九〇年から一九二〇年の間に十四歳から十七歳の通学者数は二十万三千人から二百二十万人へと画期的に増えた(16)。学校という保護された環境は、厳格な年齢別学年編成とあいまって、生徒をさらに細かい仲間集団に分類した。それは彼らを新しいつきあいの型に包み込み、年齢の違いと、年齢に課せられた期待への感受性を鋭敏にした。一九〇〇年代の初めには、小学校から中学校、さらに高等学校への進学は少年にとって重要な節目で、それぞれの段階と学校には固有の期待と規範が定められた。十四歳でまだ六年生に留まっている子供は仲間に後れを取っていることを強く意識させられたが、同じことは十三歳で半ズボンから長ズボンにはきかえられない少年にも言えた(17)。これに劣らず重要なことは、こうした仲間集団と、それに伴う年齢への期待が肉体的・知的到達度の新たな科学的基準に支えられていたことである。

## 年齢と体の鍛錬

進化と発達理論に基づく児童研究は萌芽の見え始めた体育教育に強い影響を与えた。子供の知能同様に体も鍛えようとする衝動は遊びを形式化し、以前は非功利主義的だった活動を機能的にする、さまざまな努力を生んだ。しかし、それに劣らず意義深いのは、その結果起こった組織的な遊戯やスポーツの人気の増大が年齢意識と年齢階級をはぐくんだことだ。十九世紀初頭の私立小中学校は、健康増進の手段として体育教育をカリキュラムに採り入れた。たとえば一八二三年にはマサチューセッツ州、ノーサンプトンのラウンドヒル・スクールの創設者が教育方針を表明し、本校は「身体の鍛錬」を期するため「スポーツと体操を奨励する」と述べている。[18] 世紀の半ばにはトマス・ウェントワース・ヒギンソン、キャサリン・ビーチャー、ヘンリー・ワード・ビーチャーらを含む多くの著名な改革者が、人々は年齢を問わずもっと活動的な生活を送るべきだと主張した。ほぼ同じ頃、国内のいたるところにターナー協会――ドイツからの移民がつくった自己改善クラブで、健康維持を目的とする活動も行なった――が設立されたが、協会のメンバーには体育教師として学校に雇われるものが多かった。

一八六〇年代の終わりには、アメリカの公立小学校に体系的な体育教育が制度化された。一八六六年にはカリフォルニア州が、公立小中学校に体育授業の設置を求める全州的な法律を可決し、ほどなく他の州もこれに倣った。[19] 一八七〇年代には徒手体操を中心とするスウェーデン体操が導入されたが、これはたちまち教育界の指導者に大きな影響を与えた。[20] しかし、ゲームやスポーツの年齢別導入は、進歩的改革の一環として遊びを導入する運動が起こった世紀の変わり目まで実現しなかった。健康教育の推進者が児童生徒の課外活動の有効な管理法を模索していた改革者と手を結んだのはこの時点においてである。その結果起こった運動は年齢別編成を促進し、仲間集団の絆を強めていった。

二十世紀初めに正規の体育授業を支持した代表的アメリカ人はルーサー・ハルゼイ・グーリックだ

ったが、彼は肉体の活動は年齢の要求と直結していなければならないとする考え方を実践と著作をもって推進した教育者である。グーリックはマサチューセッツ州、スプリングフィールドのYMCAインターナショナル・カレッジで体育教育の指導教授を務め、その後ニューヨーク市の公立学校でも似た立場にあったが、彼がG・スタンリー・ホールの友人であり支持者だったことは驚くに当たらない。グーリックはホールの勧めで一八九九年に「集団ゲームの心理学的、教育学的、宗教的側面」と題する論文を発表したが、そのなかで彼は、遊びは肉体の有する運動への渇望の表現だとする理論を概説した。また、さまざまな年齢集団に一般的な遊びの形式を図表に表わしもしたが、年齢ごとに遊びの順序があるとするグーリックの考え方は当時注目を浴びつつあった体育教育の指針となった[21]。

明くる年グーリックはニューヨークのブルックリンにあったプラット・インスティチュート・ハイスクールの校長になり、体と知能の発達の相互関係について考えていたことを理論にまとめた。その理論が彼のいわゆる「機会均等」方式を擁護させたが、これは年齢別学年編成を徹底させ、同じ年齢の生徒でクラス編成をするほうが能力別編成より利点が多いゆえんを強調するものだった。ある段階で全ての学科に習熟することは年齢が同じ生徒との知的・社会的接触から得られる利益ほどに重要ではない、とグーリックは主張した。肉体の成熟は知識の獲得に優先すべきである。だから、学校に通ったことがないという理由で九歳児をむりやり幼稚園や一年生から出発させてはならない。むしろ、「その子はなるべく早く体の成熟度が同じ子供のクラスに編入すべきだ[22]」。どうにもならぬ障害がないかぎり、児童生徒は必修科目を全て修得しなくても仲間と一緒に進級させるのが筋であって、学力の足らぬところは補習で解決できるはず、というのが彼の考え方だった。「機会均等」方式は、体育教育は精神的・知的発達に不可欠だとするグーリックの若い頃の主張から出てきたものだ。彼にとっては、年齢ごとの欲求が子供の訓練の基本をなしており、教育の過程で同じ年齢の生徒は教師やカリキュラムと同じ程度、ないしはそれ以上に重要な存在だった。

グーリックの最もよく知られる業績は、一九〇三年にニューヨークの公立学校体育教育指導主事に任命された後の在任期間に達成されたが、彼は市立学校に共通の体育教育計画の一環として、男子生徒のスポーツと体育を組織化する目的で公立学校体育連盟（ＰＳＡＬ）を結成した（女子生徒部の結成は一九〇五年。もっとも内容は体育ではなく、ほとんどがダンスだった）。連盟の目的は運動競技を通して体位を向上させることにあり、競技種目はチームスポーツだけでなく、懸垂や縄登りなどの個人競技も導入された。競技である基準に達した生徒にはメダルを授与した。さらに重要なことは、競技に勝つことを狙って年上の少年や、出席常ならざる年長の生徒が学校チームに参加することを禁じようとしたことである。彼は全員の参加を促すために年齢ごとのコンテストや行事を計画した。成長の遅い生徒には不公平になることが分かると、年齢と体重を組み合わせた基準を使った[23]。機会均等方式の場合と同じように、グーリックは同じ年齢の生徒を同一集団にまとめることの利点を強調した。身体の大きさや能力に個人差があることを認めながらも、身体の制御や忍耐力といった能力は年齢が同じであれば差はほとんどないから年齢別競技は正当化される、という確信があったためである[24]。全国的に確立された同様の計画のモデルとして、公立学校体育連盟は年齢別体育を制度化し、その結果として年齢を同じくする仲間集団の交際が普及することになった。

グーリック以降、年齢別体育教育を広く制度化した立役者はジェシー・ハベル・バンクロフトだったが、彼女はニューヨーク市の公立学校で体育指導主事だったグーリックの助手を務め、アメリカ体育教育学会の女性会員第一号でもあった。運動に興味をもったのは十代だった一八八〇年代のことで、虚弱な体質を改善するのが目的だった。彼女はミネアポリス大学でドイツ語とスウェーデン体操を学び、ハーヴァード大学体育教育夏季学校では解剖学と体操のコースを取った。一八九三年にはブルックリンの公立学校体育指導主事に任命されたが、彼女は一九〇四年にグーリックの助手になるまでこの職に留まった。バンクロフトは二つの職の在任期間に、多くの時間を割いて十分から十五分の休み時間向けに子供の運動やゲームを考案した。若い頃の著作の一つに一九〇三年出版のパンフレットがあるが、そのなかで彼女は各年齢集団ごとに適切な六十一の休み時間用ゲームのルールを示している。[25]

その後数年にわたってバンクロフトはさらに研究を進め、一九二〇年に『運動場、家庭、学校、体育館向けのゲーム』を編集したが、これはその時代に行なわれていたゲームの集大成ともいうべき本だった。ゲームの説明に対象年齢を示していたことは意味深い。バンクロフトが根拠をホールほかの発達理論に求めたことは明らかなところだ。以下は序文に示された彼女の説明である。「正常な子供の興味は発達段階に応じて異なるゲームに向かうのが自然である。換言すれば、体力が向上するにつれて成長に寄与するような遊びの要素を求めるということだ。子供の興味という観点から研究すれば、ゲームは発達段階の違いによって著しい特徴を示すグループに分けられる、ということが分かる」。[26]経験、疲労、環境といった可変条件がゲームの妥当性に影響を与えるために、厳密な年齢基準を当てはめるのは無理な場合があるとしながらも、バンクロフトは遊びにたいする規範的スケジュールを擁護した。「(本来あるべき遊びへの)興味が湧かない場合には促すべきだ。それはあたかも、体重が基準に満たない子供がいれば健康管理に留意しなければならないようなものである」と彼女が言っているのはこうした考え方による(27)。

バンクロフトは年齢のいかんを問わず面白いものは受け入れるべきだと考えていたため、年齢規範の厳密な適用を避けた。その一方で、肉体的、知的、情緒的能力に関する発達理論指向の思想は彼女を、子供はある年齢までに一定の必要条件を満たさねばならず、それができていない場合には同年齢の子供に遅れないよう強制的に条件を満たさせなければならない、という考え方に傾斜させた。こうして彼女は、あるゲームは特定の年齢に適切であるばかりか機能的でもある、と信じた。たとえば年少の子供は短い反復的なゲームに最も反応し、成長するにつれてスリルを伴う長いゲームを好み、十一、二歳では鬼ごっこに興味を示さなくなるので、個体は系統発生の諸段階を反復するというホールの理論を援用して原始的な戦闘に似た激しい団体ゲームをやらせるべきだ、と説いた(28)。『運動場、家庭、学校、体育館向けのゲーム』には約四百のゲームがルール、図表、ならびにそれぞれに向く年齢の範囲とともに紹介されている。

遊びを導入する運動は、学校という組織化された環境外の子供の活動に関わるものであるが、これもまたゲームの年齢類別化を促進した。この運動の弾みは、都市化と工業化によって遊ぶ機会と空間が減じたため全ての年齢層が健全なリクレーションを失うのではないか、という懸念から起こった。さらに、遊びの改革者に言わせれば、大人の監督不足から子供の遊びは犯罪と破壊活動に堕し、余暇活動の商業化はリクレーションを漫然と見物するだけのものに変貌させた。遊びの改革者は遊園地や公園の建設、社交センター、音楽・演劇クラブの設立、その他の組織的活動を通じて人格形成に役立つ積極的なリクレーションの復活を試みた。一八八五年にボストンに建設された、幼児向けの砂場の導入に始まる彼らの努力は一九〇六年、ルーサー・グーリックとヘンリー・カーティスによる全米運動場協会の設立という大輪の花を咲かせた。(29)

遊びの改革者は全ての年齢層に対するリクレーションの提供を目指した。しかし、多岐にわたる彼らの計画は同年代の集団化を目指す強い意志の反映だった。就学前の幼児用に作られた砂場に加え、彼らはニューヨークの九十九丁目と二番街の角のニューヨーク市立公園のような「幼児向け」遊園地の建設を支持した。この公園にはシーソー、ぶらんこ、一輪車、おもちゃの四輪車などがあった。ボストンの三つの夏の公園のような十二歳から十五歳の男の子を対象にした「少年向け公園」には体操設備があって、熟練した体育教育者が監督に当たった。そのほかシカゴには青少年向けの「リクレーション・センター」、ロサンゼルス、シカゴ、フィラデルフィア、ボストン、ニューヨーク、などの都市では夜間に学校を開放したほか、大人向けのさまざまなクラスや施設があった。こうして運動が子供ばかりでなく大人にも焦点を当てるようになった結果、全米運動場協会は一九一一年に全米運動場・リクレーション協会と改称された。(30)

子供はなお遊びと運動の改革と出版の中心であり、子供の発達理論は遊びの改革者を啓発したばかりか、彼らの年齢意識を研ぎすました。この意識の典型的な表現はピッツバーグの運動場、リクレーション公園、夏季学校等の監督官だったジョージ・エルズワース・ジョンソン著の『遊びとゲームによる教育』（一九〇七年刊）である。G・スタンリー・ホールに捧げられ、ホールの序文を戴くこの著作でジョンソンは、団体遊戯が怠惰の対極にあり、子供の人格形成にあずかって力のあるゆえんを説いた。
子供の発達段階に合わせてカリキュラムの改定が行なわれている折りも折り、ジョンソンは遊びも改定する必要があると主張した。彼は子供の発達理論を用いて五つの段階を設定し、各段階に特有の生理学的、神経学的、知的、情緒的特徴を要約した。彼は子供を〇歳から三歳、四歳から六歳、七歳から九歳、十歳から十二歳、十三歳から十五歳までの五段階に分け、それぞれの段階で最も好まれる遊びの種類の解説に加えて、ふさわしい玩具、歌、物語、音楽、ゲーム、等々を列挙した。ジョンソンは自分の理論にバンクロフトにまさる科学的意匠を凝らし、次のように主張した。

我々は遊びの説明を進化論の研究に求めねばならない。……子供の発達の法則にはあるていど決定されたものがあるのだ。子供は一定の普遍的法則に従って成長ないし発達するが、その過程で刺激と環境に独自の反応を示していることに気づく。そしてこの独自の反応が……子供の遊びなのである。遊びの中には民族の歴史的活動を反映しているものもあり、進化を経てきた無数の世代を彷彿させる。また、逆に子供の目を未来に向けさせ、真剣に人生に立ち向かうための下準備となるものもある……しかしここでは……遊びは自然の法則にたいする子供の順応だと考えるにとどめておこう。(31)

進化と「自然の法則」が遊びの改革者と体育教育者を促し、子供の成長過程に忠実に、かつそれを促進する形でリクレーションの組織化に着手させた。最も適切な組織化は年齢に基づくものだ、というのがジョンソンの考え方だった。

一九〇〇年代の初めには、いくつかの社会運動が絡みあって青少年の同年齢集団化が進んだ。学校の教育期間が長くなり、学校へ通う子供の割合が増すにつれて、親に依存する時間が延びただけ大人の世界への参入が遅れることになる。ほとんどの州が一年の通学期間を九か月に延ばし——ところによってはわずか四か月だった——義務教育は十四歳までということになった。同時に各州は幼年労働を規制する法律を定め、大抵の場合、子供が少なくとも十四歳になるまでは事実上、労働力から排除した。義務教育法と、労働年齢の下限を法律で定めたことは年齢意識の反映であり、強化であった。それらが十四歳という年齢を個人の人生における新しい有意義な里程標とし、学校生活と実人生の制度化された分水界として確立したからだ。子供と十代初めの少年を労働力から排除することは、伝統的に社会化の源泉だった環境に彼らが置かれることはもうない、ということを意味した。そうした環境で彼らはさまざまな年齢集団と形式的な接触をもっていたのである。代わって彼らは圧倒的に同年齢の者で構成される環境に隔離されたのだ。また、労働力から切り離されることは乳搾りや取り入れといった家族の雑用から解放されることに加え、都会の青少年に少し前の田園地帯の青少年よりも多くの余暇を与える結果となった。そして、暇を持て余した若者たちの道を踏み外しかねない行き方への懸念が親と心ある人々を促し、子供の体育と余暇活動を管理する気持にさせたのである。(32)

教育者、人格形成に関心のある人々、ならびに社会改革家らは青少年のために新しい環境芸術、つまり学校の中と外に同時に存在する環境であり、年齢階層的発達理論を取り込んだ環境、ともいうべきものの構築に取り掛った。学校カリキュラムを形式化する際にもそうであったが、官僚的能率への衝動には組織化された肉体活動の年齢階級化を促進する一面がある。バンクロフトやジョンソンのような改革者の著作は、遊びやゲームにきわめてきびしい規則と、対象生徒の身体の計測値を当てはめている。これら改革者の目的は、(一) 青少年の精神と体力の向上、(二) 伝統的な社会化の制度、すなわち家族、教会、小さな地域社会など、が弱体化したために生じたと考えられる空白を満たすこと、などにあった。しかし、進化論とG・スタンリー・ホールによる教育学へのそれの応用、ならびにルーサー・グーリックと彼の同僚による体育の領域における実践、などがなければ組織化への衝動は存在しなかっただろう。こうした人々は肉体的能力が年齢とともに著しく変わることを認識していたばかりでなく、年齢を基盤にした能力に合わせつつ行なう体力づくりはその人個人と社会の両者に利益をもたらす、と信じていた。これの結果には深刻なものがある。二十世紀初頭には無数のYMCA、PSAL、市の運動場協会、サマー・パーク・プログラム、休み時間利用計画、などがゲームやスポーツのスポンサーになり、青少年をしだいに画一的な年齢集団に押し込めていった。学校と余暇活動の場で進行する年齢集団化は両々あいまって、日常生活のかなりの部分を同年配者とばかりつきあわせる環境に青少年を封じ込めたのである。これらの相互作用は、その後の大人の生活を通じて同年配者とのつきあいが継続するであろうという期待を青少年に抱かせた(第5章参照)。

## 知能検査の起源

子供の知能と体育の訓練を組織化する初期の努力は、主として生物学的年齢に基づく発達の概念に従ったものである。しかし、二十世紀初頭には知的年齢というもう一つの概念が教育計画と文化一般に導入され始めた。発達心理学から生まれて、十九世紀末のヨーロッパとアメリカの合理的経験主義に根ざす知能の発達に関する諸説は、一九〇〇年以降、フランスとアメリカで完成された知能検査に結実を見た。わけてもアメリカ人は知的年齢の定義づけに執着を示したが、彼らの努力は年齢規範と、発達段階に応じたスケジュール意識を大衆の心に定着させた。

ペンシルヴァニア大学の心理学教授、J・マッケオン・カッテルは一八九〇年代に入ってまもなく、知能検査という言葉をアメリカの実証主義的研究の世界に初めて持ち込んだ。ヨーロッパに渡って、ドイツの心理学者ヴィルヘルム・マックス・ヴントや、イギリスの人類学者で統計学者のサー・フランシス・ギャルトンらの著名な科学者とともに研究したカッテルは、人間の行動と知能の研究には実験と正確な計測に基づく確固とした基礎が必要だ、と確信するに至った。アメリカに戻るや彼は一連の検査を行ない、音や色を識別し五十センチの線を正確に二分するのに要する個人の反応時間や、一度聞いて覚えられる文字の数を調べた。カッテルは一八九六年にコロンビア大学の一年生百人を対象にしてこの検査を行なったが、その結果はイギリスの心理学者チャールズ・エドワード・スピアマンによって統計の相関関係分析を精密化する初期の試みに利用された。さらに重要なことは、カッテルの調査はクラーク大学の人類学者フランツ・ボアズが一八九〇年に行なった子供の視覚、聴覚、および記憶力の検査とともに、ほかの社会科学者が独自の研究に乗り出す契機となった[33]。これらの研究でえられた計測値が全て被験者の年齢別に分類されたことは特徴としてあげておくべきであろう。

しかし、知能検査の科学はフランスの心理学者、アルフレッド・ビネに負うところが最も大きい。

彼はまず法律を専攻したが早い時期に心理学に転じ、パリのサルペトリエール精神病院でジーン・マルタン・シャルコに心理学の指導を受けた。彼は一八九一年にサルペトリエールを去り、パリにあったエコール・プラティック・デゾート・エチュードの付属研究所所長になった。ここで彼は実験心理学の分野において先駆者的業績をあげた。個人の差異に関する進化論の理論に深い影響を受け、産業の発達は普遍的教育を必要としていると確信していたビネは、教授活動の一助として個人の知的能力の違いを確認する作業に着手した。一九〇三年には『知能の実験的研究』を出版したが、これは彼の二人の娘の比較研究であって、そのなかでビネは、周到に準備された課題を個人がどのように解決するかをみるのは概して当該個人の知的能力を予測する最上の方法である、という結論を引き出したのである。

ビネはこの結論に基づいて知的障害のある子供の分析をはじめ、一九〇五年までに知能を計測する診断法を開発した。彼はフランスの心理学者テオドール・シモンと協力して三十の知能検査法を考案し、一九〇五年に、「異常児の知的水準を測定する新しい方法」と題する論文にまとめて『心理学年報』に発表した。一九〇八年と一九一一年に改良されたビネ゠シモン知能検査法は大きな影響を与えたが、とりわけ一九〇八年に知能年齢の概念を導入した後の影響力には瞠目すべきものがあった。知能年数とは検査項目の難度を年齢ごとの期待値に一致させた尺度の謂で、検査問題の難度は知能レベルの違いと、年齢規範によって段階的に構成されていた。ビネとシモンはイギリス、ドイツ、アメリカの先駆者と違って、色、音、数などにたいする基本的反応の検査から一歩踏み込み、より高度な知的機能を確認することが可能だとした。さらに、知能年齢の概念は文化意識や合理的分類への衝動と合致するとあって、知能検査は明快で容易に受け入れられたのである。[34]

数年の間、ヨーロッパやアメリカの心理学者は精神薄弱児や精神障害児の診断にビネ＝シモン検査を使っていた。ビネは研究の一環として「低能力指数」を定義づけ、もって知能欠陥の程度を測ろうとした。「低能力指数」とは暦年齢から知能検査で出た知能年齢を減じて得られるものである。一九一二年にはドイツの心理学者ウィリアム・スターンが『知能検査の心理学的方法』を出版したが、そのなかで彼は、知能年齢を暦年齢から減ずるよりも、前者の後者に対する比率によって知能を測ることを提案した。彼の著書は一九一四年に英訳されたが、スターンは知能の概念を数学的な比率で表現した最初の人だったと考えられる。しかし、知能指数の名で知られる比率が受け入れられるに至ったのはアメリカの心理学者、ルイス・マディソン・ターマンの著作が世に出てからである。[35]

G・スタンリー・ホールのあと、アメリカにおける心理学研究の初期の発達に最も大きな影響を与えたのはおそらくルイス・ターマンだった。クラーク大学でホールの指導のもとに提出した博士号論文は、頭のいい子供と出来の悪い子供をそれぞれ七人選び、自分の考案した検査法で知能を比較研究したものである。ターマンは一九〇五年に学位を得たあとカリフォルニア州立師範学校に勤めたが、そこでビネの知能検査にアメリカで使用できるよう改良を加えた。ターマンは一九一〇年にスタンフォード大学の心理学教授となり、後に「スタンフォード版ビネ＝シモン知能検査」の名で世に知られる検査法を六年後に発表した。[36] スタンフォード＝ビネ知能検査は発表と同時に知能測定の分野に大きな影響を及ぼしたが、この影響はアメリカ陸軍が第一次大戦中に新兵にたいして知能検査を行なうこととし、実施にあたってターマンの助力を求めたことでいっそう大きなものになった。

ターマンは三歳から十八歳までの子供千人の調査結果から、知能の増大は年齢が若いほど速く、やがて遅くなって十六歳で大人のレベルに到達する、という結論を引き出し、それに基づいて知能の年齢基準を確立した。子供を比較するさいターマンは知能指数（IQ）を用いたが、これは暦年齢に対する知能年齢の割合、すなわち被験者の知能年齢を実年齢で除して百を乗じたものである。したがって知能年齢と暦年齢が等しい子供のIQは一〇〇（平均値）で、知能年齢が十二歳だが実際は八歳の子供はIQが一五〇（ターマンのいう「天才」レベル）、知能年齢は七歳だが暦年齢が十歳ならばIQは七〇（知的障害児）ということになる。知能の成長を測定するには同じ検査を同じ子供に何度か繰り返す必要がある。さらに、この検査は年齢、性、社会階級、人種、等々が同じ個人間はもとより、異なった個人間の比較にも使うことができるようになった。

ターマンは科学者として標準化された知能計測法と、予測可能な法則の確立を真摯に追求した。知能年齢の普遍的規範がそうした計測を可能ならしめるが、IQは子供の知能の発達を予測しうる普遍的指標だ、と彼は信じた。しかし、批評家はこの仮説の欠陥を指摘してきた。知能年齢の定義の根底に横たわる前提である、一定の暦年齢の「正常な」子供にできるはずだとされる知能検査問題は、量にしろ難易度にしろ、基準がはたして本質的に客観的なのかどうかについては議論のあるところだ。加えて、IQは大人の知能を正確に計測することができないし、同じ暦年齢の子供の文化的相違や、同じ子供の年齢による変化を説明することもできない[37]。しかしながら、ターマンと知能検査の支持者は、自ら挙げた業績の力で年齢規範の意識をいっそう高めていった。事実一九一〇年代と一九二〇年代に知能検査が普及したことは、アメリカの社会科学が異常とも言えるほど年齢意識に執着していたことを示している。ターマンの「スタンフォード版ビネ゠シモン知能検査」に加えて、研究者は「陸軍アルファ・ベータ検査」、「オティス・アドヴァンスト」、「ザ・ナショナル」、「イリノイ州試験」、「ザ・ヒーリー・A」、「ザ・メア・アンド・フォウル」、「ザ・ノックス・キューブズ」、「ザ・スタンフォード・アチーブメント」、「オーティス・インデックス」、などを開発し、かつ応用した。それぞれの検査法には知的到達度の基準が年齢ごとに挙げてあった[38]。

暦年齢に基づいて学年を構成する教育制度にターマンが反対したのは意義深い。彼は、同じ暦年齢の子供が肉体的、知的、情緒的特質において著しい違いを示す事実を指摘し、もしもそうした相違が存在しなければ知能年齢を確認する必要はなかったはずだ、と論じた。検査によって知的能力の個人差が大きいとわかったために、そしてその差が不変であると信じていたターマンは、全ての子供を同じ修学年限のなかに押し込めようとする学校制度は不自然だ、と論じもした。子供を暦年齢よりむしろ知能年齢に見合う学年に落第させる、ないしは進級させることから深刻な問題が派生するのは承知のうえで、ターマンは、「進級の一つの基準は次の段階の要件を満たす能力を有するということであって……全生徒に一つのカリキュラムではなく……能力の違う子供には並行して別のコースを用意するほうがいいだろう」と進言した[39]。

以上見てきたように、年齢別学年編成にたいして異議が唱えられたものの、柔軟な姿勢より規範のほうが優先した。全人的な子供の発達を強調する傾向は強化の一途をたどった。発達を測る物差しとしては暦年齢が最も便利で、これがホールの改革はもとより、ジョン・デューイの教育改革の指針となった。たとえば有名なシカゴ大学付属実験学校におけるデューイのモデル・カリキュラムは厳格な年齢別構成であり、それぞれの学年には――デューイはそれを「ザ・シクスィズ」、「ザ・セヴンズ」、「ジ・エイツ」等々と呼んだ――発達段階に応じた独自の要件があり、教師は責任ある生産的な市民を養成するためカリキュラムを適合させる必要があった。(40) 知能検査は年齢が決定基準となるもう一つの状況を提供したにすぎない。知能指数（ＩＱ）は世間一般と社会科学の世界で重要な新しい概念になったが、それは個人間の相対的相違を科学的に確認することで年齢規範の意識をさらに高めることに役立ったのである。

## 年齢規範と法律

ニューヨーク州最高裁判所は一九〇五年に一見学校組織とは無関係な裁定をくだしたが、その実これは子供の発達の研究や知能検査と同じ文化環境から出たものである。一九〇三年に控訴に持ち込まれた子供の監護権に関わる事件で、ダニエル・Ａ・シンクレアと離婚したエラ・シンクレアに三歳の息子の監護権が与えられたのを不服とした前夫ダニエルが控訴し、一九〇五年に最高裁が下級審の決定を覆した、というものだ。ビスコフ判事は判決文のなかで年齢が重要な決定要素であるとし、「子供の幸福を考慮に入れれば……三歳では母親の保護のもとにおくのが妥当である。しかし、五歳に達した段階では事情が変わってくる」と述べた。要するに裁判官は、三歳以下では責任を果たしうるかぎり母親が育てるべきだが、五歳になれば子供の成長発達に果たす母親の役割はさほど重要ではなく、責任感のある父親に監護権がある、という解釈を示したのである。ビスコフ判事は判断の根拠として科学的、ないしは社会的理論を引き合いに出さなかったが、年齢規範に強い力点を置いたのは明らかなところだ。判決文からその事実の証左となる箇所を以下に挙げておきたい。

母親がじきじき世話をする必要のある幼弱な時期が五歳を過ぎても終わらないとすれば、十歳で終わったとする理由を見出すのは難しいことになる。したがって本件の場合は、条件の変化と時間の経過によって子供の養育を父親に委ねるのが妥当だと考える。(41)

シンクレアの判例は年齢規範の法的認識を示しているばかりでなく、それを使って慣習法で認められた伝統的権利を否定した点で二重に重要な意味をもっていた。一九〇五年までは、監護権問題でしばしば引用されたのは一八四二年のバリー対マーセインの判例だった。この事件の被告であるメアリー・マーセイン・バリーは幼児の娘を連れて夫ジョン・バリーと別れ、ニューヨークに住む父親、トーマス・マーセインの許に身を寄せた。ジョン・バリーは仕事を探して旅をする間娘が別れた妻と暮すことに同意したが、ノヴァ・スコウシァに腰を落ち着けると一八三九年、娘の監護権をめぐって別れた妻を相手取りニューヨークの裁判所に訴訟を起こした。その後さまざまな訴訟や控訴が続き、この事件が一八四二年にニューヨークの最高裁判所にもちこまれたときには、子供は四歳半になっていた。

エラ・シンクレアと同様、メアリー・バリーは娘がまだ「いたいけで、病気がち」なことを理由に養育は自分が行なうべきだと主張した。しかし最高裁は、妻は結婚と同時に全ての「法的存在」を夫に委ねているので法律は養育に優先する、として監護権をジョン・バリーに与えた。さらに、慣習法のもとでは、子供が労働でえた報酬は当の子供が二十一歳になるまでは父親に帰属する。母親は事情のいかんを問わず子供にたいして法的権利を一切持たないのである。法廷は父親が「放浪者」だったあいだ子供にたいする権利を放棄していたことを認めながらも、状況が変わった以上権利の行使を拒否することはできない、とした。コワン判事は法廷を代表して「いたいけな年齢」の概念に言及したが、それはしかし子供が母親とともに暮すことの必要性を正当化する意味合いでではなかった。それどころか彼は、「子供に選択ができないほど幼い場合には、受け取りに来る時点で父親に渡すべきである」と述べさえしたのである。[42]

このようにバリー対マーセインの裁判では、法廷はもっぱら慣習法に規定された夫と父親の権利に基づいて判断を下し、年齢や子供の年齢に関連した必要性にはほとんど注意を払わなかった。それから六十三年を経た一九〇五年には、法律の解釈と法的判断が下される文化的状況がともに変わった。シンクレア対シンクレアの係争で下した判断は、年齢に基づく区別だてに影響されている。三歳では母親の手から離すには幼なすぎる。したがって別れた父親は子供にたいする権利を犠牲にしなければならない。しかし、五歳ともなれば父親でも十分に養育できる程度の成熟段階に達している、というのがそれだ。アメリカ社会の他の基本的制度のように、司法制度も年齢意識を強めたのである。それ以前の時代には法律はまったく年齢に盲目だったといっていい。しかし、憲法は年齢を資格条件として明示し、教育と結婚に関する州の法律は年齢制限を設け、マーセイン事件にみられるようなさまざまな法的裁断は年齢を考慮するようになった。にもかかわらず、二十世紀に入ると新たな態度が法律問題を特徴づけることになる。

司法判断に反映されたシンクレア事件や年齢基準意識の強化は、十九世紀後半に出てきた新しい子供の見方と扱い方に発している。もっぱら子供の福祉を追求する小児科医学や諸制度は、子供は大人のミニチュアではないという信条から生まれた。ミニチュアどころか、独自の必要と文化をもつ、一定の年齢枠内の特別な生物学的・社会的集団なのだ。こうした信条はさまざまな法律と法的制度に現われている。とりわけ世紀が変わって社会のほかの分野で年齢規範がさらに細かくなってくるにつれ、この傾向は強まったのである。

子供を大人と分離して扱うという社会の態度の変化を体現したのが少年裁判所である。一八九九年、イリノイ州クック郡に初めて設置された少年少女のための特別裁判所は、法律を犯した少年少女は一般に犯罪者とみなすべきではなく、むしろ国家の保護下にある者として扱うべきだ、という原則に基づいていた。若年の法律違反者は親に顧みられない子供や、親に依存する子供のようなもので、親が本来与えるべき養育と、保護と、躾を親の能力、ないし意志の欠如から与えられなかった。したがって国が親になりかわってそれらを与えるべきだ、というのが基本的な考え方だった。

子供を法的に扱うさいには大人から切り離すべきだ、とする考え方を代表するのはデンバーのベンジャミン・B・リンゼイ判事だったが、裁判制度における彼の業績は医学のアブラハム・ジャコービ、体育教育のルーサー・グーリックらのそれに匹敵する。子供は大人と同じ責任を負えないから法廷は若年の法律違反者を大人として扱えない、というのがリンゼイの主張だった。子供には特別の配慮に値する明白な医学的条件がある、とジャコービが論じたように、リンゼイも自分の主張を正当化するに足る子供の特殊な精神状態について論じた。彼はいかにも法律家らしく、水ももらさぬ論理を展開して次のように書いている。

未成年の金銭問題を扱うさいに、国家は成人の場合にはできないような責任を負担しなければならないことを認識している。しかし、道徳や個人問題を扱うさいには、国家は未成年者にたいして成年男女と同じ程度に法律を尊重することを求め、同じ基準で刑罰を科する。そうした扱いは不合理である。子供にたいして大人と同じ道徳的、個人的責任を求める一方で、金銭問題の責任については大人と同一視しない、というのは矛盾しているからだ。子供を相手どる事件は全て大人の立場ではなく、子供の立場から判断されねばならない[43]。

しかし、リンゼイはまた、自分の思想を擁護するに当たってG・スタンリー・ホールの決定論を初め、他の先駆者の発達理論を援用しつつ、「子供の行動を統制する明確な規則があるが、これらは尊重されるべきである。これによってボイヴィル裁判所と大人の法律の間に調和をもたらす手段が得られたことは少年裁判所制度の大きな利点である」と述べている[44]。

一九一五年には、少年裁判所を分離すべしとする彼の勧告がほとんどの州で採り入れられているところから、リンゼイは進歩的改革者のなかでも最も大きな影響力を与えたといえる。州法は少年裁判所で裁かれる年齢の上限を通常十八歳と決めて大人と子供の裁判を分離し、青少年期の年齢区分を社会的、法的範疇として確認した。州法は未成年犯罪者のみを扱う少年裁判所を確立したばかりでなく、収監しうる年齢の下限をも決めた。一八〇七年という早い時期に、ほとんどの州が十四歳以下の少年少女の収監を禁じていたのである。[45]こうして年長の少年少女は、通常の刑事裁判所で審理するには年齢が若すぎると考えられる一方、大人と一緒に収監されるに足る年齢だと考えられてもいたのである。

思春期の類別化は結婚年齢を規制する州の新たな努力にも暗黙裡に表われている。ほとんどの州が二十世紀のかなり以前に結婚の年齢規制を可決した。アメリカの制定法に採り入れられたイギリス慣習法の原理は、未成年者が結婚しうるとみなされる年齢を男性の場合は十四歳、女性の場合は十二歳と決め、それ以下の結婚には親の同意を必要とした。もっとも、慣習法は親の同意があっても七歳未満の者の結婚は無効とした。一八八六年にはほとんどの州が年齢を十代半ばまで上げ、親の承諾を必要とする年齢の上限を男性の場合は二十一歳、女性の場合は十八歳とした。[46]

しかし、一八八七年から一九〇六年の間に年齢規範意識が高まり、州の立法府と政府を刺激して結婚年齢の規制にさらなる関心を払わせ、それをいっそう画一化して統制する方向に向かった。いくつかの州で可決した法律は規制年齢を改定して上げ、十八歳以下の男性、ならびに十六歳以下の女性の結婚は親の許可があっても不可、とすることにより思春期集団の隔離をいっそう推し進めた。[47]加えて、新たな年齢制限を施行するために、それまで結婚式や結婚許可証の発行を必要としなかった州が、そうした手続きを義務化する法律を定めた。一九〇六年末には、ニュージャージー、ニューヨーク、サウス・カロライナ、の諸州を除く全ての州で許可証が結婚の必要条件になった。[48]一九〇九年発行の詳細な調査報告書、『結婚と離婚、一八六七〜一九〇六年』が年齢基準にたいする全国的な意識の高まりを示すものであることは、報告書のなかでアメリカの結婚年齢パターンや関連法律と、ヨーロッパ諸国のそれらを比較対照していることからも明らかなところである。

州議会は結婚に関する規制を改定し強化すると同時に、性活動や違法な性行為にたいする刑罰に年齢制限を設ける動きを示した。こうした努力は進歩主義時代（一九〇〇〜一九二〇年）にほかの年齢規範を確立したのと同じ改革・合理化運動の所産であるが、直接触媒の役割を果たしたのは二十世紀初頭の白人奴隷——つまり売春——廃止運動だった。これは罪とがのない十代の若い娘があるいは誘拐され、あるいは誘惑されて売春を強要されている、という恐怖への反応であった。女性グループや倫理改革運動のグループは、法律は「幼児」、すなわち七歳以下の子供を虐待や誘惑から守ってくれるが、七歳以上、十八歳以下の子供を犯罪者の毒牙から守ることにかけては十分ではない、と抗議した。これらの改革者はもっぱら同意年齢を問題にしたが、これは、それ以下ではいかなる子供（通例少女を意味する）も「異性と肉体的関係をもつ」ことに同意することが法律的にできない、とされる年齢である。一九〇〇年以前には、ほとんどの州が同意年齢を十四歳、またはそれ以下に決めていた。しかし、アンナ・ガーランド・スペンサーのような改革者は、調査の結果、売春宿に住み込む女の大多数が十五歳から十八歳までの娘で、金その他の誘因で家からかどわかされることにより彼女ら自身、いつのまにか身を堕しめることに荷担してしまうという事実を摑み、ほかの運動家の協力をえて、悪の世界に堕しめる者から少女を護るために同意年齢を引き上げることに奔走した。以下はスペンサーの考え方である。

十四歳以下の子供、または十八歳以下の若い女性を誘惑した男が全て強姦、誘惑、不道徳な目的をもってする売春斡旋、などの罪に問われるならば、このような犯罪に伴う重い刑罰を避けるためにあの手この手が使われることになろう。他方、七歳や十歳や十二歳以上の女の子が、自分の破滅に同意したとする法的推論から何の保護救済措置も与えられなければ、売春業に携わる男女の中で厳しい刑罰を受ける危険にさらされる者はきわめて少なくなるだろう(49)。

一九一〇年に白人奴隷売買禁止法（マン法）が可決されたあと、各州は同意年齢に関する法律の見直しにとりかかり、性活動についての規制をいっそう明確にした。州によって違いがかなりありはしたが、同意年齢は少なくとも十六歳まで上げられ、それ以下の女性と性行為に及べば禁固刑に処せられ、場合によっては死刑を科せられることになった。スペンサーらの改革者は少年も保護したいと考えたが、男性に関する年齢制限は犠牲者よりも法を犯した者に適用される傾向があった。このように、法規は同じ違反者でも年齢によって区別し、十八歳以下の男性にたいする刑罰は軽いのが通常だった。また、「犯行の時点で十四歳以下の男性は肉体的能力が証明されないかぎり有罪にはならない」という画一的な条文を設けている州もいくつかあった(50)。性行動に関する規定を設けるさいに、改革者や立法者にとって年齢はどうやら最も都合のいい基準だったようだ。にもかかわらず、法規における詳細な年齢の明確化が十九世紀後半に起こった年齢意識の波の一部であることは明らかなところだ。

人道主義を標榜する改革者が搾取と危険な環境から子供を護る運動を起こしたとあって、立法府を動かす点では幼年労働の問題が性的活動のそれにまさった。彼らはそうすることで文化全般の年齢意識と、発達段階に応じて子供が必要としているものを表現したのである。子供の雇用に関する年齢制限の制定は北部諸州で工業化が加速された一八四〇年代にさかのぼる。一八四八年にはペンシルヴァニア州が綿、羊毛、絹織物、等々の工場で十二歳以下の子供の雇用を禁じる法律を可決した。コネチカット州は一八五五年に最低年齢を九歳と決め、マサチューセッツ州は一八六六年に十歳とした(51)。

しかしながら、幼年労働の規制運動が盛んになったのは一八八〇年代と一八九〇年代である。この運動が年齢規範、年齢意識、および肉体的・知的発達への新たな態度が教育、医学、心理学の世界で現われるのと同時に起こったのは偶然の符合ではない。アメリカ労働連盟は一八八一年の年次総会で、十四歳以下の子供の雇用を禁止するよう、各州に促す決議を採択した。この決議の狙いは子供の保護より雇用競争に歯止めをかけることにあったが、ほかの組織が改革目標にそった規制を次々と打ち出したため、所期の目的を達成することができたのである。民主党は一八九二年の全国大会で、十五歳以下の子供の工場労働者としての雇用禁止を綱領項目に採択した。そして女性クラブ総連盟や全米消費者同盟のような女性グループは、一八九〇年代を通じて子供の労働に終止符を打つよう要求しつづけた。

数州が立法措置でそれに応えた。一八八五年と一八八九年の間に、少なくとも十七の州が雇用する子供の年齢の下限を決めた(52)。しかし、労働人口に占める子供の数は、低収入の家庭が子供を労働市場に送り、安い未熟練労働者を必要とする雇用主が幼年労働者を無差別に雇う、ということがあって増加の一途をたどった。一九〇〇年の連邦国勢調査によれば、農業以外の有給職で働く十歳から十五歳までの子供の数は百八十万人、これは一八八〇年以来二五〇パーセントの伸びである。この数字には工場で働くさらに二十五万人の十歳以下の子供や、百万単位とはいわずとも何十万にものぼるパートの、家事労働や路上の商売に従事する子供は含まれていない。

　こうした数字を懸念した進歩的改革者は、新たな立法措置と現行法の徹底施行を強く迫った。目的を効果的に達成すべく、改革者は一九〇四年に全国幼年労働委員会（NCLC）を結成し、年次総会を開いて問題の討議と運動の推進を期した。これらの会議に提出された文書類は委員会の『議事録』と『全米政治・社会科学アカデミー紀要』に公表されており、それを読めば当時の運動の戦術や用語ばかりでなく、ほかの分野で年齢意識の改革者を動かしたのと同じ原理が働いていたことが分かる。コロンビア大学で政治・社会倫理学を講じ、NCLCの議長を長く務めたフェリックス・アドラー教授は一九〇五年に、「個人の苦しみもさることながら、子供の労働を廃止すべき理由は生物学と倫理学が我々に強制している」と書いた。アドラーの言う生物学と倫理学の強制とは、G・スタンリー・ホールとルイス・ターマンの理論を導いたものに酷似している。アドラーにとって成長は自然のスケジュールに依存するが、自然のスケジュールは外部の圧力に損なわれることのないよう保護し、育てねばならない。彼は発達には段階があることを前提に理論を組み立てているが、その過程は年齢と切っても切り離せない。彼は時宜を得ない肉体活動に反対して次のような警告を発している。

　人間は生存競争の場にのぞむまでに何年にもわたる準備期間が必要である。まずは幼児に始まって子供時代を経、思春期を迎えるが、この間大人の身内の保護と養育に依存しなければならない。もしこの期間が短縮されれば、最高級の生物、すなわち人間に課せられた自然の目的が損なわれることとなる。年端もゆかぬうちに肉体を酷使することが忌むべきなのはこうした理由によるのである。[53]

子供の労働問題を改革しようとする人々は、そうした規範と発達段階への配慮をしだいに深めていった。全米消費者連盟の幼年労働立法措置委員会は一九〇四年に、さまざまな業種における現行の年齢制限を州単位で調査して結果を発表し、標準幼年労働法の制定を勧告する根拠として利用した。[54]さらに、全国幼年労働委員会(NCLC)は幼年労働法のモデルを作成したが、それには各年齢の身体的・教育的技能の下限が含まれていた。[55]NCLCその他の改革グループによる陳情の結果、一九一一年までに二十三の州が職を求める子供の年齢を規制する法律を批准し、幼年労働の基準に雇用主を従わせることになった。

NCLCの指導者であるアルバート・フライバーグとオウエン・ラヴジョイはアドラーの見解を極限まで推し進めた。フライバーグはグーリックの表現を模して、血液の適切な循環を促すためには、自然は十四歳以下の少年に労働ではなくて、走ったり跳んだりすることを要求する、と述べた。そしてラヴジョイはアブラハム・ジャコービと新たな組織づくりをした小児科医に倣って、「子供は小さな男や女ではなくて、肉体の形成過程にある人間であり、きわめて繊細な発達を遂げるので、十歳から十二歳までは幼児に劣らぬ慎重な取り扱いが必要である」と書いている。[56]

しかしながら、統一幼年労働法を州議会に可決施行させるべく奔走する過程で、多くの改革者は連邦議会を通過して初めて成功したといえることに気づいた。したがって彼らは議会への働きかけを強めることになった。連邦幼年労働法法案第一号は一九〇六年十二月に提出されたビヴァリッジ゠パーソンズ法で、十六歳以下の少年を雇っている工場または炭鉱の生産物の州間輸送を禁ずる、とする内容だったが、これは後続のいくつかの法案と同様、議会の承認が得られなかった。しかし一九一六年には両党が立法化に合意し、ウッドロー・ウィルソン大統領はキーティング゠オウエンス法に署名した。この法律は、（一）十六歳以下の子供が働く炭鉱または採石場の生産物、（二）十四歳以下の子供が働く缶詰工場またはその他の工場、ならびに十四歳から十六歳までの子供が日中八時間以上、ないしは週に六日以上、または午後七時から午前六時まで働く缶詰工場、およびその他の工場の生産物、の州間出荷輸送を禁止するのが内容だった(57)。

キーティング゠オウエンス法が発効して九か月後の一九一八年六月、アメリカ合衆国最高裁判所は、州際商業活動を規制するのは議会権力の不法な行使だとして同法の無効を宣告した。ウィリアム・R・デイ判事の読み上げた多数意見によれば、最高裁はこの法律の目的が雇用可能な子供の年齢基準を定めることにあると認め、「子供と大衆の福祉を考慮すれば、炭鉱や工場で子供を雇う権利に限界があることは万人の認めるところであろう」と述べた。しかし、デイ判事は言葉を継いで、統一的な幼年労働法は憲法で是認された議会の権限を逸脱しており、各州は既に子供の労働を規制する独自の法律をもっている(58)。したがって最高裁は年齢を規制の基盤として理論的に受け入れるものの、規制は州警察の権限に属するゆえに、州際商業活動を規制することは議会の権限ではない、と述べた。

最高裁の決定に動きを封じられた議会は一九一八年、課税権限を行使して雇いうる子供の年齢に制限を加えようとした。その年の歳入条例の一部として、廃止されたキーティング゠オウエンス法に明示される年齢基準に違反して雇用された少年労働者の生産物にはさらに一〇パーセントの税を課した。

しかし、最高裁判所は州の権限を侵したとして一九二二年にこの条例も無効とした。[59] 最高裁は年齢基準に異議をさしはさまなかったものの、課税はそれを達成する合法的な手段ではない、と判断したのである。

最高裁で敗れはしたが、子供を特殊な市民階級として法的に護ろうとする努力は、二十世紀初頭に象徴的な、いくつかの例では現実的な成功をおさめた。一九〇六年、少年問題を調査監督する特別局の導入が議会に提案されたが、労働規制を恐れた企業側の強い反対にあい、委員会で棚上げになった。しかし、特別局設置の圧力はリリアン・ワルド、フローレンス・ケリー、ジェーン・アダムズ、ホーマー・フォークスら著名な社会福祉運動家が連邦政府にそうした局の設置を強く進言した一九〇九年の「未成年者に関するホワイトハウス会議」以降しだいに強まった。こうして連邦児童局創設案は可決され、一九一二年四月九日にタフト大統領の署名をもって立法化された。[60] 児童局の創設は幼少年期を人生の特別な段階として法的に隔離し、そうした隔離に伴う年齢階級化を実行に移す過程の最終段階を画した。教育者、医師、体育教育の擁護者、および心理学者が思春期の特殊性を証明したように、政府や法律も子供を国家によって特別な保護を受けるに値する、特定の年齢区分に仕切られた市民の階級として認識するに至ったのである。

一九二〇年には、教育、心理学、法律等における科学的専門知識の合理化と応用の過程が、若者にたいして年齢関連の規範を強化する環境を創り出した。こうなると、ほとんど全ての制度は年齢階級と年齢相応の期待を中心に組織され、年齢に即応した科学的な発達段階論が公的政策に浸透する。能率と「科学的」データを重んじる時代とあって、年齢統計は社会的基準を計測し評価するうえで最も便利な基準になった。これに劣らず重要なことは、さまざまな制度や組織が若者を類別化して同年齢集団を形成し、新しい強力な交際の形式を創り出したばかりでなく、同年者を基盤にした交際に慣れさせたことである。アメリカ合衆国は急速に同年者志向の社会になりつつあったのだ。

## 5 同輩仲間社会の出現

「仲間こそ大切なものだ」、一九二八年にポール・ハンリー・ファーフィはそう言った。ワシントンのカトリック大学の社会学者ファーフィは、一世代前にG・スタンリー・ホールにより先鞭をつけられた子供の発達過程の研究を行なった。彼の主な関心は十歳から十四歳の思春期前――「仲間時代」と彼が名づけた時期――の子供たちの分析にあった。彼はソーシャルワーカーやリクレーション活動の指導者たちに、この動揺常ない時期をよりよく理解してもらおうとしたのである。この年頃の少年たちの仲間をつくる傾向にたいする彼の解釈の基礎は、一つの重要な原則からなる。彼はこう言う、「細かな観察力がなくとも、同じ年の少年たちには一緒に居たがる傾向があるのを見てとれる。原因の一つは、年齢と共に嗜好が変わり、同じ年齢の少年たちは同じ嗜好をもつ傾向がある、という事実に起因するに相違ない(1)」。この分かりやすい言葉は、自明の理を言っているにすぎない面もあるが、他面、アメリカの社会の中で仲間集団が社会生活への適応化にとって重要な位置づけをされるようになったという想定を要約したものでもある。この想定は、それまでの数十年間に、年齢を発達や成長の過程と相関づけるのが諸々の事柄にみられた、その結果であると同時に、この時代以降の社会的な傾向を推進させたものでもあった。

辞書に載る同輩《ピア》の定義は、ある人と同一の、身分または地位の人を指す、というものである。現代の社会学および心理学では、この言葉は同じ年齢の人という含蓄をもつようになり、同輩集団は似かよった年齢の人々の集団を指す。二十世紀を通し、同輩《ピア》は大抵年齢上の同輩を意味してきた。(2) 同輩集団は元は、主に若い時期と関連した現象として論議されていた——たとえば、G・スタンリー・ホールは思春期の若者の「同輩志向」について語っているし、ファーフィは思春期の若者にみられる「種族本能」を明らかにしてみせた——それが、人の生涯全体にわたり使われる言葉になり、幼年期から老年期までの、同じ年齢の人々のさまざまな集まりを含蓄するようになった。(3)

同輩集団は、個人の技能が家族の技能より重んじられ、それゆえ個人が家族の一員から、社会の一員へ容易に移行できる必要性のある現代社会においてこそ、とくに重要で顕著なものなのである。(4) 年齢が集団の一員の標《しるし》となる同輩集団は、家族と社会の間の緩衝器として機能する。家族の要求と社会の要求、その両方からの避難場所を個人に提供し、また、愛情と躾の場としての家族から、業績志向の規範をもつ社会へ移る中間駅としての働きをする。同輩集団は、集団への忠誠のみかえりに個人に精神的安心感と支えを与え、常道からそれた行動や価値を大目にみてくれさえもする。こうして同輩集団は社会生活への適応化を促す機能を果たすだけでなく、常道からの逸脱と実験的試行の受容を通し、社会の変革を促すものとしても機能しえた。(5)

二十世紀も時が経つにつれ、幼年期・思春期を通し保持された同輩集団の中の肩肘張らぬ間柄は、成人期に入ってもそのまま継続するようになる。(6) 十九世紀後半における年齢別階層づけの制度化と年齢意識の高まりとは、同輩集団を学校だけにとどめず、容赦なく広げることになる。職場においても、余暇活動、団体活動、文化活動においても、行き渡るようになり、また、世代間接触交流志向から同年齢志向へと変わった。

## 同輩家族

年齢幅が極めて大きく、構成員が家族を常時流動状態にするくらい頻繁に出入りのある、前近代的なアメリカの家族——血縁のある（時に、ない）人々からなる家族——について1章で論述した。結婚して二十年以上にわたり、繰り返し妊娠する多産性が家族の人数を絶えず増やす一方、高い死亡率、とくに幼児のそれ、が減らしていた。同時に、召使い、労働者、年季奉公人、職人、そして親戚筋の人の出入りで、家族は拡大したり縮小したりした。死亡率の高さにもかかわらず、西欧とアメリカでは出生率と生存率が通常は高く、家の収容能力を越える怖れがでてきて、年長の子供たちはやむなく家を出、よそで身を立てるほかなくなった。十六、七世紀の英国ではしばしば子供は十五歳前に家を離れ、女の子はよその家の召使いに、男の子は年季奉公人または農業労働者になった。十七、八世紀のアメリカのニューイングランドでは、男は二十代初めに親の家を出、地域社会から離れた。前の世代に土地は分割され、相続したり暮しを立てる地所は遺されていなかったのである。(7) 若者たちはしばしば、永久的に家から離れるのでなく、戻ってきた。再度家を出、また帰り、親の家に半ば依存した宙ぶらりんの暮しをした。(8)

こうした生活のパターンの一つの結果として兄弟姉妹間の年齢幅は大きくなることがあった。家族の人数は非常に多く、長子と末っ子の年齢幅はしばしば二十歳以上にもなった。また、夫婦の年齢の開きも大きいことがあった。男は自立できる収入を確保するため、または財産を相続したり商売を引き継ぐため、結婚をしばしば二十代後半または、三十代初めまで延ばした。一方女は二十代初めから半ばまでに、結婚の準備は整っていた。こうして夫と妻の年齢差が八つないしそれ以上なのは普通であった。(9) 時として、歳のいった男やもめが若い二度目の妻を娶ると、年齢差はさらに大きくなった。

しかし十九世紀後半までに、アメリカでは少なくとも二つの人口統計学的傾向が家族の成員の年齢構成に変化をもたらしつつあった。出生率の減少と夫婦間の年齢差の縮小である。十七世紀には妻の平均出産率は七・四人であった。しかし、人間は環境を支配する能力をもつという思想が広まり、経済力の発展が現実に環境への支配を可能にするにつれ、子をもつ親は家族の人数を制限すれば、自分や子供たちの暮し向きを改善できると信じ始めた。こうして十七世紀の女性と対照的に、十九世紀初期に嫁いだ女性たちの平均出産率は四・九人であった。そして一八七〇年代に結婚した女性——したがって世紀の変わり目、または今世紀に入って出産した女性——の平均出産率は二・八人にすぎなかった。十八世紀には、二人ないし一人の出産率は八人に一人で、十人以上の出産率の妻は全体の一九・三パーセントであった。対照的に一八七〇年代に結婚した女性の場合、その五〇パーセント以上が二人ないし一人の出産率で、十人以上の出産率の妻は、わずか二百人に一人にすぎなかった。(10) 一九一〇年には垢抜けした職種や知的専門職に携わる家族の六三パーセントは、二人ないし一人の子供であった。ちょっと前の一八九〇年には四五パーセントだったのである。労働者階級において子供の数が三人以下の家族が占める割合は、一八九〇年から一九一〇年の間に、三三パーセントから五〇パーセントへと目立って増えた。農場経営に携わる家族だけが大家族に留まる傾向があった。一九一〇年には三分の一が二人以下の子供をもち、三分の一が五人以上の子供をもっていた[11]。出生率は一八〇〇年には千人当り五十人以上だったのが、一九二〇年までに、千人当り二十五人になり、全体として半分になった[12]。

結果として、家族および所帯の縮小化にも等しくはなはだしいものがあった。一七九〇年アメリカで初めて人口調査が施行された時、一家族の平均人数は五・八人であったのが、一九二〇年には四・三人に減っていた。約二五パーセント減である[13]。一七九〇年には所帯（親や子供のみでなく召使い、下宿人を含む拡大家族）総数のほぼ三六パーセントが七人以上で、三七パーセントが四人以下であった。一八九〇年には七人以上の所帯が全体の二三パーセント、四人以下の所帯が五〇パーセントになっていた。一九三〇年までにこの傾向は加速された。七人以上の所帯は全体の一一パーセントにすぎず、四人以下が六八パーセントを占めていたのである[14]。こうした大まかな数字は、確かに地域や人種、民族や宗教により家族や所帯の大きさに大幅な差異があるのをぼかす。それでもなおこれらの数字は、年齢規範や年齢適合がアメリカの文化や社会に浸透するにつれ、平行して家族や所帯の構成員数が意味深くも、減少していったことを示している。

子供の数の減少と共に兄弟姉妹の年齢幅は縮小し、長子と末っ子の年齢差は縮まり、兄弟姉妹が、いわば同年輩同士のように振る舞う可能性が大きくなった。この傾向はこれまでも一貫して強まっていたのだが、年齢差の接近した二人か三人の子供同士は、年の離れた兄や姉がいないため、大勢子供のいる家族の場合より両親の古い世代からいっそう隔絶される。こうして、家族が小型化した時代にはこの傾向はいっそう拍車をかけられたのである。この時代の家庭生活を記した日記には、年長の娘が弟や妹たちに母親代わりに振る舞った例はほとんど出てこず、兄弟姉妹が、とくに男同士、女同士がお互いを同僚や友人のように呼びあい、男と女の間柄でさえ、同輩仲間のように振る舞っている。

子供の数が減った家族で、子供たちは同輩仲間の性格をもつようになっただけでなく、世代間のギャップも生じた。初期のアメリカでは普通の、大きな所帯では、成員の年齢がまちまちのため世代間の境目はぼやけていた(1章参照)。親には子供の行動を統制する強い裁量権があった。たとえばマサチューセッツ植民地では、子供が結婚し、農場を経営して生計を立てていこうと望んでも、土地を相続するか、父親が地所を譲るか、売却してくれるかするまでは、そうできないケースがしばしばあった。

世代間のギャップが深まった二十世紀の新しい家族環境にあっては、兄弟姉妹は同輩仲間としての連帯意識を強め、親の権威が弱まりがちとなった。衝突や反抗すら生じかねぬ状態は、土地に生え抜きの家族だけでなく、移民家族にとくに生じがちであった。移民家族では、子供は親より、教育を受ける機会や商品の購入、商業的大衆文化の恩恵により多くあずかることができた。たとえばウィリアム・I・トマスとフロリアン・ズナニッキーの、ポーランドから移住してきた小作農に関する古典的研究書は、旧世界で育った親のファミリスト(十六~十七世紀ヨーロッパで行なわれた神秘主義的キリスト教の一派、愛の家族)的意図とは対照的に、子供たちが個人主義的目標の追求を強めていった哀切な実例を載せている。[15]

図 5.1　同年輩結婚の増加，1864〜1925年

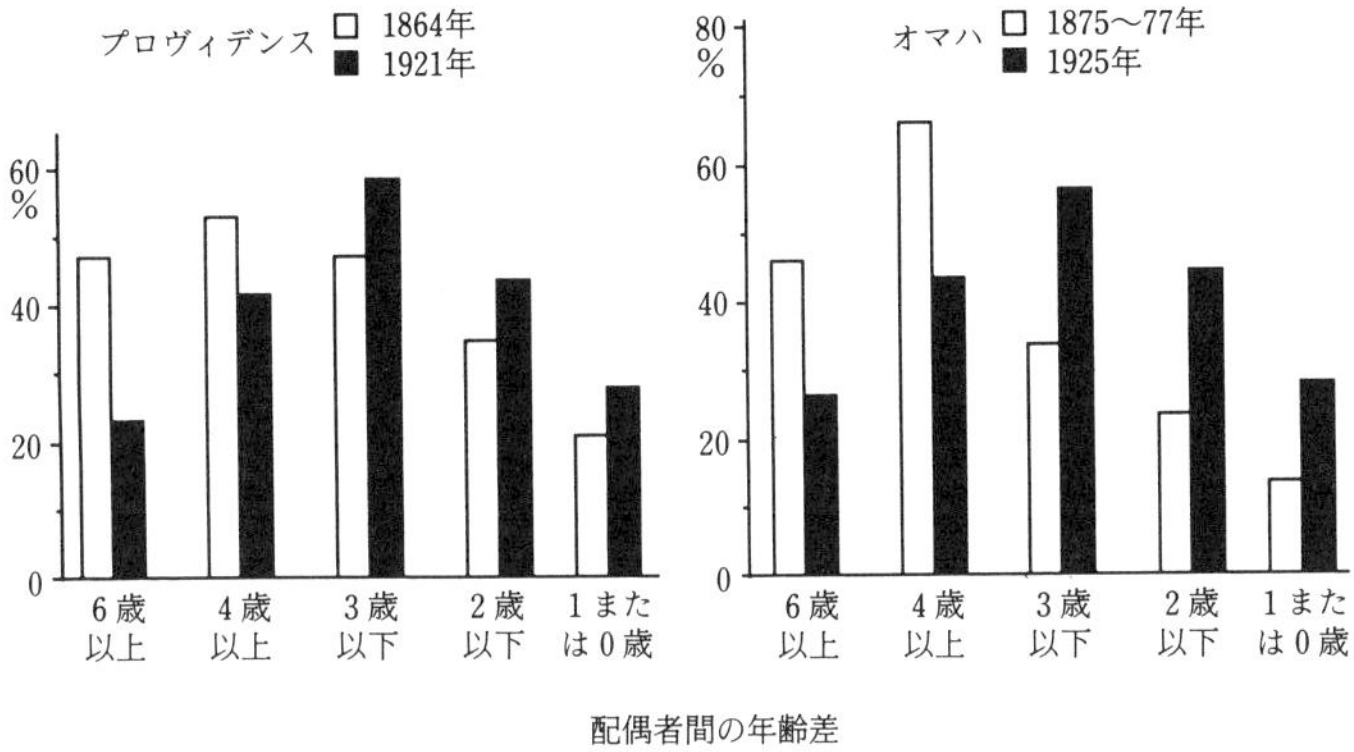


年齢差からみた結婚カップルの統計

| | プロヴィデンス | | オマハ | |
|---|---|---|---|---|
| | 1864年 (N＝ 689) | 1921年 (N＝ 674) | 1875〜77年 (N＝ 501) | 1925年 (N＝ 804) |
| 6歳以上 | 47.1 | 23.1 | 46.0 | 26.5 |
| 4歳以上 | 52.9 | 41.4 | 66.4 | 43.4 |
| 3歳以下 | 47.1 | 58.6 | 33.6 | 56.6 |
| 2歳以下 | 34.7 | 43.3 | 23.6 | 44.4 |
| 1歳または0歳 | 20.8 | 27.6 | 13.6 | 28.1 |

子供たちにみられる同年輩者同士というパターンより、おそらくもっと大きな意味をもつ傾向は、結婚適齢期の男女が、前の世代より、自分に近い年齢の者から相手を見つける傾向である。二十世紀に入る前に、多くの（とくに中産階級の）若者は、小さな家族と学年制の学校で育てられ、自分と同じ年の人々とつき合えるさまざまな社交やリクレーション活動を享受してきた。交際相手の多くは同性の者に限られたが、レジャー施設、教育施設があちこちにできるにつれ、それらは似た年頃の男女を結びつける役割をした。ダンスホール、遊園地、映画館がとくに異性との交際の場であった。[16] その

結果、求婚がこれまでより同年輩志向になり、接近した年齢の者同士が結婚するようになった[17]。

図5・1は異なる二つの地域社会における、異なる時期の、同年輩の結婚カップルの年齢差を図表化したものだが、二十世紀に入ってからの同年輩結婚の増加が示されている。資料はロードアイランドのプロヴィデンスにおける一八六四年度の六百八十九件の結婚カップルと、一九二一年度の六百七十四件の結婚カップルについてのもの。また、ネブラスカのオマハにおける一八七五年から七七年にかけての五百一件の結婚カップルと、一九二五年の八百四件の結婚カップルについてのものである[18]。二つの都市は十九世紀後半と一九二〇年代のアメリカの都市生活に関する包括的な映像を提供するものではないが、結婚年齢に関する統計は、同年輩志向が未だ広まっていない時期と、同年輩の人間関係がアメリカ文化の中で至高の重みをもつようになる時期の間に見られる、すっきりと首尾一貫した変化を示している。

図5・1が示すように、両都市での同年輩同士の結婚は、一八六〇年代、七〇年代と一九二〇年代との間に際立った増加を示す。配偶者間の年齢差が二年以内の結婚の比率は、プロヴィデンスでは一八六四年に三四・七パーセントであったのが一九二一年には四三・三パーセントへ、オマハでは一八七〇年代には二三・六パーセントであったのが、一九二五年には四四・四パーセントへ増加している。配偶者間の年齢差が三年以内の結婚の比率も、同様に両都市で目立った増加を示す。反対に、夫婦間の年齢差が六年以上の結婚の比率はかなりの減少をみせている[19]。また、この間に平均結婚年齢は男も女も下がっている。だが今の私たちの目的にとって大きな意味をもつのは、次第に多くのアメリカ人が同年輩の者と結婚するようになったことである。学校、課外活動、おそらくは家族生活においても、

自分が経験してきたことと釣り合う経験をもつ人との結婚を選ぶようになったのだ。

こうした人口統計学上の変化は、明らかに相異なる、時に衝突する、二つの世代から成る現代的家族が創りだされるのに一役かっている。以前は世代間の緊張軋轢を緩和させていた家長の統制力は十九世紀後半には弱まっていた[20]。都市の工業地域では、土地と遺産に対する父親の権限は小さくなり、とくに弱まっていた。代わりに、兄弟姉妹の年齢が接近しているために利害や目的の近似性が生じ、その間柄はいっぱしの同輩仲間的性格を帯びるようになった。所帯の構成員の年齢が広い幅に散らばっていたため、衝突が緩和されていたのが、それが失くなり、世代間の軋轢が大っぴらに起きるようになった。大衆作家は風潮の変化を感じとり、親子の間の障害を分析して家庭生活に平和をとり戻させることを試みた。たとえば一九〇八年にある作家は『レディーズ・ホーム・ジャーナル』に一文を寄せ、「給料を運んでくる機械」になった父親と、慰めや心の支えを大抵は同じ年の友人に求める娘たちとの間に、共感や相互理解が欠落しているのを憂慮している。子供との距離を縮める唯一の方法は父親が子供の同輩仲間のように振る舞うことだと彼は述べているが、それは社会組織の中の新しい傾向に呼応する、もの侘しい提案であった[21]。かつては機能的にも精神的にもいろいろな世代が統合されていた家族は、同輩仲間にとっての通過駅になってしまった。

## 中等学校《セコンダリー・スクール》と大学における同輩集団の形成

十九世紀後半にアメリカで創られ、各地に広がっていった学年編成の小学校は、一学年の年齢幅を次第に縮小していった。六歳から十四歳の子供たちで学校に通う者が漸次増加したことは、次第に多くの若者が相当な時間を同輩仲間と過ごすようになったことを意味する（2章と3章参照）。学校生活では同輩志向と社会生活への順応教育が次第に重きを置かれるようになるが、学童は大人の厳しい監督下にあり、世代間の接触は依然保たれていた。世紀が変わり、中学・高校、とくに大学の数が増え、思春期の少年や青年は、大人の影響下から次第に自分たちを切り離し、小学校時代よりもっと自律的で排他的な同輩仲間だけでの接触交渉が保てる環境を提供されることになった。その結果、同輩集団は一九二〇年代のアメリカの若者の社会的文化的生活を特徴づける新しい組織化と新しい価値を創りだした。それは子供および大人たちの世界と明確に区別される生活であった。

統計を見ると中等学校の環境の影響を受けるようになった若者が目立って増加したのが分かる。一八八九年から九〇年にかけて、公立および私立の中等学校の九学年から十二学年の生徒総数は三十六万人で、それは十四歳から十七歳の全人口の六・七パーセントに過ぎなかった。一九一九年から二〇年にかけては、九学年から十二学年までの生徒総数は二百五十万人に膨れ上っていた。それは十四歳から十七歳の全人口の三二・三パーセントに当った。一九二九年から三〇年には就学者数は四百八十万に達し、その年齢の全人口の五一・四パーセントに当った。[22] これらの若者、そして彼らより二、三歳年下の者は、同じ年でない者とはたまの接触すらもできぬ教育施設に預けられていた。一九一〇年代に中学校《ジュニア・ハイスクール》が創設され、高校《ハイスクール》の期間が四年から三年に縮まり、七、八、九学年が小学校から分離した。こうして中学・高校の同輩集団の年齢幅は狭まり、純化された。

中等学校の生徒は一九〇〇年までに、同輩仲間の影響を助長される種々の団体や文化活動（それらはカリキュラムに沿ったものも、カリキュラム外のものもあるが）の中から、好きなものを選ぶことができるようになった。学校が後援するクラブや、演劇、音楽そしてスポーツクラブは、授業開始前と放課後に、同年齢の者同士の交際を奨励した。こうした活動の中でも体育と競技スポーツはとりわけ際立っていて、大人の監督者が、同年齢の仲間同士の影響を高め合うよう意図して創ったものであった。4章で概説したルーサー・ハルゼイ・グーリックの「機会均等」方式は、他のあらゆる若者の組織集団にまして、同年齢仲間集団を明らさまに称揚した。このアメリカ体育界の長老にとって同年齢仲間は教育の過程において、教師と同列、ないし、それ以上に、重要なのであった。一九〇〇年代初めに彼はニューヨークに公立学校体育連盟を設立した[23]。連盟の諸々の活動において彼は同年齢仲間集団を強調した。一九一〇年代、二〇年代にグーリックの思想は大きく影響を及ぼし、中学校・高校に団体スポーツが導入されることになる。こうして同年齢集団の社会化を促進させる正規の領域が広げられたのである。「児童の健康と擁護に関するホワイトハウス協議会」の研究報告は、思春期の若者の間で同じ年齢の者同士の接触交流が盛んになり、一九三〇年代初めには、他の種類の交際は影が薄くなったのを確認している。三千の家族に関する調査に基づくこの報告書によれば、都会の平均的な思春期の若者は、週に四日から六日、家族と離れ同年輩仲間と夜を共に過ごしていた[24]。このような、学校がひけた後のつきあいは、昼間の活動とあいまって、十代の若者を同輩仲間との交際浸けにした。

同輩仲間の影響は大学内で、また大学生活のさまざまな交際活動において、いっそう強かった。とくに中流および上流階級の若者、中でも寮や寄宿舎に暮す若者にとって、大学生活は家族から離れ、大人の監視眼も届かず、もっぱら同年輩仲間同士の交際を享受できるものであった。管理者は親代わりに振る舞い、学生の活動を細かく規則で取り締まることに努めたが、大学生活は、勉学、課外活動、社交生活の三方面で同年輩仲間の相互交流を奨励した。経済的にも精神的にも家族に依存する学生が多く、その家族のもとへあえて帰り、パートタイムの仕事に就き、年長の大人たちと触れ合う機会をもつ者もいたが、影響力は同輩仲間のそれにくらべ、ごく小さかった[25]。

大学において同年輩仲間の連帯感をもたせる元になった最初のものは学年制度である。それが一年から四年まで、一人一人に共通する帰属意識を養成した。一九世紀中葉および後半にはカリキュラムが学年別編成になり、またカリキュラム外の競争でも学年別対抗戦が開始された。たとえば、一八八〇年代、ブラウン大学で毎年恒例の最大の行事の一つは、一年全員から成るチーム対二、三、四年生連合チームのフットボール・ラグビー対抗戦であった[26]。十九世紀終わり近く、大学対抗のスポーツが発展するにつれ、学生は選手として、観客として、大人の統制のおよばぬ新しい同輩仲間の絆を容易に創れるようになった。ある教授の言葉を借りれば、「フットボールは学生たちに友情を培った――悪さを共にする仲間意識ではなく、勇気と男気を分かちあう友情、仲間を気前よく称賛する友誼である[27]」。教師たちは、スポーツが互いのさまざまな相違を棚上げするのを勧める点、愛校心を基盤とする同輩仲間の価値の創造を奨励する点を称讃した。一九〇六年にイェール大学学長アーサー・T・ハドレイはフットボールは、社会的な「階級の違いを幾分瑣末化し、学生を昔風の民主的な流儀で結束させる[28]」と言っている。だが、2章でも見てきたように、在学生の年齢幅は大きく、どの学年にも十代半ばから二十代後半の者までいた。

世紀が変わるまでに大学生の年齢幅は縮小していき、在籍者数は大きくなりすぎ、学生が主たる所属意識を学年に置くには不適切となった。大学生の数は一八八〇年には十一万六千であったのが、一九一五年には四十万四千人になっていた。学生の間で芽ばえた数多のサークルや文化活動に、大いに魅力を覚える学生も出てきて、同時に同輩仲間集団への愛着心を育てた。選択課目が新たに設置されカリキュラムは新しい発展をみたが、二年の課目をとる必要条件として一年の課目の履習を義務づける等といった風に、標準的な発展の仕方をした。カリキュラムの多様化に応じ、より特殊な性格の同輩集団が形成された。専攻の学問領域や研究方法が縁で集まった仲間たちである。一九二〇年代までに、広々としたキャンパスには、「美術研究会」、「科学ファン」、「ガリ勉仲間」、「社会主義友の会」等のグループが形成され、それぞれが独自の社会的・文化的価値をもつ同輩集団であった。教室の外では学生はそうした仲間集団への帰属意識をもつようになった。

身元意識の主たるものである学年に決定的に取って代わり、二十世紀初期の学生の文化に強い影響を及ぼしたサークルや団体（それらは同輩仲間を基盤としたものだが）を単位として、キャンパスを分割せしめたものは、男子および女子学生の社交クラブである。男子学生社交クラブは一八二〇年代から存在したが、通常人目につかぬ集いにすぎなかった。南北戦争後規模が拡大し社交クラブになり、クラブを慕う卒業生の援助で事務所つきの本部建物ができ、会合が催されるようになる。(29) 一八八三年には総合大学、単科大学あわせて五百を超える男子社交クラブと十六の女子社交クラブがあり、在学生の会員総数は七万人を超えた。(30) そしてすでにスポーツ競技会のスポンサーとなり、ダンスパーティやティパーティを開催していた。大学の経営者がクラブの拡大を奨励したために二十世紀に入るとさらに目覚ましい発展を遂げることになる。増える一方の入会者に経営者が住まいと食事の世話を出来たことと、卒業生がクラブの威信を高めようと多額の寄付金を寄せてくれたお陰であった。一九一二年までに全国規模の社交クラブの支部は千五百六十を数えたが、一九三〇年までに一挙に増え三千九百になっていた[31]。一九二〇年代には多くの大学で社交クラブに所属する学生は三五から四〇パーセントで、六五パーセントにも上る大学も幾校かあった[32]。

気のおけぬ交際ができ、かつ、しきたりを重んじる男子および女子社交クラブは、成人して間もない学生たちを同輩仲間として迎え入れ、また社会的帰属意識を与えてくれる調法な手立てとなった。クラブ入会資格を検討する手続きはおそろしく差別的なものもあったが、複雑多様化する大学生活の中で、嗜好や見解を似たものにしあう者同士が自分たちだけの場所を確保できたのである。仲間として認知されるには厳格に集団に合わせることを強要された。クラブが授ける特権と帰属意識のみかえりに、個人は正規の、またはインフォーマルな行動のルールに服さねばならなかった。服装、社交上の好み、政治的意見、いずれであれ違反者は、集団から追放ないし排斥され、再入会の見込みはなかった。一九二四年にある大学の事情通はこう述べている。

男子社交クラブには際立つ個性の持ち主はいない。最初の二年間でクラブ入会者をクラブタイプの人間に造りあげる風潮があり、そうすると、その後の二年間、その男は一同に満足がいくように成長する、とクラブ員たちは思うのだ。個性的な特徴をもつ者は誰にせよ、つらい時を経験する[33]。

また、ある事情通はこう言っている。

女子社交クラブには幾つか利点がある。年長の子は歳下の子を助けて、一年生は三つ、二年と三年生は二つの文化活動をするよう強要したことです。不都合な点は上級生の下級生に対するルーズな監督ぶり、大きすぎる支部、クラブ員のタイプが型にはまり、その型が多様性に欠け、狭量で自己満足的なこと、自分たちのグループこそ良いものの一切を具備する、と考えている点です。[34]

社交クラブは大学での社交生活に強く影響を及ぼし、大人社会から学生を峻別する、同輩仲間の規範を強要した。同時に、社交上の作法、出世第一主義、消費者運動、政治意識、の価値を教えることで、成人前期の若者に学問の府を後にして、社会に打って出たあとの生活に対する準備をさせる役を果たした。[35]

社交クラブは大学の同輩仲間社会の活動が自覚的にも、他覚的にも最もよく分かる唯一の場であった。ポーラ・ファスやその他の人が匂わしたように、言動や振る舞いが、明らかに同輩仲間により統制されている場は広い範囲にわたって存在し、それらはパーティや舞踏会、映画館やキャフェテリア、大学構内の溜り場といった、時々の集まりや、インフォーマルな集合場所なのであった。こうした場所では仲間同士の相互作用は、クラブの中より、これと規定された形のものではないが、集団の規範をより強固にするのにあずかった。[36] カリキュラム抜きの大学生活は考えられないであろうが、キャンパスに芽生えた諸々の活動に学生が費やす時間は、勉学時間と次第に競うようになる。一九二〇年代のシカゴ大学の学生を調査した結果によると、週当り、平均三十五時間から四十時間学生は教科の勉学に費やし、三十五時間以下しか費やさぬ者は全体の三分の一以上いた。また、週当り、平均十五時間から二十時間課外活動（おそらくインフォーマルな交際や社会的行事は含まない）に費やし、課外活動に教科の勉学と同じ、ないしはそれ以上の時間を費やす者は全体の四分の一であった[37]。こうした数字は、増加の一途を辿る成人前期の大学生を、同輩仲間という環境が総体的に包みこんでいったのを例証している。

## 同輩仲間社会

高校や大学生活は同輩仲間の影響力を深めるさまざまな文脈の一つにすぎなかった。二十世紀初期のアメリカ社会を通して、既存の、また新設された、交際のためのグループは、近似した年齢の者同士から成るものへ加速していく傾向があった。若者により、若者のために創られた仲間やクラブ、新しく開発され始めた各種の余暇の営利的利用法、従来と異なる老人の待遇や政策、こうした全てが個人を家族という環境から同輩仲間との交際へ向かわせる働きをしたため、一九三〇年までに同輩仲間は、社会を組織する最も自然で能率的な手段として広く受け容れられるようになった。結果としてアメリカ人の生活様式は大きな変容を蒙ることになる。

建国して日も浅い頃のアメリカの町や村の通りには、互いに仲間になり、手当り次第破壊行為や嫌がらせをする男の集団が常時たむろしていた。時折こうした集団は政治的な色彩を帯びる大規模な暴力行為に参加したり、時には、それを扇動することすらあった。十九世紀後半のボストンにおける印紙条令暴動やボストン大虐殺事件、また一八六三年のニューヨークの徴兵暴動はその好例である[38]。総じてこれらの集団や暴徒にはさまざまな年齢の大人や少年がいた。ジョン・アダムズはボストン大虐殺事件を引き起こした集団を「無軌道な少年、アイルランド人、異国の水夫どもからなる烏合の衆」と呼んだ。一八七三年に作家で編集長を務めていたジョエル・タイラー・ヘドレイは、一八五〇年代の悪名高き暴力団『ニューヨークの袋小路の兎』を、「ほとんどは若者、幾らかはほんの少年から成る一味[39]」と記している。社会改革者ルイス・M・ピーズとチャールス・ローリング・ブレイスも、一八五〇年代のニューヨークの暴力団には、十代半ば、十代後半の若者と並んで、弱冠八歳の子供たちもいたと報告書に記している[40]。

十九世紀後半都市の拡大化に伴い、暴力団の数も増し、団員の年齢は互いに接近し、労働者階級の若者の同輩仲間が目立つ存在になっていった。正規の学校教育期間の延長、産業化の進展、年季奉公制度の衰微、そして若者が親と同居する期間が長くなったこと、そうした社会的経済的変化が、若者、とくに十代の若者が被雇用者集団へ仲間入りする時機を遅らせ、仲間内の交際や路上での無法な活動をする期間を長くもてるようにした[41]。こうした集団の中では年齢は際立った特徴になった。若者の組織化、社会化が目的である小学校その他の非家族的団体で培われた同輩仲間の人間関係の結果生まれた、と同時に、そうした人間関係を強化しもした、際立った特徴になったのである。社会学者フレデリック・スラッシャーは、一九二七年に著した古典的な研究書の中で、街の暴力団を、各集団の厳密な年齢制限に従って分類した。そして「従来型の暴力団では、年齢に応じて明確な規則をもつのがしきたりになっている」ことに注目している。また、彼は個々の暴力団に「小童《こわっぱ》」、「年少者」、「古参」という年齢に基づく格付けがあるのを確認している。[42] ポール・ハンリー・ファーフィは研究の対象にした主な暴力団の一つ『若きイロコイ』の団員は「皆、一年と八か月の年齢幅内に収まる」ことを知った。二十世紀初期の暴力団の行動様式に関するもう一人の社会学者J・アダムズ・パッファーは『占い杖』の団員の「大方は十七か十八であった[43]」、そして『島の仲間《アイランド・ギャング》』の団員は「ほとんどが十四歳前後の者[44]」であったと述べている。

少女や若い女たちは、インフォーマルなクラブや暴力団を持ち、時に男の暴力団員と協同して行動したが、同輩仲間の絆や社会化は、男にくらべ、動員力、結集力の点で劣っていた。若い女性たちは同い年の仲間と文通したり、図書館に行ったり、ティーパーティを催したりした。しばしば大人の女性たちの世界を模倣した活動を親しい友人たちとした。それは少年のスポーツや闘争競技が父親たち大人の社会のしのぎを削る活動の模倣であるのと同様であった。

アメリカの少女たちの間で、同輩仲間の一員である証しとして特徴的なものはサイン帳であった。一八二〇年代サイン帳は英国で大変な人気があったが、普通は上流社会の少女たちが持っているもので、有名人、とくに著名な芸術家のサインやメッセージを熱心に収集した。アメリカでは一八五〇年代に一般に広まり、一八七〇年代、八〇年代に多くの者が熱中する流行となり、二十世紀になりかなり時が経っても人気を保ち続けたサイン帳は、女生徒が、画家や作家や詩人ではなく、友人やクラスメートに（時に教師や親戚の人に）記念の言葉を記してもらおうと買い求めた。

サイン帳に記された辞《ことば》には同輩仲間同士の親しい気持の交流と一体感がうかがえる。それは、たと

えば一九〇一年にカンサス州の一少女のサイン帳に記されている感傷的な誓いであったり、

あたしが寂しい墓地に眠り
柳がうなだれて哀しむ時まで
親しいお友だち
あなたのことを決して忘れません

あるいは一九〇九年にニューヨークの一少女のサイン帳に記された、年齢を意識した辞に見られるような相手の未来の成功を願う善意のこもるものであったりもする。

あなたに愛と
豊かな恵みと
夫が授かりますように
二十歳《はたち》前に

あるいは、親しい間柄でとり交わされる、素朴でコミカルなひやかしであることもある。

あなたが結婚して

浮草稼業で暮らす時は
お子さんは
シアーズ・ローバック（世界最大の小売業者。イリノイで通信販売会社として一八八六年創業）から
取り寄せなさい[45]

社会改革者が放任された子供や若者の不良行為の匡正にのりだした時、若者文化である同輩仲間の緊密な組織を受け入れ、ちゃんとしたスポーツや遊戯団体、人格形成を目的とする組織を創るのに利用した。一九〇〇年にアメリカとカナダのＹＭＣＡ少年文化活動隊の理事となり、一九一〇年にアメリカのボーイスカウトの創設に貢献したエドガー・ロビンソンはこう言う。若者の集団がメンバーを結束させうるのは、年齢幅が最大限三年までで、それ以上になると少年たちは自分の年齢に近い者たちとの交際を選ぶようになる、と。[46]こうして、ＹＭＣＡとＹＷＣＡのジュニア部門は十二歳から十六歳の若者で構成され、カブスカウトは八歳から十歳まで、ブラウニー（ガール・スカウトの幼年団員）は六歳から九歳の子供で構成されることになった。シニア・ガールスカウト、ボーイスカウトのエクスプローラー（年長隊員）とシースカウト（海洋少年団員）、これらは全て二十世紀初期に青少年の教化に携わった人々が努力して創った組織――同輩仲間の嗜好やニーズを想定して創った青少年のための組織――なのである。[47]一八九〇年代と一九〇〇年代初期に、少年のクラブや少年隊を通して労働者階級の児童の支援に努めたソーシャルワーカーやその他の社会改良運動家は、年齢区分にあまり関心を払わなかった。年齢に応じた人格形成より、貧しい若者を悪のはびこる場から引き離し、道徳を教える方に熱意を注いだので

ある。しかし、ボーイスカウトその他の組織を通し中流階級の若者の教化に携わった改革者は、組織区分の原理として年齢の目盛りに重きを置いた。

若者の教化に当る人々には競争相手として街の暴力団のみでなく、二十世紀初期に大きく成長してきた営利的なレジャー施設と、若者の心と忠誠心を摑む競争をしなければならなかった。あらゆる都市に激増する安価な娯楽施設は、時代のアメリカ文化を体現し、とくに個人主義と消費者運動の価値を体現していた。結果として生まれた快楽の世界は、若さに重きを置く、大人の管理からの逃避の場であった。新しいレジャー施設には、前時代の社会の特徴である男女別で利用されるものもあったが、一方、年齢分離を奨励する働きもした。たとえば、玉突き場や若者の社交クラブは二十代の労働者階級の男の溜り場となった。彼らは、社会経済的な地位が似かよった年輩の人々の集まる酒場や支部集会所に近寄らなかった(48)。

ダンスホール、遊園地、映画館はもっと人気があり、若い男女は同輩仲間という新しい環境の中で、交際を楽しんだ。こうした商業的な娯楽センターは友情や求愛そして不倫行為すらの場を提供し、大学の寄宿舎や学生クラブ同様に、同輩仲間志向、同輩仲間の価値をはぐくんだ。一九一〇年以降、ダンスは、とくに青春後期の人が仲間同士で楽しんだ。歴史家ケイシー・ペイスによれば「街のダンスホールに通うのは、人のライフサイクルの特定の時期の標となった(49)」のであった。ニューヨークだけでも五百を超す公立のダンスホールがあり、ダンス学校は百校以上あった。そのほとんどが二十五歳以下のひいき客たちは、彼らの年齢の象徴となる特別な同年輩仲間の踊りのスタイルを創造した(50)。映画館も同年輩仲間の若者の社会化の場となった。商業的なレジャー施設という新世界と、家族や家庭という伝統的な旧世界との間の緊張状態は、思春期の若者と大人の間に、火花を散らす相克を生みだした。たとえば、一九一四年に、ハンガリーからの移民であるある母親のそうした一事例を、ニューヨークのソーシャルワーカーが記している。十代の自分の子供たちと映画を見に行きたいと彼女が口にすると、夫と子供が強く反対する。彼女の年齢ではみっともない、というのである。(51)

娯楽施設の魅力と賃金労働の形態の変化とは、労働者階級の若い女性の生活様式に格別の影響を及ぼした。デパート、事務所、合理化された工場、また、レストランや美容サロンのようなサービス業など、女性の新しい仕事場は、十九世紀に女性が従事していた種類のもの、召使い、搾取工場や家内工業での労働にくらべ、就労時間は短く、給料は良かった。二十世紀初期にはニューヨークの十六歳から二十歳の女性のほぼ六〇パーセントが有給の仕事に就いていた。女性が多くの都市で労働力の一員として働き始めたことは、家族の収入の補足となったのみでなく、個人の経歴上子供から大人へ移る節目となった。(52)働く若い女性は今や時間、収入、そして友人と楽しい時を過ごす欲求をもつようになった。

最近数名の歴史家が注目したように、こうした女性、とくに移民二世の女性は、稼ぎを丸ごと親に渡すのをためらい、少なくとも一部を同輩仲間との交遊に必要な衣服費、娯楽費にとっておくようになり、家庭に険しい空気を創り出すようになった。(53)また、ダンスホールや映画館での社交生活をエンジョイする時間とお金が必要になったことが、若い白人女性が（黒人の場合あてはまらぬが）、奉公人稼業に比較的つかなくなった原因といえよう。工場で働くある若い女性は、一九一五年にキリスト教女子青年会の人に、召使い稼業を見下す理由をこう説明している、「工場で働いていれば、女の子は職場の外にもっと出られます……他の人と交際する時間も、もっと持てます。だからちゃんとした人柄の子なら社会的に良い評判を得られます[54]」。こうして同輩仲間と過ごす余暇の魅力が家族の連帯性を崩しただけでなく、仕事の選択にも影響を与えたのである。

さまざまな会や団体が、子供や若者だけでなく大人の同輩仲間の組織を反映し、かつまた強化していた。大人はいつでももっぱら同じ年齢の者と交際していたのではない。しかし二十世紀に入るまでに都市化が進み、多くのアメリカ人が同年輩仲間との社交を楽しめる選択や機会をより多くより頻繁に持てるようになった。広範な領域でさまざまな社交団体（正式なものもあれば、インフォーマルなものもあったが）が誕生し、多くは年齢の基準をもっていた。社会はあらゆるレベルで組織化され、その過程で、必ずではないが、しばしば年齢に基づくグループが形成された。

親睦と博愛を目的とする幾つかの団体では会員は広い年齢層にわたっていたが、組織の指導層の年齢は、男女ともに、二十世紀初期には、狭い年齢幅に集中していったようである。それは団体の運営管理を行なう排他的な同年輩仲間の集団が形成されていったことの反映であった。女子の博愛団体である「天佑の会」、「ロードアイランド会」、「キリスト教女子青年会」、「女子伝導協会」などでは、一八七〇年代幹部の年齢層はかなり広く、五十歳以上の者と三十五歳以下の者がほぼ同じくらいいた。しかし一九〇〇年代初めには、これらのどの団体でも、三十五歳以下の幹部はいなくなり、その三分の二から五分の四を五十代の人が占めていた[55]。また、同年輩仲間の大きな集団が出来ていたところもあったようだ。マーガレット・サングスターは、一九〇〇年に女性のクラブを「中年女性のための学校」と名づけた。そこでは五十歳の女性が「自分と同様に人生の半ばにさしかかったお友だち[56]」に逢えたのである。男女の団体は年齢による段階別に、幾つかの団体に分かれていた。たとえば一九二〇年に創設された青年商工会議所は、会員の資格を三十五歳以下に限定した。こうして小学校の時に始まる同年輩仲間の交際は、思春期、大学時代、青年期そして成人期へと継続されることになった。

成人期以後の諸々の段階を人が強く意識するようになったのは、年齢階層や同年輩集団が、子供時代や思春期を越えて、成人期に引き継がれるようになったことの反映である。大衆文学作家および純文学作家たちは、第一次大戦後の十年間、青年期、中年期、老年期の区別を明確化させる年齢的特徴を分析する記事を新聞雑誌に盛んに掲載した。たとえば、身体の健康の専門家でスポーツ作家のウォルター・キャンプは一九一八年に、三十一から三十五歳までは成人男性の人生の分水嶺となる時期であると主張した。この時期の男は「それまでより多くのことを心得、より小さな努力で、より大きな成果をあげることができる。しかし肉体的には登りつめていて、大抵の男は、身体に関する限り、この時期以降徐々に衰え始める」(57)。キャンプは人生の頂点を三十あるいは三十五歳とする昔からの格言を繰り返したにすぎないが、成人の期間を年齢により幾つかに区切り、一つ一つの段階にふさわしい九つの体操を処方するという、二十世紀の科学的擬装をその格言に施したのである。社会学者E・A・ロスが、四十歳以下の人は五十歳以上の人とは、価値観と教育において明瞭に異なり、四十から五十歳までの階前期《サブ・ステージ》は厄介な過渡期であると結論した時、社会科学の用語を使ったのである(58)(サブ・ステージは地質時代の区分の一単位、階〔ステージ〕を細分した時間単位)。

実際、中年期を一生の中の明確な一つの時期として「発見」したことは、第一次大戦後の年齢に関する議論をクライマックスにもっていった。二十世紀に入るまでは、中年期が一つのはっきりした時期として考えられることはめったになかった。中年期に目を留めた少数の作家も、成人期と老年期の間の、空虚なつかの間の過渡期と捉えたに過ぎなかった。たとえば、バイロンは『ドン・ジュアン』の中で思案をめぐらす、

すべての粗っぽい中間の年代の中でも
最も粗っぽいのは人間の中間の年代だ
本当のところ、それはどんな時なのか
愚者から賢者になる間さ迷う時と心得る他、私は知らない(59)。

一九〇〇年代までに、制度上の幾つかの発展が、四十代で始まると思われる時期に、多大の関心を向けさせることになった。一つは定年退職制度の普及、老人ホームの増加、老人に対するその他の制度的な対処法の普及（以下の記述参照）のおかげで、老齢の区切りの年齢が十九世紀におけるより高くなっていき、六十五または七十歳にまでなり、人生の盛りと、究極的衰弱の間は長いものになった。第二に、医療、衛生設備、食事および生活条件全般における改善が、成人の平均余命を伸ばし、その結果壮年期から初老にかけての人と対照して、老年期の人が増加した、つまり、たとえば四十から六十五歳までの人と対照して、六十六歳以上の人が増えたということである。一九二〇年には、人口の七・四パーセント、八百万人近くが六十歳以上であった。そして一三・二パーセント、千四百万人が四十五以上五十九歳以下であった。それと対照して、一八七〇年には、人口の五パーセント、二百万

人が六十歳以上で、約一〇パーセント、四百万人が四十五以上五十九歳以下であった[60]。社会情勢分析家は、自分より年齢が上の人々とも、下の人々とも異なる、この中間の年代層の人々に多大の関心を持つようになる。たとえば、社会改良家で判事の、デンヴァーのベン・リンゼイは、一八九〇年代に成人した四十代、五十代の中年世代の人々を、他の世代と明瞭に異なる世代とした。彼らは一九二〇年代になっても伝統的な道徳観に強く囚われていて、ある芝居の中で女性が寝室に人を招き入れるのを見て、唖然とした。若い世代の観客たちは対照的にそのシーンを受容し、年輩の人々の反応を面白がっていた、そうリンゼイは述べている[61]。

一九三二年に出版され、ベストセラーになったウォルター・ピットキンの『人生は四十から』は、アメリカ文化の中の中年世代の存在を追認した。心理学者でジャーナリストのピットキンは、この表題を解説して「機械文明時代がもたらした、こよなき報酬」を反映させたもの、とし、中年以降の年月は生産的で楽しかるべきもの、と主張した。彼のたてた成人期のプランは、十七から二十四までは一種の年季奉公時代で、社会生活を学ぶ時期、二十四から四十までは就職し、家を買い、子供を育てるという骨の折れる仕事が精力を消耗させる時期というもの。彼はこう言う、一時代前までは「四十で人は疲弊していた[62]」、しかし今は新しい科学技術、向上した生活水準、余暇をとりやすくなったこと、のおかげで「四十以降の人生が四十前より、ずっと刺激的で有益なものとなった」。その主張を裏づけるために四十以後に「花開いた」有名人の名を列挙する。さらに彼は「幾つかの分野では、四十過ぎの女性が思慮をめぐらせて人を指導する資格を一番もつ[63]」と主張した。

この本には大恐慌のどん底でつらい思いをしている人々を励ます意図がこめられていたが、大衆文化の他の面に大きなインパクトを与えた。一九三三年には、ノンフィクション部門のベストセラー、翌年には第二位の売れ行きとなったこの本の標題は、マスコミで広く使われるようになり、やがて陳腐になった。新聞、雑誌、ラジオ番組、映画の脚本、一般の会話で、あまりに頻繁に使われ、それは中年期の標《しるし》となった。大衆歌手ソフィー・タッカーは、自伝に、自分のおはこの一つはジャック・エールンの「人生は四十から」である、この歌は「中年という言葉にぞっとする人皆が感じること」(64)を表現しているから、と記している。ピットキンの単純な主張が、かくも速やかに、かつ、かくも広範に受容されたのは、年齢意識と同輩仲間意識が普及した社会があったればこそであった。

## 老年の孤立

一九二二年七十八歳の時、G・スタンリー・ホールは『老齢期――人生の最終期』を世に出した。この本はアメリカで最初の有意義な、老齢化の心理面からの研究書である。ホールは四十代初期を、老齢化が通常始まる時としたが、更年期以降を初老期でなく、老齢期(65)と名づけ、著書の大部分をあてて人生の最高齢期と結びつく諸々の特質と問題に焦点を当て、考察した。取り上げた事柄は死亡統計から精神衛生そして便秘にまで及び、文学作品からの引用文も載せている。新しい研究分野である社会奉仕や老人学を開拓する助けをしたこの本は、また、老年期を政策立案や制度上特別待遇をするに値する、人生の特別の一時期となす過程において、最後の決定的な一歩を進めさせる役を果たした。老年期を他の時期と切り離す過程は、老人たちの年齢集団、老人たちの同輩仲間集団を創り出した。

思春期を「発見」したように、ホールは老齢期を発見したのではない。十九世紀を通して福祉事業活動家、開業医、社会改革者は老年期を、諸々の特質、とくに貧困、失業、肉体的衰弱および精神的昏迷で特徴づけられる時期、と定義づけるようになっていた。慈善事業家と社会学者は、都市化と産業化がもたらす苛酷な結果に直面し、高齢期を依存の時期とみなした。一九一二年にある作家は、産業社会では六十歳以降の人生はもの侘しい見通ししか立たないとしてこう記している。

財産は失われ、友は世を去るか引っ越すかしていて、身内は少なくなり、功名心は潰《つい》え、残りの人生はあとわずか、そして死が一切にけりをつけるべく待ちかまえている——こんな人生の終焉は、希望をもち独立心のある市民である賃金労働者を、あっという間に、希望のない貧しい人間へ堕《おと》しめてしまう(66)。

医師たちは医学的にみた老齢期の典型像をもっていた。たえず患い、病んだ器官が、病いを不治のものにしていて、不可避的な死が、老齢それ自体を病いとしているというものである。治療法や予防策の進歩が、以前は怖れられた腸チフス、肺炎、胃腸病のような急性の病いによる死亡者を減少させていたが、老年に伴う慢性病による死亡者は急激に増加し、全人口に占める老人の数と慢性病の問題に、一般人および医者の関心を集めた。たとえば、一九〇〇年から一九一三年の間に癌による死亡率は、十万人当り六二・九人から七八・九人に上昇し、二五パーセントの増加をみた(67)。この傾向は老齢に入りつつある人々にとって好ましくない徴候であった。一九〇四年にある医師は記している、「七十代の人が健康を求めて、金銭や人との交際で、多大な犠牲を払うのはあまり意味のないことだ[68]」。こうして専門家の言葉に従えば、老年期は人生の他の時期のような前途の希望は少しもない、悩みだけが大きい時期なのであった[69]。

そんな情況に対する専門家たちの一つの対処法は、老人を隔離する施設の建設であった。歴史家キャロル・ヘイバーとW・アンドルー・アシェンバウムが明らかにしたように、十九世紀後期の救貧院収容者は、とくに工業化の進んだ州では、生活力をなくした老人たちが次第に多くを占めるようになった。たとえば、一八六四年から一九〇四年の間に、マサチューセッツ州の救貧院に収容された者のうち老人の占める割合は、二六パーセントから四五パーセントに上昇していた。しかも一九〇四年以降でも、マサチューセッツ州における六十一歳以上の人は、全人口の八パーセントにすぎなかったのである[70]。アメリカ全体としては、一九一〇年に救貧院収容者のうち、アメリカ生まれの人々の約四五パーセント、外国生まれの人々の七〇パーセントが、六十歳以上であった[71]。施設を造るのが貧窮老人を援助する一番安上りなやり方と、行政官は考えるようになり――若い貧困者と異なり、老人はゆくゆく自活する見込がない――救貧院や病院に代わる安息所として、老人ホームの数を増やしていった。大方は、自活できぬ者、男やもめ、未亡人、貧窮老人を収容するこれらの慈善施設は、世紀が変わるまでに激増した。一八九四年にはニューヨーク州に五十八の施設があり、ほぼ五千人の老人を収容していた[72]。一九〇〇年までにフィラデルフィア市には二十四の老人ホームが造られ、それぞれ、特殊なタイプの入居者、未亡人、夫婦者、黒人、昔裕福だった人、用のホームであった[73]。

それと察しられる老人たちの特別な要求に、救貧院より人間的に応えるように努め、老人ホームは、評判の良い施設となり、また一方それは、老齢期に固有の孤独を訴える働きもした。この人間としての孤独性は、一九〇七年にある社会福祉活動家が『チャリティーズ・アンド・ザ・コモンズ』に寄せた投書の中に明瞭に述べられている。「心優しい人は、

迷子の犬や猫に避難所を提供し、動物を収容するホームのために手のこんだ娯しみを創りだしてあげている。それなら、助ける者もいない老人たちに、ちゃんとした安息所を提供するのは、人間として当然のことではないでしょうか。もっと多くの老人ホームを造ってあげましょう!」(74)

施設に入れる老人は全体の一握りにすぎなかった。入居できない老人の多くは、自分もかつてその一員であった、働く成人の世界から、施設から隔てられているのと同じくらい、厚い壁で隔てられていた。労働力人口から外し、年金を支給することは、老齢者の無用性と貧困の観念から生まれたものだが、同時にその観念を助長し、さらに、人が老人になる年齢の厳密な基準を創りもした。十九世紀半ばまでは、働くには身体が衰弱しすぎるか、働かなくていい金があるかのいずれかで、人は退職した。労働力人口に入るか否かは直接年齢と結びついていなかった。しかし、南北戦争後、公の、または私営の、雇主たちは、従業員の解雇をし始め、同時に、永年勤務した従業員で年のため効率よい仕事ができないとみなされる者に報奨金を出し始めた。二十世紀初頭までに出現した、合理化され、官僚的になった経済機構においては、強制退職は失業者を減らし、年若い、名目上より効率的な労働者の過剰人口からの圧迫を減らす手頃な手段となった。以前は、施しや障害年金として支給されていた

恩給や年金は、年のいった労働者が退職年齢に達するまで、その気持を慰撫し、穏やかに引退する気をおこさせる手だてとなった。しかし、年金の額が非常に少なく、しかも現実に実施している会社は少数にすぎないため、一九一〇年までに進歩的改革者は、政府が老人の生活援助の責任を果たすよう促した[75]。

退職制度の改善に対する関心は、公的にも私的にも、薄く、気まぐれであった。連邦政府レベルでは、一八六一年の議会制定法は、海軍中将より下の将校は六十二歳で役職から降りることを定めた。そして一八六九年の議会制定法は、十年以上勤務した連邦政府裁判官は、現行の俸給額と等しい年金を支給され、七十歳で退職することを許可した。これは強制ではなかった。第一次大戦前は、連邦政府に勤務する人々の退職規定は、これ以外にほとんど何もなかった[76]。年金と退職制度を創始したのは運送会社であった。一八七五年にアメリカン・エクスプレス会社、そして一八八四年にバルチモア・アンド・オハイオ鉄道会社が始めた方式に倣って、四十九の大企業が一九一〇年までに年金制度を設け、一九二六年までに三百七十の企業がその例に倣った[77]。次第に企業の役員は、効率的な生産性の点から年金制度を容認するようになった。専門家は、社員の永年にわたる勤務は——老齢に至る勤務の謂だが——必然的に仕事のペースを下げ、生産性を落とすと見直した。こうした状態を形容するさい使われる高齢者整理が鍵となる言葉で、これは人間の老廃化の丁寧語で、恢復の見込みのない肉体的、精神的衰弱が高齢者の特徴をなすとする、十九世紀後期の見解から生まれた言葉である。こうして、年金は生産力の低い「重荷」である使いものにならなくなった労働者を削除する手段となった[78]。

効率性を求めるこうした風潮は、一九〇〇年代初期に州や市町村の職員の年金制度を設ける運動に刺激を与えた。たとえば、一九一〇年に「老齢年金、恩給、保険に関するマサチューセッツ委員会報告書」は、六十六歳以上の州の職員四百九十一名の実情を確かめて、年金を与えて老齢者を退職させ、若い人々を代わりに採用することで、仕事の効率性が改善されることを強く示唆した(79)。教師、警察官、消防士のような公職に就いている人は、低額の給料では老後の貯えを残せぬため、年金制度を往々にして支持した。年金がもらえれば貧乏暮しをまぬがれよう、というわけである。だが、こうした公共の、または私企業の仕事に就いている人々は、望む時に、また、身体の障害で働けなくなった時に、退職し、年金を支給されるのを望んだ。しかし彼らの期待は、ヘイバーが「人の身体的、知的能力を測定し分類する(80)」官僚的欲求と名づけたものによって裏切られた。合理化としての退職年金制度は、教育制度や知能検査の場合と等しく、退職者、年金受給者を決める一番の基準として、個々人の能力でなく、特定の年齢を設定した。六十五歳のところもあれば、七十歳あるいは六十歳のところもあった。しかし、退職年齢の設定よりも、もっと意味をもつのは、効率よく働けない高齢者、そして高齢者整理が意味する社会的地位の格下げの対象者、を決めるものとして特定の年齢を設定したこと自体である。

一九一〇年代、二〇年代に、二、三の州が老人たちの一部を対象に老齢年金制度を創った。それは他人に依存する暮しを楽にする人道主義的な手段としてのみならず、主として、救貧院にいる生活困窮者の老人たちを扶養する代わりに、直接支払いを申し出ることで金を節約させる試みでもあった。しかし、退職年金制度の立法化の下には、貧困と無用性とが老年に伴う明白な特徴であるという想定が、暗に出来上ったという意味合いがある。こうして、一九二三年に高齢者の生活依存状態を調べ、年金制度の実施を推奨した、モンタナ州産業労働者事故調査委員会はこう記した。

通常、男女を問わず心につきまとい、次第に大きくなる怖れとは、災難にあい、老年には働けなくなり、金も、友もなく、慈善を施されたり、救貧院に入る身になりはしないか、というものだ。業界のトップを目指す競争のもたらす絶えざるストレスと、適者生存の様相を次第に呈しつつある営利本位の闘争とは、労働者をもはや自分のことは構っていられぬ程に疲労困憊させており、休息を与える必要が生じている。[81]

一九一四年にアリゾナ州議会が、有権者のイニシアティブで、私設救貧院を全廃し、生活困窮者の母親や六十歳以上の貧窮者に、月々の手当を支給する法案を可決した時、アリゾナ州は非拠出制の年金制度を制定した最初の州となった。州の最高裁判所は、扶養家族の子供を抱える母親と私設救貧院に関する法案の規定を曖昧とし、憲法違反の判決を下した。しかし一九二三年には、モンタナ、ネヴァダ、ペンシルヴァニアの各州が高齢者の生活補助の法案を可決し、その後二、三年間に、ウィスコンシン、ケンタッキー、コロラド、メリーランド、そしてマサチューセッツの各州がそのひそみに倣った。一九三一年までには、十八の州が受給開始年齢を六十五か七十に設定した法案を可決した。政府出資の生活補助を求める運動は、一九二七年にアメリカ老人保護協会が結成され、民間および公共両方面で議員に働きかけるに及び、さらにはずみがついた。[82]

年金制度や退職制度は、しばしば、受給資格に、資力に関する厳しい審査を設け、かつまた資金は大幅に不足したが、人の一生における就労年限の観念を強固にする一助となった。退職という言葉の定義の変化は、このことを反映している。単に公の場からの引退を意味するのでなく、アシェンバウムが指摘したように、老齢のために積極的な勤務や労働に耐えられなくなることを意味するようになった[83]。ヘイバーによれば、年金制度は「単に高齢者の働く必要性や能力に関する考え方が変わったために案出されただけでなく、老人は雇用の対象者とされるべきでないという要求を合法化したものであった[84]」。年金制度は、老人たちを、経済活動の面からみた集団としては、社会の他の成員とは明瞭に区別されるものとした。一方で人道主義的な運動であり、他方で効率性から割り出された方策である年金制度は、社会の同輩集団組織をさらに強固にする一助をなした[85]。

高齢者生活援助計画書によって高齢者が他の世代と隔てられたのと並行して、老齢に関する医学的学説が合併して新しい待遇を生みだし、年金制度や退職制度のように、制度的にも老齢期を他の時期とはっきり異なるものとして扱うようになった。その結果老人たちは、年齢により規定された、他の世代と別個の社会的集団としてさらに分け隔てられた。3章でみたように、十九世紀の医者は、フランスやドイツの研究者の著作に影響され、老人の衰弱や病は治癒不能のものと信じ始めていた。この想定をほんの一歩進めれば、老齢期は通常劣化と無能の時期という定義が生まれる、頭と身体が耄碌し絶えず医者の世話にまかされる必要がある時期のことである[86]。社会的学説も経済的学説も依存性と生産性の低下を高齢者と結びつけたように、医者は病的な退化を強調した。こうした見解は老人たちを、社会の他の年齢層から社会的に隔絶する方向にむかわせた。

二十世紀初期までにアメリカの医者は幾つかの学説を集めて新しい専門の医療、老人の世話と治療に関する分野、すなわち老年医学を創設した。この新分野の指導者はニューヨークの内科医Ｉ・Ｌ・ナッシャーであった。オーストリアに生まれニューヨークで教育を受けたナッシャーは科学の厳密さと、老人の生物学的な試練に対する同情心を併せもつ人であった。一九〇九年に「老年を意味するゲラと、医者に関わる、という意味のイアトリコスとから、ゲリアトリックス（老年医学）という言葉を、英語の語彙に新しくつけ加えることを私は提唱したい。この言葉は、小児科学という言葉が幼年期において指し示す分野に相当する分野を、老年期において指し示すものである(87)」と記した時、新しい専門医療分野を指す用語を創ったように思われる。一世代前に小児科学を開拓したアブラハム・ジャコービと同様に、ナッシャーは、老年とは「生理学的に存在するもの」で、この時期だけに広くみられる体調を伴う。それは個々人にとり不都合であっても、人生のこの期には正常なものである。体をバランスよく動かせないのが幼年期の正常な特質であり、分娩の苦痛が産褥につく女性に正常であるように、身体器官の退化と精神的衰退は老人にとり正常なのだ、そう彼は信じた。

老年に伴う体調には特別の治療を必要とする、若い成人に用いられる薬物治療は、老年期の同じ病の病人には不適切である(88)。こうして、とナッシャーは記す。「小児科医が子供を、身体の器官や組織が未発達の成人としてではなく、子供としてみるように、老年医も老人を、病理学的に劣化した器官や組織をもつ成人としてでなく、老人としてみる(89)」。この信念がナッシャーをして一九一二年に、ニューヨークに「全米老年医学協会」の前身である「老年医学会」を創設させたのである。

一九三〇年までに、病院医療施設関係者、産業界、官僚たちは老年の定義と治療法で意見が一致するようになっていた。このことが老年を、これまでよりもっと、身体的、社会的、政策的に際立たせる役割をした。こういう形の年齢による区分けは一九三五年の社会保障条令の議会通過で、その頂点に達した。

ヨーロッパの国々で一九二〇年代までに国民老齢年金や保険制度が出来たことは、アメリカの各州での、そして私的な、それらの制度の確立とともに、アメリカの議会が一九一一年以降、同様の法案を可決するきっかけとなった。この法案は（通常六十ないし六十五歳以上の）老人で、週給が一定額（通常六ないし十ドル）に満たぬ者に毎週年金を支給するというものであった。この法令の規定は、市民権を得て十六年ないし二十年以上で品性健全なる者という認定条件がつけられていた[90]。一九二〇年に議会は公務員退職年金条令を可決した。これは連邦政府の公務員が七十になる前に退職することを定めたもので、勤務年数に応じた年金を退職者は支給された。機械工と郵便局員は六十五歳で、鉄道員は六十二歳で有資格者となった。この法律は一九三四年の鉄道職員退職年金条令とともに、社会保障制度のお膳立てをした[91]。

社会保障制度の議会での可決に至る政治的な過程はすでに跡づけており、ここで繰り返す必要はない[92]。この法案は、失業保険を設け、職にあぶれた困窮者を援助することに、主たる目的があった。この法令の高齢者に関する規定は、一九三四年にフランクリン・ルーズベルト大統領が設けた経済保障委員会（ＣＥＳ）によって作成されたものに基づいていた。これらの規定は条項一と条項二に定められている。条項一は貧窮老人一人一人に補助金を設けること、条項二は定年退職した労働者に六十五歳から老齢給付金を支給開始する保険制度を設けることが盛りこまれていた。

六十五歳という年齢設定は半ば恣意的、半ば合理的に思われる。現行の、州の老齢年金制度の大半は有資格年齢を六十五歳とした。現行のほとんどの年金制度は、とくにドイツと、イギリスのそれは同じく六十五歳としている。経済保障委員会はその年齢をほとんど問題なく受け入れ、年金制度への推奨もそこに基づいてなされた。六十五以外の年齢はほとんど検討の対象とされなかった。もっと低くすれば保険制度はお金がかかりすぎることになろうし、高く設定すれば、雇用可能人口から高齢の労働者を外すことによる若い労働者の失業率緩和を望む国会議員が難色を示すことになろうと委員たちは信じた。(93) ルーズベルト大統領は、一九三四年十二月に定年を六十五歳とする案を何の論評も加えず受け入れた。

高齢者に関する諸々の規定を含む法案が議会に上程されると定年の年齢設定はほとんど何の議論も引き起こさなかった。おそらくこの法案が総括的なもので多くの新しい論議を呼ぶ問題点を含んでいたため、大目に見られたのであろう。法案を練り上げた一員で後にその経緯を記したウィルバー・コーヘンによれば、上院議員の委員も、下院議員の委員も誰一人六十五歳に設定した根拠を問うた者はいなかった。そして援助を受け始める年齢を六十歳に引きおろそうと試みた議員席からの二、三の改正案を下院は投票で否決した。(94) おそらく老年学者も政治家も社会保障計画がこの年齢設定を融通のきかぬものとし、老齢者の孤立性を厳しいものにするとは思っていなかったであろうが、六十五歳という設定を簡単に認めたため、後々ゆゆしい結果をもたらすこととなった。

作家で編集長を務めていたヘンリー・シーデル・キャンビイは、一九三四年に過去を振り返って、こう回顧している、「九〇年代のアメリカでは、家庭が人生において最も人に影響を及ぼす存在であった[95]」。一九三〇年までに、社会組織の変革がそうした単純な家庭像を壊してしまった。社会学者ウィリアム・F・オグバーンは、大統領ハーバート・フーヴァーの委任を受けた「社会の動向に関する大統領調査委員会報告書」の中で、目下のところ「家族の成員がそれぞれ個別化する傾向が強まっている[96]」と結論づけている。家族は愛情と躾の場として、今もなお活気ある「個性が機能する」ところたりえているが、その伝統的な経済的、保護者的、教育的、娯楽的な機能を、家族の外にあるものに譲り渡した、とオグバーンは述べている。一つの結果として、とくに都市部では子供たちは遊び仲間ともっと遊ぶようになり、世代間のギャップが生まれ大きくなっていった。また、夫や妻は家庭の外での友人との交際が増えた。こうした生活のパターンは、クラブの増加、娯楽の商品化、ドライブ旅行、といった世の中の風潮と連動して発展していった[97]。報告書の別の項でウォーレン・S・トンプソンとP・K・ウェルプトンは老人人口の加速する増加ぶりに注目し、この伸びゆく年齢集団が国に及ぼすであろう影響を憶測した。こうした研究者たち全てが注目したものは、社会の大きな変容の行きつく先がどういうものなのかということである。家族、学校、職場そして社会一般で、同輩集団と年齢に基づく同質性とが、組織構成の支配的原理となっていたのである。

## 6 年齢相応の振る舞い
### 一九〇〇年～一九三五年の文化

一八九三年に『皆さんおはよう』という素朴な歌が、シカゴで出版された児童歌謡集『幼稚園児の歌』の三ページめに載った。ケンタッキー州のルイスヴィルの年若い姉妹ミルドレッド・J・ヒルとパティ・スミス・ヒルの名が作曲者兼著作権者として載ったが、後に三番めの妹ジェシカ・M・ヒルも作曲者の一人として認められることを求めた。三人のヒル姉妹はそれぞれの道で名を知られるようになる。ミルドレッドはオルガン奏者、ピアニスト、そして黒人霊歌の権威者として。パティはコロンビア大学の教育学教授、そして幼稚園運動の権威として。ジェシカはコロンビア教育養成大学の英語教師として名を成す。しかしながら若い頃創った『皆さんおはよう』の作曲者としての名前にくらべれば、姉妹の後々の名声は色褪せてみえる。それぞれの分野で三人は業績を遺したが、あどけない児童歌謡は形を変えて、アメリカで最も人に口ずさまれる歌になってゆくからである。

ヒル姉妹の歌は一九二四年に再び世に出る。テキサス州ダラスの出版業者ロバート・H・コールマンが、自分で編集・校訂した『収穫の讃美歌集』の中に『皆さんおはよう』を入れたからである。この歌集にはこの歌の作曲者の名も、その著作権に関しても記されていなかった。さらに重要なことは、ル『サウザンド・チアーズ』に「皆さんおはよう」という文句が入ったことである。コールマンは一九三〇年から三三年の三年間に出版した歌集の少なくとも三つに、この歌詞を組み入れた。一九三四年にアーヴィング・バーリンとモス・ハートのミュージカル劇『サウザンド・チアーズ』の中で「ハッピー・バースデー・トゥ・ユー」が歌われ、たちまちヒットした。(1)この時点でジェシカ・ヒルは、『サウザンド・チアーズ』を出版したサム・H・ハリスを、『皆さんおはよう』からの歌詞の剽窃で訴え、バーリンとハートのミュージカル劇一回の興行につき二百五十ドルの損害賠償料を支払うよう求めた。(2)訴訟は示談で決着がついた。この年一九三四年の後半に、シカゴのクレイトン・サミー出版社は歌詞をつけず旋律だけ出版し、ミルドレッド・ヒルとパティ・ヒルの名を作曲者として載せた。一九三五年にクレイトン・サミーはこの歌の編曲二つを、今度は歌詞もつけ、歌の題名を『皆さんおはよう』から『ハッピー・バースデー・トゥ・ユー』に変え世に出した。今度も作曲者としてヒル姉妹の名が載せられた。(3)

『皆さんおはよう』が最初に出た時から、誕生日を祝う歌としてブロードウェイで初めてうたわれる時までの間に――大変なヒット曲になったため訴訟事件が起き、争って出版されたあと、原作者の名が確定するという経緯の間に――アメリカ社会ははっきり変わっていた。「ハッピー・バースデー・トゥ・ユー」という歌詞がヒル姉妹の元歌に組みこまれ、歌の一部になりきるまでに、アメリカの諸々の制度に年齢意識が浸透し、文化全般に行き渡っていた。年齢規範の強い趨勢が人々の行動や期待の導き手となり、個々人に年齢相応の振る舞いをするよう勧告した。そして過去にはほとんどためしのない、誕生日に対する改まった認識が、手のこんだ祝い方をする理由となったのみでなく、誕生日をして個人が己れの地位や業績を同年輩仲間のそれとくらべ、測りうる、また、測るべき、人生行路の一里塚たらしめたのである。この章では、文化——目標や価値や行動様式の貯えである文化——それは一般の人々の年齢に対する心的姿勢にも明示されるのだが——その文化の考察を試みたい。

## 年齢意識の向上

一九一九年に『アメリカン・マガジン』誌は、スポンサーとなり、「私にとって最も望ましい年齢」という表題のエッセイのコンテストを催した。こんなコンテストがなされること自体意義深い。当時アメリカ社会に年齢意識が強く浸透したことを示すからである。等しく意義深いのは、この年の最終号に掲載された入選作品の内容である。一等はR・Bのエッセイ「七十三の時の人生」に与えられた。筆者は老年期の特徴を快活に受容するだけでなく、他の人生の諸々の時期の年齢規範的特質も容認する。「期限を限ることなく」七十三に留まっていたいと彼女は自信をもって言う。七十三は老齢で見た目も老けているのを承知しているが、老年期は、難儀で厄介な時ではなく安らかな時。青春期は歓楽も多いが落とし穴も多く、「中年期は嵐の時期」、とくに母である女性にとってそうである。「老年期は気持のよい安らかな、嵐の後の凪の時期」と彼女は述べる。(4)

二等はM・M・Rの「二十一の若者から」が獲得した。自分よりずっと多くの体験をもち、人生を遙かに享受できるように思える五十歳の友人を、彼は羨ましく思う。また、女性と同伴して自分より寛いでいられ、他人の成功を歓ぶことができ、死を恐がらぬことにも羨望を覚える、というのである。

終わりにきてその「友」とは自分の父であると打ち明ける。(5)これは父親への感謝の歌《ビーオン》みたいなものだが、それでも、世代間の違いと、年齢と相関する特徴に対する鋭い認識を明示してはいる。

三等はV・M・Mが「十四に留まっていたい理由」というエッセイで獲得する。邪気のない思春期の夢と怖れを記したこの作品には年齢規範はごくわずかしか入っていない。十四歳は夢や大望の時、と彼女は認める。よしそれらが将来実ることなく、幻の如く消え失せようと、なお自分は熱愛する、と彼女は記す。また、同じ年の男の子たちが嫌いで、親しく交際しなければいけない（同輩集団づきあい）のではないかと懸念する。一番好きなことは、先生やお気に入りの映画スター、マダム・ナジイモヴァについて夢想することであった。締めくくりは、ずっと十四歳でいたい、「年とって歯無しになりたくないし」、面倒みてもらうために「孫たちに家に居てもらわねばならない」のは嫌、というものであった。(6)想像するに、この危惧は、自分の家族の現実の状況に由来したために風変わりなものになったと思われる。とはいえ、若さと老いについての型にはまった考え方は、十九世紀以前にもあったけれど、この時代の文化の中で次第に支配的なものになる、若さと老いの区別の意識と、世代間の亀裂とに光を当てるものがある。

さまざまなかたちで一般マスコミの記事には年齢意識が表出した。『リヴィング・エイジ』、『レディーズ・ホーム・ジャーナル』といった類のものは、育児に関する常設のアドバイス欄を設けていて、幼年期の中の幾つかの段階の定義とか、子供の年齢と相関する心理的、知的欲求の満たし方、といった記事を載せていた。何歳まで幼児として扱うべきか、「広い世間に出す」のは何歳が適切か、といった事柄が自称専門家が一貫して関心を払った問題であった。

これまでのものに見られぬ詳細さで若い頃の年齢に見合った出来事や価値観を記した自伝や回想録（とくに女性のそれ）が、多く世に出た。著者が特定の年齢をもち出す仕方には主に二通りある。一つは、年齢は道標で、人生の出来事や業績を年代順に記す手だてとしてである。「初めて誰それに出会ったのは八つの時」とか、「母を亡くしたのは私が二十二、弟が十八の時」といった文句が普通にでてくる。[7] こうした言及は二十世紀になって始まったものではないが、これまでより相当多くなった、と思われる。第二に、自己の成長を分類し、同輩仲間と自己を比較する規範として持ちだされる。こうしてある筆者は、幼年期の最も鮮明な記憶の一つは、十三の時「年齢のわりにのっぽだった」[8] ことと記している。ある回想記では、十六から十八の生徒対象の特別ダンス教室を回顧し、「いわゆる自意識的年頃であり、服装やダンスの望ましいパートナーについて意識過剰であったこと、同じ年頃の男の子が自分たちよりずっと子供っぽいのを意識していた[9]」と記している。記された内容は執筆時より何年も以前の事柄なのだが、ほとんど無意識的に年齢に言及する仕方に、執筆者をとり囲む文化のもつ、その時代の規範や言葉遣いが顕われ出ている。

今世紀初めの三十年間に若者の文化が誕生したこともあり、大衆目あての出版物は、成人初期の人々に格別の関心を向けた。一般人対象の著述家は、家庭や職場での生活から性的関心や結婚に至るまで、さまざまな話題について思案をめぐらし、頭をしぼり、物を書いた。若者と成人の区別に執拗なまでに囚われている人々もいた。たとえば、ある自称専門家は「二十五の人と十七の少年とは対等の間柄で接することはできない」と主張した。「平均的少年の年齢は、正確に言うと十六歳と二か月である」（この厳密さは二十世紀に入るまでは稀である）と算定して彼はこう警告する。少年は大人の価値観を身につけると、青春期を時期尚早に終えることになる。また、いつまでも十六歳に留まっていられると思う者は、いずれ自分の品位を落とすのが落ちだ、と。そして、十八か十九でむしろ少年意識から脱皮し、「世の中の自分の持ち場を受け持つ」ことを勧める。著者に言わせると、適切な振る舞い方を決定的に教えてくれるものとして、年齢は役立つものなのであった[10]。

日記や伝記を遺した女性たちは、少女から大人の女への移行期に経験した、年齢相応の社会的、心理的変化に話が及ぶと格別に思索的な筆づかいを示している。ニューヨークのユニテリアン派の牧師の娘で、好評を博したエッセイストであったメイベル・オズグッド・ライトは、一九二〇年代の展望から筆を起こし、予期されるように、自分の人生は十代の終焉と共にはっきり変わった、と回想する。「十九では、人はただ生きていることに満足している。鋭い歯でむさぼるように熟した人生の果実に噛みつき、美味な果汁が喉をうるおすがままにさせる。……しかし二十歳《はたち》では果実の味わいと特徴をもうちょっと考え、次に何を食べられるか考える[11]」。そう感慨をこめて彼女は記している。次の一年はさらに重要な年であった。一章丸ごと「二十一歳」にあてて、ライトはこんな風に述べる、「二十一歳以外の歳なら、どの歳も想像または空想の中で生き直すことができる。二十一歳だけは別です。それは再構築の歳で、この一年間にそれ以前の全て、それ以後の全てが、終わり、再生したのです[12]」。二十一歳が彼女にとり人生の分岐点となったのは、その年好きな叔母が亡くなったことに、幾分かは原因するが、ここで意義深いのは、人生の評価づけを特定の年齢と関連づけようとした点である。

二十世紀初期の年齢意識と大人の女への移行期の意識の最も生彩ある記録を遺したものの一つに、ワンダ・ギャグの鋭敏で内省的な日記がある。後に『ハーパーズ・バザール』（月刊ファッション雑誌）専属の、著名なファッション挿絵画家となった彼女は、一九〇八年から一七年にかけて、彼女が十代から二十代初めまでの十年間、ミネソタで寄宿学校と美術学校に通っていた頃つけていた日記を遺している。個人的な経験を年代順に記すのみならず、それを土台に彼女はしばしば自己の成長について思い巡らす。そのさい大抵年齢に言及し、同輩仲間と比較し、それは道標の役を果たしている。

肉体的成熟と性的目覚めが彼女に強い自己反省をさせる。一九一四年、二十一の春に、子供であると同時に女であるための肉体的、精神的緊張に対する懸念の気持を数か所記している。学友ポーラ・ハーシェルを訪ねた時、この同い年の友との比較をしてみたい気持になる。ポーラという鏡に映った自分を彼女は点検する。

私はとても子供のようだ。アーマンド［最初の恋人］が、私と話していて一人前の女を感じないのは不思議じゃない。だけどこういうことは知っている。実際以上に自分は子供っぽく見えるのだ。私の魂、心、精神は落ち着いているのだが、身体はそうじゃない。肉体はただの二十一歳にすぎず、心と魂はもっと大人になっているのだ。(13)

二、三日後にはもっと苛立ちを覚える、

ポーラは私より女になってると思ってるが、そうは思わない。私の方が子供っぽいのは本当だけど、彼女の方が女として成熟してるなんて、認めない。(14)

また、異性とのロマンス、性的交渉に関し自分が同輩仲間の中でどういう位置にいるかを、強く意識する。どれだけ「女であるか」に関する苛立ちの念から、次のように締めくくる。

恋愛に関する限り私の成績はかなりいい線いってると思う。最近会った同じ年頃（二十一歳）の女の子は、ほとんど皆一度か二度、中には三度の婚約の経験をしていた。たとえば、ニーナは三回した。メアリーは今三度目の婚約中だ。たいした面倒なしに二度婚約することはできたと思う。婚約しないでいる方が、実際、もっと苦労がいったのだ。[15]

男の子にどこまで許すか、をポーラと話していて、三度男の子が肩に手を回したことと、手を握ったことを思い返しこう記す、「身体に手を回されるのを、二十歳前に経験するのは、誰にもよくあることじゃないのを思うと、私の恋愛の記録はかなりいい方なのだ」。[16]三年後、画学生仲間の一人が彼女に最初のロマンチックなキスをし、自分に自信を与える自己努力も解消する。「とうとうやったわ」そう日記に打ち明ける、「自分の身に起こるとは知ってたけど、こんなにすぐにとは予期しなかった」。二十四の時、キスの体験を友だちに話したものか戸惑うが、きまり悪さから黙っている。[17]日記の信憑性はここでは問題でない。年齢と個人的体験の繋がりに関する彼女の過敏な意識は、これまでのどの時代のアメリカ人にも見られぬ鋭い年齢意識の顕われなのである。

一八九〇年代このかた規範の手引き書に記されてきた結婚のスケジュールの規範は、今世紀初めの三十年間、多くの著述家の心にあった（3章参照）。ジャーナリストや日記の著者が、「早すぎる」結婚、「遅すぎる」結婚という落とし穴について話題にする時、結婚の文化的年齢規範をしばしば口にした。結婚への言及はほとんど皆具体的に年齢を含んでいた。一九〇九年に『レディーズ・ホーム・ジャーナル』のある筆者は、二十二歳前に結婚するのはよくないと警告した。十五から二十歳の若者に普通の「幼な恋」は、真実の恋の真似事にすぎぬから、というのである。[18] あるキャリア・ウーマンは三十歳で「遅すぎた」婚約をした時、家族がわざとらしい親切さで自分を遇する、とこぼした。「三十でなく二十歳で婚約したら、素敵な人生の扉をくぐったということになったのでしょう」とぼやいている。[19] 十七歳のある女性は、十六歳で駆け落ちし恋人と一緒になった二十二の姉の家を訪れた時の有様を書き留めた。姉を見て「ちょっと嫌な気持がした」、「ギャーギャー泣く子供たちで一杯の家に暮している。少なくとも三十に見える。私より五つ歳上にすぎないのに」。姉は言う、「結婚するには若すぎたの。事がまずくはこんで、ママとパパはやめろと言ったわ、アーサーとあたしは駆け落ちして一緒になったの……でも、今の私を見てよ！　二十二でおばあちゃんみたいだわ。一緒になることには二の足を踏むべきだったのよ、騙されて幸せな娘時代を終えちゃったの[20]」。

早すぎた結婚に関するこの種の悔恨の記事の一方で、長過ぎる逡巡の過ちを諫めるものも多くみられた。一九二七年出版の『健全なる結婚』の執筆者は、理の通らぬ用心深さは、若さゆえの短兵急同様に、危険であると説く。

> 性急な結婚の危険性に関しとやかく言われ過ぎているため、若い人が慎重すぎることもある、という等しく重要な事実がとかく看過されがちである。向うみずな振る舞いの歳月のすぐ後に、

用心し過ぎの歳月が来る。そういう時期は二十代後半に来やすい。三十に近づくと結婚を考える前に、成し遂げておくべき条件を恣意的に創りだすのは容易なことだ。その結果、家庭づくりという冒険に乗り気になれぬ若者は、結婚しないでしばしば終わることになる。[21]

一九二〇年代、もろもろの分野の専門家が結婚適齢期の年齢を決めるのに多大の関心を払った。健康問題に熱心な反体制派の出版業者バーナー・マクファーデンですら、良き伴侶を求めるある若い女性の匿名の手記『私の結婚大作戦』の出版を引きうけた時、この問題は小さからぬ関心事であった。その序文で彼は「この本は結婚の適切な準備として何をすべきか」を示唆する意図で記された、と述べている。モリーと名のる著者は、丸一章「結婚の潮時」にあてる。十六の時、結婚の話をしようとするたびに母は、「お前の歳でそんなこと考えてはいけません」と、強く自分を戒めた。そう彼女は記している。四年後、二十の時、独り身のため周囲と歩調が合わない気がする。そして「母が私に、もう嫁にいってていい時です、とはっきり言う、『あたしのどこが問題なのだろう、と自問する』[22]」そう彼女は不平を洩らしている。年齢規範や後ろめたさの意識のこうした明らさまな表白は、成人初期の人々へのある種の文化的圧迫を物語っている。

一般大衆相手の著述家は、一八八〇年代から結婚に特別の年齢規範を結びつけてきていたが、中年期と関連する年齢意識を口にするようになるのは、今世紀初めになってからである。たとえば一九〇八年に『リヴィング・エイジ』で、ある筆者は「三十代前半の人」はやがて四十ともなれば、仕事の世界では年齢がいき過ぎで、敬意を払われなくなるだろう、と嘆いている。若さを尊重することは

「若くない人々の働き場所が減ることだ[23]」と彼は言う。また、具体的な年齢を引きあいに出し、中年時代を振り返る人々もいたが、それは一世代前にはほとんどみられなかったことであった。一九一九年、五十歳の誕生日を迎えた人気作家エリス・パーカー・バトラーは「二十では私の人生は熱い冒険、三十では解決を要する問題、四十では骨折り仕事、五十では楽しめそうな旅[24]」と記した。中年期の評価づけはまったく新しいものとは言えないが、具体的な年齢をあげた物言いは新しいものであった。

広告主たちはいち早く成人のもつ年齢意識を宣伝にもりこんだ。際立った一例は、ニューヨークのデンティノル・アンド・ピィオルホサイド会社が雑誌に載せた歯槽膿漏予防用歯磨きの宣伝文句である。「おいくつですか?」という肉太活字の刺激的な見出しの後、こう続く、

六十歳以上の　　歯を全て失くしてませんか
五十歳以上の　　歯を何本か失くしてませんか
四十歳以上の　**あなた**　歯が何本かぐらついてませんか
三十歳以上の　　歯茎が痛んだり、出血したり、後退したりしてませんか
あなたの口、歯、歯茎をちょっとよくご覧ください。そしてあなたのお歳をお考えください。

もちろん、この会社は、この時代に成人が持ち始めた年齢相応の身体の健康度に関する観念を利用し、製品の売りこみを狙ったのである[25]。

こうした観念は、一九一〇年代、二〇年代に頻繁に取り上げられた論題である老年期に関する一般

向けの書物や記事から、世間に徐々に広まっていた。初老期の年齢規範を崩す方法を考えることで、いかにそれが普及しているかを示した人々もいた。オハイオ州のヤングスタウンの現役で働く七十八歳の実業家、ジョセフ・C・バトラーの人物紹介記で、ジャーナリストのウィリアム・ブルース・ハートは、一九一九年に記している、「人間は四十五歳くらいが一番の働き盛りだと多くの人は信じている。五十の人は片足を墓に入れ、六十ともなれば、葬儀屋の世話になるのをうまく逃げおおせているにすぎぬと人々は確信している」。効果を狙いハートはほしいままに誇張した言い方をしているが、それでも具体的な年齢階層をもちだしているのは意味深い。ハートはその紹介記をこう結ぶ。「あい似た年齢の老人が杖をつき、頼りなく歩いているのに、高齢の身に稀な重責を負うバトラー氏の健康を維持する能力に、人は驚嘆の念を禁じえない」[26]。

猫をけとばす拍子に怪我をし、寄る年波の衰えを自覚させられた顚末を記した者もいる。掛りつけの医者が言う、「病身でなければ四十までは体力は増し、四十から五十までは体力を維持し、それ以降は衰えていきます」。その最終段階に入ったのを不承不承認め、嘆息まじりに言う、「老齢は誰しも恐れるところのものだ。それは室内ばき、白い頰ひげ、松葉杖を連想させる」。老人の月並のイメージに自分も嵌ることのないようにと仕事に熱を入れ、物事を楽天的に考え、身づくろいを凝らし、なしうる限りのことをしようと心に決める。だが医療専門家や開業医の言葉どおり、自己憐憫の諦めのうちに認めざるをえなくなる、「生活からどれ程の楽しみを見つけようと、巡礼の旅人である我々は疲れ、足は萎え痛み、歳月という嵐に打ちのめされる時が来る。そして、旅路の果てに宿を見つけ喜ぶのだ。その窓が薄暗くとも、冷ややかで沈黙の領するものなら、眠りにつくのにいっそうよいのだ[27]」。

老年に関する一般向けの記事につきもののテーマは孤立性と依存性であった。当時のいろいろな本や論説や物語を読むと、老人たちが自分たちはアメリカの社会の中で隔離されつつあるという意識を強めていったのが伝わってくる。老年を論じたものには、どことなく穏やかな諦念とほろ苦い愚痴のようなものがみられるのである。アイザーク・リオンベルガーは『六十の至福』の中で、同年輩の人々とともに、自分は憂き世の気苦労から解放される静謐な人生の時期に入ったと思う。「社会が小休みもなく、かつ一貫性もなく、失策から失策へ、実験から改善へ、揺れ動く様を不安感なしに見守っていられる。絶望もしないし愚かしい希望をもつこともしない、望み少なければ、怖れも少なくなる。死も私たちを脅えさせぬ、憂き世に長く生きて、死は邪悪なものであり得ぬと知っているから[28]」。そう彼は記している。女性解放論者《フェミニスト》メアリー・ヴォースは、老いた母の身になり代わって記した、その感動的で哀切な私記の中で、老齢のため活動的な家族生活から除け者扱いされる様を描いた。『老人の国』に深く入るほどに、世代間の隔絶の大きさがよく分かります」と、彼女は慨嘆する。「私たち老人は、最初は……子供に天の佑けを演じる存在ですが、おしまいは……子供の生活というドラマの中の亡霊のような存在となります。人は悲劇を喜劇に変えることはできないでしょう[29]」。

老人の孤立化はさまざまなニーズを生じさせた。プルーデンシャル保険会社の社長は、高齢者に避け難い他人への依存性、無力性に対する備えをしておくよう警告し、その主張を裏づけるために、ありのままの統計的数字を挙げてみせた、

二十五歳の健全な者百人のうち六十四人が六十五に達する。その内
富める者、一人
ゆとりある暮しの者、四人
自活する者、五人
友人または生活保護に依存する者、五十四人(30)

クラレンス・バディントン・ケランドの短篇小説『スキャターグッド（浪費家）、おばあちゃんに借金する』で、小さな町のお節介やき、スキャターグッド・ベインズは「ペニー（小銭）おばあちゃん」が幸せじゃないのを知る。「家族の者が彼女の白髪と皺を見つめ、おばあちゃんは生きることに興味を失くした、皆の足手まといになるだけなので、安んじて永遠の眠りにつくのを待っている、という見当違いの考え方をしている」からなのであった。彼女が本当に必要なのは自立することだ、と判断し、六十六の男やもめスパックルをみつけ、彼女に紹介する。二人はその内、結婚することに決める。すると、それにもその子供たちが、埋葬費用にあてる金を、二人は自活していくのに費やすことになる、といって反対する。永年蓄えた金を二人が投資して、詐欺師にふんだくられそうになると、スキャターグッドは仲に入り、いかさま師の裏をかき、元金プラス一万ドルを戻してあげ、二人が結婚するというハッピーエンドで話は終わる。感傷的でユーモラスなこの話は、社会的論評を意図したものではないが、老人の孤独性と老齢における経済的な自立の困難さを描出している。(31)

アメリカの大衆作家は、今世紀に入る相当以前から人生の諸々の時期を描写してきたが、具体的に

一つ一つ年齢を挙げたり、一九一〇年代、二〇年代までにはごく普通になった世代間の隔絶を意識して描写したりすることは稀であった。年齢規範の意識とその顕現とは、十九世紀末における人口統計学的発展と、制度上のもろもろの発達が合併して生じた同輩社会から結果したものであり、同時に、同輩社会をいっそう強固なものにしもした。細かな年齢別区分けの重視、年齢に基づいた社会的組織の形成の重視は、アメリカ人をして同輩仲間との比較を通し自己評価するようにさせたのみでなく、年齢という一里塚にこれまで以上の意義を置くようにさせたのである。こうした成り行きは、誕生日にかつてなかった重みと意味を持たせることとなり、誕生日は毎年恒例の行事の中で、一番大切な、とまではいかずとも、最も大切なものの一つとなった。

## 誕生日の祝賀

今世紀初め、作家で雑誌の編集長のマーガレット・サングスターは、アメリカの母親や妻たちに、一つの大切な責任を忘れぬように呼びかけた、「家庭でのお誕生日のお祝いを大切にしましょう」、「お誕生日は祝日にしましょう。お花や贈物をあげたり、ささやかなパーティを催し、家族みんなの歓びの日としましょう。決して迂闊にも気づかずに過ごしたり、平凡な一日のように過ごさぬようにしましょう。お誕生日はいつまでも人生行路の中の花輪で飾る一里塚としていきましょう」(32)。サングスターの熱のこもる語りかけは、誕生日がこれまで以上に丁寧に祝われるようになったこの時代の趨勢の反映であった。年齢を社会的地位や責任の明確な標《しるし》とみなす文化、年齢を自己および他人に対し自分を説明する資格をもつレッテルとみなす文化にあっては、ある年齢になったことを告げる日は、単なる個人的な祝日以上のものになる。年齢は自分自身による、自分の定義づけの不可欠の一部となる。

古代、中世、近世の西欧社会では、誕生日の祝賀は一般の通念に反し、慣例となっていたわけではない。実際、大々的にされるのは、現代にかなり入ってからのことなのである。[33]というのは、誕生日は何時何時《いついつ》と決まっているため、正確な暦ができるまでは毎年きちんと祝うのは不可能だったのである。正確な暦は古代メソポタミアとエジプトで完成されたと思われる。加えて、現代に入るまで、文字を読めぬ人が多く、暦があっても誕生日をそれと知りようがなかったのである。さらに、公式の誕生日の日付の記録は、とられたりとられなかったりであった。古代社会では誕生日の記録は重要であった。とくに貴族にとっては星占いの必要上、重要な意味をもっていた。古代エジプト人、ギリシア人、ローマ人は王族や国家枢要の地位の人々の誕生日は祝ったが、一般人が自己の誕生日を知っていたことはありそうにない。[34]古代社会が（税徴収のため）財産や人間の登録調査をする慣行を廃した時、誕生日の記録もとられなくなった。唯一の例外は、結婚契約や結婚持参金が重い意義をもつ家族の場合であった。十二世紀頃になり、教区の司祭が広く一般人の正確な誕生の日付の記録調査をとるのを復活させたのであった。[35]

宗教改革がなされる前は、誕生日を知っていても、貴族を除き、祝賀することはめったになかった。キリスト教会は、そんなことは異教徒のすることで、キリスト教に改宗する前の瀆神的な慣行とみなしたからである。個人として、家族として遵守されてきた点でもっと意義をもつのは命名日であった。

洗礼式で子供は自分を庇護する存在となる守護聖人の名前をつけてもらった。個人は自分の名が由来する聖人の日を毎年祝日としたのである。[36] ローマ・カトリック教徒の間では、命名日は今世紀に入っても大切な意味を保持し、お祝いをしたり、贈り物をする慣行が続いた。たとえば、一九一一年にあるポーランドの農夫は、アメリカにいる父親に命名日の贈り物を感謝するこんな手紙を出している。「命名日お祝いの三ブール同封のお便り受けとりました。お父さん、本当に有難うございます[37]」。けれども、本来命名日は個々人の年齢とか誕生を祝う日ではなかった。昇任とか栄転のような個人的事情があるにせよ、個人とは独立して存在する守護聖人のためにあるものであった。

近世に入る前に広く認識されていた唯一の誕生日は、キリスト教の神の子の誕生日、クリスマスであった。その誕生日すら、少なくとも中世では、幼な児イエスの洗礼の祝典である十二夜ほど重い意味をもっていなかった。現代の誕生日の祝賀の前例となったと推測されるものは、この十二夜の祝典である。この日の催しでは、いろいろ楽しい活動や贈り物の交換がなされ、ケーキやお菓子を食べたり、ろうそくを灯したりした。ドイツでは、東方の三博士の来訪とキリストの異邦人に対する顕現の記念日でもある十二夜の公現祭は、楽しい家族の祝賀から発展して、キンダーフェストという子供たちの祝祭日となった。十九世紀になり、英国のヴィクトリア女王は、おそらくドイツの先例を引きあいにだし、キンダーフェストを自分の子供たちの誕生の祝典を催す日とし、広く世の人々が子供の誕生を祝う範を示した[38]。

宗教改革以後王族の人々の誕生日を祝賀する慣行が復活し、現代の慣行のもう一つのモデルとなった。とくに良く知られているのは、英国王チャールズ二世が、一六六〇年五月二十九日に催した十三回めの誕生日の祝賀である。この日は君主政治の復活とオリバー・クロムウェルの清教徒統治の終焉を印しづけた日でもある[39]。それから一世紀後、建国して間もない合衆国で、ジョージ・ワシントンの誕生日を祝いたい気持が人々に広まり、そのため、ヨーロッパの慣習の踏襲を気づかって、気をもんだ愛国者たちもいた。一八一九年ワシントンの誕生日が近づくとトマス・ジェファーソンは、ジェイムズ・マディソン宛ての書簡にこう記した、「盛大な舞踏会が、二十二日に当地（フィラデルフィア）で、また合衆国のその他の大きな都市で開催されよう。少なくとも細かな心遣いに欠けると言える。おそらく不穏な騒擾が数か所で惹起されるだろう。けれども私は、祝われてきたのはワシントン大統領の誕生日ではなく、ワシントン将軍のそれであったという、有益な結論をひきだすことはできるのだ[40]」。公式の祝典の催しをもつことは、ワシントンを王族とみなし始める第一歩になると危惧する理由がジェファーソンにはあった。ヴァレー・フォージ村（独立戦争時、ワシントンとその軍隊が立てこもった冬営陣地）の軍隊は、一七七八年、ワシントンの誕生日を祝う会を持ち始め、彼が大統領在任中、毎年その誕生日には称讃の辞を彼に呈上した。一七九九年彼が亡くなると、議会は彼の誕生日二月二十日を喪の日とした。大統領ジョン・アダムズは引き続きこの日を名誉の日として扱った。一八〇一年ジェファーソンが大統領になると、この慣例をとりやめにした。一八三二年まではワシントンの祝典は、年によりしたりされなかったりであったが、一八三二年の生誕百年記念祭は、祝典を再開するきっかけとなった。こうして二月二十二日は七月四日と並び、熱烈な愛国心のための日であるばかりでなく、誕生日を祝うことに新たに人々の関心を喚起させる日ともなった[41]。

南北戦争後誕生日を祝う慣行は、国民が敬愛する英雄の一人、アブラハム・リンカーンの記念日を創設させることになる。一団のリンカーン崇拝者が、一八六六年二月十二日に国会議事室で、最初の正式のリンカーン生誕記念祝典を挙行した。以来非公式の誕生日を祝う催しがアメリカ各地で行なわれ始めた。一八九一年、リンカーンの最初の副大統領を務めたハンニバル・ハムリンはニューヨークのリンカーン・クラブで演説し、リンカーンの誕生日を国の祝祭日とする提案をした。一八九二年にイリノイ州がその日を最初に法定の祭日とし、多くの州が二、三年の間にそのひそみに倣った。[42]同時に刊行されたカレンダーにはその他の名士たちの誕生日が載せられ始め、彼らの誕生日の公式の祝典が広く挙行されるようになったが、恒例にはならなかった。しかし、アメリカの文化の中で誕生日の観念のもつ重みをいっそう大きくした。

普通人の場合、今世紀になるまで誕生日はめったに祝われることはなかった。そんなことは大切なことと思われていなかったし、また誕生の記録は必ずしも正確でも、一貫してとられてもなく、自分の誕生日が不分明であることもあったからである。正確な誕生日の日付も含めての最初の広汎な公の調査がなされたのは、一八四五年のボストンの市勢調査で、レミュエル・シャタックがまとめた。その計画案には「男性一人一人の一番最後の誕生日における年齢」、「女性一人一人の一番最後の誕生日における年齢[43]」という項目があった。この問いは人々が正確な年齢と誕生日を認識しているとの仮定を前提とするが、シャタックは、一年一年でなく、五年幅の区分でデータを収集した。実際の誕生日を知らず、推測で答えるため、0《ゼロ》で終わる年齢と五で終わる年齢、つまり五年区分で一からげにし、年齢区分を最小限にしようとしたのである。

十九世紀中葉の日記や回想録を読むと、誕生日を知らぬか、知っていても記念するようなことは何もしなかったのが分かる。たとえば、カリフォルニアの禁酒運動家アンナ・リードは、一八六九年十二月十九日に二十歳の誕生日を迎え、日記に記している。「今日は私の誕生日、ウィル・ヴィンヤードと教会に行く[44]」。祝いの贈り物とかパーティとかの記載はない。諸々のパーティや舞踏会その他の祝賀会は記されていても、一八六三年の記載から始まるこの日記には、自分のであれ、他人のであれ、誕生日に触れた記述はない。祝うのが普通になった一九一九年の誕生日に、前の年思いがけず、催してもらった誕生日の晩餐会の回想文が出てくる[45]。

メアリー・カスティスとロバート・E・リーの五番目の子供、アグネス・リーの日記は、一八五二年から五八年にかけて、彼女が十代の頃の日記に、一度だけ誕生日の記載があるだけである。目を通すと誕生日が一般庶民にとって、ごく瑣末事であったのが分かる。一八五四年六月十八日アグネスはこう記す、「今日はアニー（妹）の誕生日、でも、彼女はそんなことすっかり忘れてると思う[46]」。自分の誕生日についての言及はない。カンザス州の教師フロー・メニンジャーは、一九三〇年代という時点から、遠く過ぎ去った一八六〇年代の年少の頃を振り返り、誕生日にも想いがいく、だが、クリスマスの祝典、感謝祭、そして、メーデーすらも念入りに記録しているが、誕生日の行事については何の記述もない。こんな風である、「五歳《いつつ》の誕生日に私はキルト用のパッチをほとんど三枚分仕上げた」、それだけで、アンナ・リードの場合と同様に、贈り物もパーティもない。誕生日は単に時の流れを測るだけのものであった[47]。ロティ・スパイクスは一八六〇年代、七〇年代のジョージア州での幼少時代を回顧した手記の中で、家族や社会の出来事について詳細に記録しているが、誕生日についてはまるで記載がない[48]。

十九世紀も進むにつれ、誕生日は一般人の意識や文化の中に、次第に重みを増してくる。パーティを催したり、ケーキを作ったりして（誕生日にケーキを焼くドイツの慣行からの借用である）祝うのは、子供を、青春後期の若者や大人と違う特別の存在とする、新しい思想に幾分かは原因する。(49) 一八七〇年代までに、エリートの子供たちの誕生日のパーティは、格別工夫を凝らしたものになる。メイベル・オズグッド・ライトは「一時に皆で坐ってとる昼食会、午後には手品、そしてとびっ切り楽しい犬まねごっこをして遊んだ(50)」と、ある誕生日会を想起している。友人や親戚の人の誕生日をメモする誕生日手帳が広く買われ、普及した。(51) 都市部の労働者階級の家族や、田舎のつましい暮らしの家族でも、パーティを開いたりケーキを食べたりするのが普通のことになった。(52) 誕生日を祝う諸々の通俗的しきたりも、十九世紀後期には一般的なものになっていたようだ。いつ始まったのか不明の信仰や慣行――たとえば、誕生日に尻を叩くと幸運がつく（あるいは「さらに善くなる」等々）とか、誕生日のケーキに灯るろうそくの火に願いをかけ、それがかなうよう口で吹き消すとか、ケーキにコイン、ボタン、指輪、指貫を置いて、未来を予言し、その一つ一つを手に取った人それぞれに、裕福、貧窮、結婚、独り身の運命がふりかかるよう命じるとかいったもの――は二十世紀初期には既に慣習的なものになっていたようだ。(53)

この頃の日記には、それ以前と異なり誕生日の記述が多く、まるで日記作者のためにある行事のように思えるくらいである。たとえば、ワンダ・ギャグは一九〇八年以降は自分のだけでなく、姉妹の誕生日についても記している。

十二月七日、木曜
十二月四日はデリー（妹）の誕生日だった。何もあげなかった。私たちには何かあげるだけの時間もお金もなかったのだ。たぶん、アスタとタシィ（姉妹）は数枚の絵かカードをこしらえてあげたのだろう。

五月二十五日、火曜（学校で）
昨日は赤ん坊（アスタ、一番下の妹）の誕生日。二つになり贈り物を二つもらう。

九月五日、日曜
晴れ。誕生日用手帳に十二枚絵を描く。手帳は人の名前や誕生日をメモするためのものに変わってきている。

十二月五日、日曜
昨日はデリーの誕生日。キャンディが買える五セント（彼女は皆と分けあわなければいけない）のほかに、紙人形のセット、数枚の布地、写生帳を彼女はもらった。

三月十日、木曜
セント・ポールの人たちが、明日、私の誕生日のお祝いにご馳走してくれる予定(54)。

ミシガン州のジャーナリストで第一次大戦中の平和運動家レーラ・ファイエ・セコーの書簡にも同様に、自分の家族の誕生日に関する冗長な記述がふんだんにでてくる[55]。誕生日そのものの記載や描写より意味をもつのは、誕生日を、個々人が自己を評価し、過去と現在の自分の経歴を評定し、不確かな未来を見透そうとする機会となしたことである。個人的スケジュール、同輩仲間との比較、なかんずく年齢規範がそうした省察には浸透していた。この慣行も、これまで全然見られなかったわけではない。とくに裕福な人々、教養のある人々の間ではそうであった。近代の早い頃に、内心の想念をうち明け、自己評価を記したものは、シャーロット・ブロンテに始まる。一八四七年の春、間近に迫った誕生日を彼女は憂鬱な気持で思う。「私は三十一になる……青春は夢のように去ってしまった。青春を役だてることなんてほとんど何もしなかったのだ。過去三十年間、いったい何をしただろうか？ごくごくわずかなことだけだ[56]」。十九世紀の終わりまでには、誕生日には年齢に想いを潜め感情の吐露を促されるのが普通になった。一八九三年十一月十日、二十五の誕生日にアリス・ウェストン・スミスは手紙にこう記している。

誕生日ですって？　最も秀れた人々やマルチン・ルター、シェリーにとってそうでなくとも、大方の人には概して肯定的なものでしょう。私はこのどちらかというと不愉快な日を選んで、騒がしい世界の有様を記す日としました。――考えてもみてください。私ははっきりと二十五になりました。当然のことに叔母のブーシイに「叔母というより、実際は同年輩の友」同情を求めます。叔母もその絶頂に達し、生き延びてるのですもの。あなたは一月十七日に確か、二十六になるのですね？（何しろ、あたし、記憶力が弱くなってるのよ）でも、二十六なんて四分の一世紀にくらべれば、児戯に等しいでしょう。(57)

年齢の一里塚について同じような怖れを覚えた若い女性がいた。「八月に十八になる。以前は十八の誕生日を心待ちにしたものなのに」と記している。「今のところ一つもプロポーズの当てはない――十八という年齢が他に何を私にもたらすというのだろう？　以前は十八になれば、望むことは何だってできると思っていたっけ。そんなの今では、お笑い草だわ(58)」。

誕生日のもつ人生の一里塚としての含蓄に対する女性の鋭敏な感受性の見本を提供するのは、ここでもまた、ワンダ・ギャグの日記である。一九一一年三月十一日、十八の誕生日に彼女は打ち明けている。

十八歳、分別ある十八歳――まあ、私が分別あるなんていったら、まったくの間違いだ。もちろん、三百六十五日愚かな十七歳でいた私に、一足とびに分別ある人間になれ、なんて無理だわ。でも、しばらくたてば、少しは分別がついてきそうな気がする。『歳とるにつれ、ましな人間になれるのを望むだけ』と言うけれど、心からそう願うわ。(59)

二年後の同じ日に、「ところで今日で二十歳。十代は終わった。何か有意義なことをし始める時(60)」と、書いている。二十三になった時の記載は、成長に伴う年齢規範の一般的評価が含まれたものであった、「一週間前に二十五になった。時に十七、時に二十五、そして時として七つの気持でいる自分が、二十三歳の女といえるだろうか？」[61]。詩人ポール・ローレンス・ダンバーの未亡人で、ジャーナリストであり女性解放論者である黒人の詩人アリス・ダンバー＝ネルソンは、自分の誕生日に、同様のテーマを含む言葉をよく記す人であった。一九二一年の日記にはこうある。「今朝ベッドに横たわっていて思った、『私は四十六だがまだ徒労に終わっている』と。四十六で成功してなかったら、大した成功は望めないというのはかなり確かなことだ」[62]。一九二七年には、「誕生日だ！　五十二になった。何ということ、そんなこと信じられようか？　気持は三十二ぐらいだし、見ためは四十二ぐらいなのに」。翌翌年の日記には、「誕生日だ！……五十四だ、気持は二十五、見ためは四十」。その翌年、「五十五だ！　何ということ、人生の復路をどんどん滑り下りていってるなんてことがあるだろうか！」[63]。

今世紀初めまでには誕生日は強く意識され、きまって祝われるようになった。それは年齢が歳月の締めくくりであると同時に、社会的地位の象徴となったことの反映である。年齢階層の梯子を経験にあてはめるのを特徴とする社会では、ある年齢になることは、人生行路の重要な目印となる。それは、社会的に明確な諸々の特徴、心的態度、行動をもつ層に入ることを意味する。こうして歳を重ねる過程は、以前よりパターン化した社会移動となり、人はこれまでと違う役割を受けもつのみでなく、これまでよりより大きな、または、小さな報酬を手にすることになる[64]。こうして誕生日は通過儀礼そのものとなり、祝う理由、自分の経歴とスケジュールを省察する理由を賦与したのである。

## バースデーカードの移り変わり

一九一〇年も早い頃、一見何ということもない一枚の絵はがきを、ウィルバー・A・シンプソン夫人は友人に出した。片面には、幾つかの花と弓、そして簡単に「ハッピー・バースデー」と記されてあった。もう片面には普通の筆跡で率直にこう記されていた、「何か目新しい言葉を記さないといけないとこだけど、それができないの。そこでただ私の願い、あなたの誕生日が全て幸せなものでありますように、とだけ記します」(65)。この絵葉書はその素朴さにもかかわらず、この時代のアメリカ文化の重要な趨勢を反映していた。第一にそれは、二十世紀初期における誕生日が持つ文化的意義と一般の人々がもつ誕生日を祝いたい衝動を例証している。第二に誕生日の祝賀を商業ベースの企てにのせるのを思いつかせる例である。そして第三にプライベートで個人的なメッセージであったのが、ひとまとめに箱につめられ、規格化されたメッセージに変わること、つまり誕生日産業の誕生を印しづけていること、である。年齢意識はここまできて、それと明白に分かる発展段階に達したのである。

バースデーカードを人に送るしきたり、さらにまた、どんな種類であれ挨拶状を互いに交換するしきたりは、比較的近年になり出来上ったようだ。ある歴史家の説によると、現代やりとりされている挨拶状の最初のものはクリスマスカードで、一八四〇年代に英国で始まったとのことである(66)。それから間もなくアメリカの印刷業者と石版工が、ボストンのルイ・プラン社でクリスマスカードの製造を始め、事業は格別の成功を収めるようになる(67)。一八七〇年代、八〇年代までに、カードと同じ図案

――小鳥、花、子供たち、田園風景――を使い、見出しと本文の文句をクリスマスその他の挨拶状のものではなく、誕生日にふさわしいものに代え、市場に出し始めた。発売当初記されていたメッセージは素朴な詩の形のもので、たとえば、

　君の誕生日が巡りくるたびに
　この世の歓び全てに恵まれた
　君でありますよう

あるいはもう少し練られた（そして感傷的な）もの

　一年をまとめたら
　希望したり、怖れたり
　喜んだり、哀しんだり
　生涯をまとめたら、
　働く時と祈る時
　お休みなさい、さようなら(68)

バースデーカードの一番ありきたりのものは、小型の葉書のかたちのものであった。一八九八年に

郵政公社が公認すると、さまざまなタイプの葉書が広く出廻るようになる。誕生日用の葉書は大抵、片面は宛名と私信を記す白紙、もう片面は、花、田園風景、小鳥といった挿絵に、短いメッセージか「お誕生日おめでとう《バースデー・グリーティングズ》」といった簡単な文句が記されたものであった。

一九一〇年代までにアメリカの出版社は誕生日専用のカードを造り始めた。単にクリスマスカードを改良したものではなく、郵便葉書に代えて二つ折りで、版画入りのものを出し始めたのである。ある企業家が誕生日のカードも含めてあらゆるカードの製造と販売を、新しい成長産業にする手助けをした。ジョイス・クライド・ホールは一九一〇年にカンザス・シティでその事業を始め、近隣の地域社会のドラッグストアへ通信販売制で郵便葉書を売りだした。葉書には大抵誕生日のメッセージ、ないし激励か祝詞が記されていた。一九一三年にホールは目方の軽い三つ折りや四つ折りのヴァレンタインデーの「挨拶状」、しばしば紙のレースで縁どりされた「引出し方式のもの」や「亀甲模様のもの」を市場に売り出し始めた。同じ年、ホールは小売店を出し、カード類のほかにギフト商品や文房具類も扱った。それから二、三年の内にヴァレンタインカードと同じ型のクリスマスカード、イースターカード、バースデーカードの販売を彼は始めた。一九一五年、クリスマスカードを最も多量に供給してくれていた出版社が廃業すると、ホールはダイ印刷機を数台購入し、自ら製造を手がけた。アメリカの第一次大戦への参戦はバースデーカード産業に、大きな弾みとなった。海外に出征している兵士に家族や友人たちは、誕生日の挨拶状を送ろうとして、ホール社その他のバースデーカードは、大変な売れ行きとなった。一九二〇年までに復活祭の日、母の日、父の日、万聖節《ハロウィーン》、感謝祭の日それぞれのカードに対する需要の増大も、ホールはうまく利用した。(69) ホールマーク社カードは、宗教的な祭日も世俗的な祭日も、大儲けするきっかけとなしたのである。

アメリカ文化の中で、バースデーカードが、生活の彩りとして一般の暮しに根を下ろしたのは、十九世紀における年齢意識の慣習化の反映である。また、バースデーカードの内容の移り変わりをみると、アメリカ人の誕生日の捉え方の洗練化、および誕生日の祝賀が次第に大切な行事と認識されるようになっていったのが分かる。最初の頃のバースデーカードに最もありきたりのメッセージは、相手の健康と幸せな長寿を願うものであった。はやりすたりのない「末長く幸せなお誕生日を迎えられ《メニー・ハッピー・リターンズ・オブ・》ますよう《ザ・ディ》」はその典型である。この文句、それを縮めた「末長く幸せなお誕生日を《メニー・ハッピー・リターンズ》」、および同工異曲のものが、一八七〇年代、八〇年代のバースデーカードによく使われた(70)。これまでのつながない人生をことほぐ一里塚としてより、バラ色の未来を期待する日として誕生日を捉えるのである。こうして「末長く幸せなお誕生日を」という文句は、誕生日に一種重みを与え、年齢意識を助長するものがあるが、そこに含意された未来志向性は後々のバースデーカードのように個々の誕生日に強く注意を喚起させるものではなかった。

一八八〇年代半ば頃、バースデーカードのメッセージは、祝される人の未来の事柄から今のそれに、そして年齢を含みもつ文句に変わっていった。「末長く幸せなお誕生日を」の代わりに「この日を迎えられおめでとう」といった言葉が入るようになる。一九〇〇年代初めには、焦点がはっきり記されるようになった。感傷的な格言風の文句を含むものの代わりに、洒落をとばして穏やかに相手を鼓舞するメッセージ――ある年齢になったこと、また誕生日の到来それ自体を強調することになるが――を記すカードが多くなった。一九〇八年に出たあるバースデーカードにはこうある。「今日は君の誕生日、幸多からんことを、君は人生の一里塚を通過しているのです」[71]（傍点筆者）。一九二〇年代から発売され、人気のある或るホールマークのカードは、さらに凝っている。

イギリス国王も
大統領夫人も
君も、ぼくも
誰も彼もが迎えるのさ
悩むことなんかない
生きてる限り迎えるのさ
お誕生日おめでとう！[72]

また、あるバースデーカードは冗談っぽく相手の歳を誰にも言わぬと請けあって、強い年齢意識がすけてみえるものとなっている。

元気を出して
君の歳は
内緒にしとこう
ぼくの誕生日にも

君がそうしてくれるなら(73)

「外見《みため》と同様にいつまでも君が若い気持でいますように」といったメッセージは、社会のもつ若さ意識の反映だが、誕生日は年をとっていく厄介な過程の象徴であるとする、厳しい認識を示すメッセージもある。

また誕生日？　そりゃお気の毒
ちょっとふらふらよろよろする気持だって？
体もこわばり、節々も痛むって？
全体的にがたつき、きしむだって？
眼もかすみ加減で、弱くなったって？
お気の毒なことだ、歳なんだよ！
時の翁にゃ敵わんのさ(74)

一九二〇年代後半に特定の年齢に達したことを祝うカードが発売され始めた。大抵は子供の誕生日用のもので、最も一般的なものは、一歳の誕生日のものであった。一九二九年ホールマーク社の最も売れ行きの良かったカードに、「君は十二歳だ！　お誕生日おめでとう」というメッセージのものがあった。翌年ホールマーク社は二歳から十二歳まで、各歳《とし》用の一連のカードを発売した。その他のカードは各年齢の特性を強調したものであった。「二十一歳だ！　おめでとう！」という表題のホールマークカードにはこうある。

君はもう好きなやり方で
好きなことができる！
ゆったり構えていられる
一人前の大人なのだ
君に沢山の歓びがありますよう
そして百一歳になっても
元気で活動していますように！(75)

中年期以降の人々用の誕生日カードは、表題もメッセージも具体的な年齢に言及しはしないが、一九二〇年代に発売されたものに特定の段階の人々向けのがあり、人生行路の年齢階層別区分化を反映している。たとえば、「人生の秋に迎える誕生日」と題する、一九二六年に出たホールマークカードには、

幾歳月《いくとし》の
黄金《こがね》色の想い出も豊穣な

君の人生の美《うま》し秋
一日一日が佳き日でありますよう
お誕生日おめでとう[76]

とある。同時に、ホールマーク社もその他の会社も、家族の中の未成年者以外の成員、たとえば「ママ」や「パパ」、「おばあちゃん」、「おじいちゃん」用のカードを出し始めた。さらにまたホールマーク社は、カクテル用のナプキンに誕生日のメッセージを載せ始め、誕生日の祝賀に彩りを添える小道具類の数を増やした。

バースデーカード産業は、大戦後各社が特定の年齢ごとの誕生カードを毎年ふんだんに出し始め、めざましく伸びた。一九四〇年代後半ホールマーク社は、誕生日を迎えた高齢の人用の一連のカードを発行し、六十代、七十代、八十代、さらには九十代の人々宛のメッセージが載せられていた[77]。一九五〇年にホールマーク社は「人生は四十歳から」と、次のメッセージを載せたバースデーカードを出した。

今日の誕生日はまったく特別
なんといっても
二十一歳は人生で
とびっ切り大切な時なのです[78]
（傍点筆者）

一九五〇年代に各社は「スタジオ」カード（イラストつきの、凝った意匠のカード。デザイナーのスタジオで作られるところからこう呼ばれた）を売り出し始めた。ユーモラスなテーマやメッセージに盛りこまれた年齢へのからかいは、さらに極端な年齢意識の一つの顕われといえよう。たとえば一九五六年の一枚のカードには鞍をつけた馬の絵が載り、「何、たったの二十九歳の誕生日だって？　鞍から降りてくれたまえ」といっている。一九五九年のあるカードでは年齢を気にするコメディアン、ジャック・ベニーの写真が載り、そのセリフは、「いつまでも若くいられる方法——年齢をごまかしていることさ(79)」というものであった。

かくして二十世紀半ばにはバースデーカード産業は大いに繁昌し、アーネスト・ダッドリー・チェイスの予言どおりになった。彼は一九二六年にバースデーカードの売れ行きはじきにクリスマスカードのそれに匹敵するようになる、「誰でも年に一度誕生日があり、次第に多くの人がその日付けを心に留め置くようになろうから(80)」と言った。誕生日の祝賀、日記、マスメディアその他全てがそれぞれに、年齢と年齢規範が一般の人々の意識に顕著に根を下ろしていったのを反映していた。これが、ヒル姉妹の『お誕生日おめでとう《ハッピー・バースデー・トゥ・ユー》』を、広く一般に二十世紀のアメリカ的文化を象徴するものとして認識させることを可能にした環境であった。

# 7 アメリカのポピュラー音楽にみられる年齢意識

『ジャスト・ワン・ガール』は初めて聴くと、一八九〇年代に流行った数多《あまた》の恋の歌に似ているが、長い期間うたわれ続けた。一八九八年に世に出、一九五三年まで人々に愛唱されたのである。この年ミュージカル映画『銀色の月影の下に《バイ・ザ・ライト・オブ・ザ・シルバリー・ムーン》』の中でゴードン・マクレーがこの歌をうたった。恋する若者は、「毎朝早く」、「恋人《スイート・ガール》」と一緒に仕事場にてくてく歩いて行く、とうたい始める。若い娘が仕事に就いていること自体興味深い。十九世紀後半の一つの重要な経済的風潮を示しているからである。だが、それは今取り上げているテーマとは関わりがない。この歌を独特のものにしているのは二番の歌詞で、これまでの章で扱ってきた事柄と関わりをもっている。

結ばれていい年頃なのさ
あの娘《こ》とぼくは
あの娘《こ》十八、ぼく直《じ》き二十《はたち》
お金はないけど

何でもないさ
楽しくやっていけるのさ
二人っきりの愛の巣だもの(1)

この素朴な歌詞には、明瞭な年齢言及と年齢規範の提示があり、この二つは、この歌をヒットさせた、当時の社会の昂揚した年齢意識を反映したものである。

『ジャスト・ワン・ガール』は、十九世紀後半以降アメリカ人の暮しを包みこんでいく、発展する大衆文化の、小さな構成分子であった。大衆文化という言葉は、現代ではさまざまな形式の芸術、工芸品や装飾品、一般の視聴者や読者目当てのメディアの産物を指す。大衆文化は純文化とは異なる、純文化は高い社会的地位・身分そして大衆受けより個性的表現に、関心を払う芸術家と結びつけて考えられる。大衆文化はまた、民俗文化とも異なる。民俗文化の産み手は、民俗文化の視聴者の一員であると同時に、その媒介者であると考えられる(2)。大衆文化は純文化や民俗文化以上に売れ行きを念頭において作られ、金銭的収益があがるよう一般庶民の感情を刺激し嗜好に合うよう作られる。こうして現代の大衆文化の特徴をなす要素は娯楽性と同一視される。一般大衆から成る聴衆や読者に訴えるこうした「芸術家《アーティスト》たち」は、俗悪な嗜好をたくみに操っているといって非難されてきたが、大衆の価値基準に応えることをしないなら、金銭的利益という目的は達しえないのである。

大衆文化の持つ要素の多くは、十九世紀と二十世紀初期における各時期の、変遷する価値と特色を体現していた。これらには、新聞、雑誌、低俗小説、写真、ファッション、時事風刺漫画、その他の大衆芸術、すなわち玩具、寄席演芸、大衆演劇、映画があった。しばしば等閑視される、歴史的知識の情報源たるポピュラー音楽は、流行の風潮や嗜好を映し出す。大量生産される必需品としての歌が、ヒットするには幅広い聴衆に訴える必要があり、また、時代の価値観を盛り込んでいる必要があった。作詞家は気取らぬ、素朴でさえある言葉遣いでそうした価値観を表現しがちだが、彼らの流儀は、人々が世の基本的真実であると概して信じるものを直接的に言葉にするというものである。明白で、むき出しで、偽りないポピュラーソングの歌詞は、時期時期の雰囲気にマッチし、風潮や規範の変化に応じ自らも変化した。ポピュラー音楽が昔も今も人気があるのは、そんな特質のためなのである(3)。

## 一八八〇年以前の歌――時代ではなく、時期時期の情操

異論もあろうが、今ある形のポピュラー音楽は十九世紀後半までは存在しなかったといえよう。商業ベースの歌の魅力は、マスコミ文化と視聴者を抜きにしてはありえぬが、それらはその頃までは、まだ体を成していなかったからである。十九世紀初めと半ば頃作詞され愛唱された歌は、主に民俗音楽に類別できよう。技巧上はその資格を欠くが、現代のポピュラー音楽の前身といえる。この結論にはしかし、二つの反論が挙がる。第一に、連邦著作権法が制定され歌詞や曲が保護されるようになる一八三〇年代という早い時期に、商業的出版会社は大量需要を当てこんで作られたシートミュージック(綴じてない一枚刷りの楽譜)を出版していた。各地の都市に住む作曲家たちは、家族やグループでうたえる単純な歌詞と曲をぞくぞくと創っていたのである。シートミュージックは、歌詞と旋律のためだけでなく、

美術品としても購入された。カリアー・アイヴズ工房の石版画家ナサニエル・カリアーは、シートミュージックの表紙絵のデザイナーとしてそのキャリアを始めた。その畑での成功ぶりが多くの人に一念発起させ、同じ職業に就かせることになった。一八七〇年には、シートミュージックの表紙絵が数百名の石版画家にとっては自己の主要作品となり、その複製画は毎年数百万枚も売り上げがあった。(4)

第二に、初期のシートミュージックの主題と様式の多くは、「アーバン・ミュージック」と名づけうるもので、アメリカの大衆社会の基盤を形成する一般の人々に訴え、彼らの嗜好を汲み取ったものであった。『雄々しく闊達な消防士の心意気』のような、一八三〇年代の新しい職種を讃える歌、『アイルランド移民の哀歌』のように、一八四〇年代、五〇年代に増加した移民の歌、『ギリシアかがみ』(婦人の前かがみの歩き方で、その不自然な姿勢を風刺したもの)のような、一八六〇年代の都会の酔狂を揶揄した歌、シカゴのアトランチック・クラブに献呈された『ホームランの快走』のように、一八六〇年代の都会の新しいスポーツ・チームを賞揚した歌——これらは皆、高度に商業主義的流儀で都会のテーマを扱ったものであった。(5)さらに、十九世紀中葉はピアノの大量生産が始まった時で、それは、とくに都会の家族へのポピュラー音楽の普及に大きな弾みとなった。一八二九年にアメリカで製造されたピアノは、わずか二千五百台にすぎなかった。一八五一年には、年間製造台数は九千台に達し、一八六〇年には二万一千台を超え、一九一〇年には三十七万台に膨れ上った。(6)

一八七〇年代以前は、多くのポピュラーソングの歌詞に社会的規範がもりこまれていたが、1章で扱った初期の礼儀作法の手引き書やその他の種類の規範的書物と同様に、年齢を意識させたり、年齢を特定する物言いで、説諭ないし、推奨することはまず決してないといってよかった。むしろ、人生のいろいろな時期——通常は若年と老齢の、不特定の時期——を対照させ、規範を伝える傾向があった。こうして、最も初期に版権をとった歌の一つで、一八三三年にフィラデルフィアで出版された『年寄りは若返りたがる』は、老いた者と若い者との結婚を諫めたものである。

年寄りが、若い娘に言い寄った
陽気な娘に言い寄った
笑って娘はうたいます
口説かれながらうたいます

おじいちゃん、だめなのよ
おじいちゃんでは、だめなのよ
五月と十二月じゃあ
いい仲なんかになれないの(7)

一般的に受容される若年と老年の区別がここではなされているが、二つの境界線が示されていないのは——たとえば、二十六の娘は「若い」娘なのか？　四十四の男は「おじいちゃん」なのか？——年齢に基づく細分化の文化的な必要性の欠如を示している。

十九世紀のポピュラーソングの歌詞では、老年期が他のいずれの時期よりも関心を払われたようだ。

そうした歌に流れる情緒は、この時期、アメリカの社会で老人の占める位置と、老齢に対する人々の考え方について示唆するところがある。一番よくみられる感情の一つは、老齢での健康状態と暗澹とした見通しについての、涙っぽい懸念の情であった。このテーマは一八五一年に世に出た、哀感に満ちた歌謡『老いれば』に、赤裸々にうたわれている。

老いれば、微風そよぐ大地は
陽気な声を失おう
川のせせらぎも、そこはかとなく
哀しき調べを伝えよう
あるべき声音と異なりて、春の優しき息吹きも
バラ色の魅力を失おう

老いれば、友皆われと共に
か弱く、腰まがり
さもなくば、その身は葬られ
み魂は天に住まう
古き教会の鐘は安らぎの地に
弔鐘を鳴らそう(8)

これほど陰気くさくないにせよ、他の歌も、老齢期の愛と安心感の喪失に対する相似た懸念をうたっている。たとえば、一八六七年の歌『君と僕が老いた時《ホエン・ユー・アンド・アイ・グロー・オールド》』は、「君と僕が老いた時、アニーよ、今と同じく君は僕の愛しの人だろうか？」と問いかける。一八七二年に出た、この歌の二番煎じ『君と僕が年老いたら《ホエン・ユー・アンド・アイ・アー・オールド》』は、「未来の歳月も同じだろうか、君と僕が年老いた時、毎日が今のように幸せだろうか」[9]とうたう。

老年期の歌の歌詞は、青春期をうたうものと同様に、人生の中の段階への明瞭な意識が見られるが、段階の区別は年齢ではなく、特徴でなされる。若い娘が「陽気」なら、老人は「か弱く、腰まがり」といった風に。老年期の特徴は、新しい医学の研究と学説に基づく老齢のイメージを反映していた（3章参照）。そうしたイメージは、アメリカの社会における老人の地位低下に一役かった[10]。とはいえ意味深いことに、作詞家は老齢期の特徴や概念に、年齢規範をもちこむことはなかった。歌の名は『老いれば』であり、「六十五になれば」、あるいは、「五十になれば」ではない。題名らしくする必要性は別にして、『君と僕が老いた時』の歌詞は、「僕らが六十になった時、二十五の頃のように毎日が幸せだろうか？」ではない。十九世紀中葉の文化の他の面と同様に、歌詞は青春期と老年期の間の移行の段階をぼやかし、年齢の境界線をはっきりさせなかった。

老い先の見通しに想いを馳せる、若者たちのもの哀しい未来の展望をうたう歌は、現状を顧み、若き日の想い出にふける、老人たちの後ろ向きの展望の歌によってバランスが保たれる。『マギーよ、君も僕も若かりし頃』（一八六六年）や、『君の銀髪が金髪の頃』（一八七四年）のような歌は、老後をうたった多くの歌のように、将来への胸塞がるペシミスティックな想いに満ちてはいないが、失われた青春に対する悲哀まじりの慰謝のこもる、哀切な詞を含みもつ。こうして若き日の求婚の地への懐旧の再訪をうたったあと、『マギーよ、君も僕も若かりし頃』は、こう締めくくられる。

人の世の試煉《こころみ》も終えて
共に髪は白く、歳老いぬ
マギーよ、若かりし日のことを
共にうたわん(11)

こうした感傷的な回想には、老年は人生の空虚な時期ではないという安堵感がある。『老人たち《オールド・フォークス》』(一八六七年)はこううたう。

わしらも今は老人の仲間
髭も白くなるばかり
だが、歳月《さつき》をひとまとめに見れば、なあお前
いつも五月の一日《ひとひ》を見出せよう(12)

『老いらくの恋歌』(一八六九年)はこう締めくくる。

行路を射す光は薄れ
われら歩みはたどたどしく
哀悼の人々の集う門へ
近づきゆくを知れど

されど愛は暮しを美しくし
薄れゆく日を明るくする
やがてわれら天《あま》つ国にて、永き歳月の
愛の手と手を互いに握る時まで[13]

老年をうたった感傷的でもの哀しい歌の最も代表的なものは――十九世紀後半から二十世紀初期の歌謡曲の中で最も愛唱されたものの一つ――『金髪に混る銀髪《シルバー・スレッヅ・アマング・ザ・ゴールド》』であった。イーブン・レックスフォードとH・P・ダンクスが作詞し、一八七三年に世に出たこの歌の楽譜は、一九〇〇年以前に百万枚以上も売れていたが、世紀が変わると男声四重合唱団のスタンダード・ナンバーになった。哀調連綿とした旋律も確かにその人気の一因だが、老齢につきものの孤独性を認め、青春は遠のき、死がしのび寄る境遇にあっての心の安らぎの必要性をそのまま容認するような歌詞も、人気の一因であった。次のように始まる。

愛しの人よ、私も老いて
額には金髪に銀髪が光る
生命の火は速やかに
衰えゆけど
愛しの君は
いつも若く美しい
私には渝《かわ》ることなく
若く美しい(14)

人生の最終段階に身を委ね、互いに昔を回顧し励まし、慰めあうというテーマは、この時期の歌の多くに共通するが、その幾つかは明らかに『金髪に混る銀髪』にインスピレーションを受けたものであった。(15) これらの歌の歌詞には、老齢についての、対照的ではあるが必ずしも矛盾しない二つの感情が流れている。一方で「行路の光は薄れ」ても、愛は残り、恋人を渝《かわ》ることなく「若く美しい」と視ることができるという積極的な主張がある、と解釈できる。他方、それは墓地に響く警笛で、「薄れゆく日」や、「生命の火が速やかに衰えゆく」のを合理化し、快いものにする自己欺瞞にすぎぬとする解釈も成り立つ。年齢は決してこうした歌では特定化されていない。ただたどしい足どりや白髪といった、老齢につきものの特徴は意識されているが、老人とは幾つ幾つと特定されてはいない。

一八八〇年以前に出た数十曲の歌詞を調べると、はっきり年齢を言挙《ことあ》げしているものは一つしかない。一八六〇年に出た『オールドミス』は結婚の可能性を失くした女性の哀歌である。語り手は、自分は十八の時はきれいで活発、沢山の求婚者がいた。何年もの間、求婚の可能性をもつ男を一人一人はねつけ、四十四の時、最後の男も離れていった。今は五十三、これまで選り好みが過ぎたのを悔み、若い娘への忠告で歌は終わる。

男を侮り、つれなくしている若い娘たち
私の忠告を聴きなさい
五十三のオールドミスの私からの忠告を
愚かな、儚ない夢から覚めなさい(16)

この歌は、十九世紀中葉のポピュラーソングでは特定の年齢は出てこないという通則に、幾分例外となっている。とはいえ、明確な年齢規範の観念は、やはり見られない。確かに、女性は結婚の時機を四十四、または五十三まで待つべきでないと警告し、そんな年齢で未婚の女性は、嘆かわしいオールドミスという社会的汚名を蒙ると仄めかしてはいる。しかし、この時代の結婚の指南書の類と同様に、結婚するのに一番良い女の年頃は幾つから幾つとか、一般に女性が結婚していい年齢幅を規定しているわけではない。スケジュールに関する進んだ意識、年齢に応じた基準に合わせる進んだ意識はない。この歌を生みだした社会、『老いれば』や『金髪に混る銀髪』のような歌を流行《はや》らせた社会と同様に、この歌には発達した年齢や年齢階層の意識は未だみられないのである。

## ティン・パン・アレーへの年齢意識の浸透

十九世紀末までにアメリカの社会に大きな変化が生じ、ポピュラー音楽の内容とその背景も変貌しつつあった。消費財や設備品の大量生産と市場での大量取引が、人々の新たな欲求を生みだした。機械化と生産力の向上の結果、余暇も増え、通信報道機関が急速に普及発達し、遠隔地同士をより効率的につなぎ、人々が新しい製品を手に入れるのをより容易にした。全体的に生活水準が上り、人々は消費に当てる金を今までより持てるようになった。こうした全てが数知れぬ新しい施設や新しい情況を創りだした。科学技術や官僚機構の発達が、収益性や効率よい生産性の希求とあいまって、時間と計画性の重要性を高めさせた。効率性の追求が制度の改善を促した。その一例が学年別の学校の標準化であった。学校では、身体的、知的発達についての科学的理論が次第に方針や組織化に反映されるようになり、統一された合理的なスケジューリングと相関する価値が、人生の諸々の段階の規範へと転換させられた。医療上の助言を与える小冊子が目立って増え、子供時代、成人前半期、老齢期、それぞれの時期にふさわしい振る舞いが唱えられ始めた。子供時代は、子供に特有の性質と親の保護下にある状態、その二つの性格をますます持つようになり、老齢期は、以前より明確な定義づけをされるようになった。

アメリカのポピュラー音楽はこうした発達や成行きすべてを吸収し反映している。大衆娯楽が大衆文化の重要な要素として世に現われ、芸能業《ショービジネス》が大衆娯楽の中でだんだん大きな役割を果たすにつれ、ポピュラー音楽は民俗音楽や宗教音楽と、はっきり区別されるものになった。ミンストレル・ショー（黒人に扮した白人の歌・ダンス・笑い話などのバラエティショー）に代わり、一八九〇年代までにボードビルと名を変えたバラエティショーは、都会の子供や成人男女から成る増加する一方の観客にうけるポピュラー音楽を、一つの出し物とするようになった。同時にアメリカのミュージカル・コメディは、ヨーロッパのモデルに依存した性格を脱し、独自の歌を聴かせる土着のユニークなものになった。ボードビルのトニー・パスター、F・F・プロクター、B・F・ケイス、E・F・アルビーのような芸能業《ショービジネス》の興行主たちや、ミュージカル・コメディのジョージ・M・コーハンやフローレンツ・ツィークフェルトは、ポピュラー音楽の作曲家たちに、一般大衆の心を捉える新たな機会を提供した[17]。

さらに一八九〇年代になると楽譜出版業者は、こうした機会に乗じて、発行部数を増やしたシートミュージックをデパートや日用雑貨店に配送し、旅回りのミュージカルバラエティショーの興行主に新曲を採用するよう勧め、積極的にポピュラー音楽を市場に出し、販売を促進させ始めた。今世紀に入るとこうした出版業者はマンハッタンの二十八番街に多く集まり、通りに並ぶ事務所から聞こえる安っぽいピアノの音のためだろうが、この地域はじきに通称ティン・パン・アレー（ティン・パン横丁）と言われるようになった。音楽の製造場所としてティン・パン・アレーは大衆の好みに応じ、ステージで直ぐにうたえるだけでなく、さらに大切なことだが、家庭で演奏でき、うたえる歌を創った。作詞家と出版業者は一般大衆の興味や関心の変遷を綿密に観察していて、自転車であれ、車であれ、「新しい女」であれ、はたまたファッションであれ、一時的な流行をすぐに音楽に採り入れた。そんな努力は経済的にも、相当酬いられ、一九〇〇年から一九一〇年の十年間だけでも、百万枚以上の売れ行きをみせたシートミュージックが百曲近くあった[18]。

ポピュラーミュージック産業がブームの間に生みだした作品は、時代の一時的流行や嗜好を反映するのみでなく、年齢に対して移り変わる人々の心的態度をも反映していた。一八八八年に世に出、当時ボードビルで最も喝采を博した小唄の一つとなる『帽子の歌』は、明瞭な規範的スケジューリングと年齢がその歌詞に登場する初期の歌の一つである。場違いな、よれよれの古帽子をかぶるユーモラスなエピソードをうたった歌だが、その中の一節は自分の婚約について、こう始める。

二十一のとき恋人《あのひと》と
一緒になろうと思ったの
あたしのことをぐずだって
周りのみんなが言うもんで[19]

この台詞《せりふ》は、規範を示したものでも、社会的規範に従わぬ者に後ろめたい想いをさせるよう意図したものでもないが、規範的な期間（「ぐずだ」）、特定の年齢（「二十一」）、人生行路の中の行事（「一緒になる」）この三つの意味ある繋がりを表現した最も初期のものであった[20]。さらにこの歌詞は、十年後に書かれた『ジャスト・ワン・ガール』に先行するものとして意味をもつ。『ジャスト・ワン・ガール』の歌い手は、規範に則り、自分と恋人は二十歳と十八歳だから結婚していいのだと言うのである。

一八六〇年代、七〇年代そして八〇年代初期の歌詞とははっきり対照的に、一八九〇年代、一九〇〇年代初期の歌詞には、頻繁に特定の年齢が出てくる。そして明らさまではなくとも、少なくとも暗々裡に規範として出てくる。一九八〇年代以前の歌では、人生の段階を身体的特徴、白髪、銀髪、陽気な声、曲った腰、バラ色の頬、額の皺などで表現した。あるいは、夏とか冬とか五月とか十二月といった季節にたとえて表現した。一九九〇年代以降の歌では、そんなイメージもしばしば登場するが、はるかに年齢を、それも具体的な年齢を意識したものとなっている。たとえば、世紀の変わり目頃多くのヒットソングを作詞作曲したジェイムズ・ソーントンの、おそらく最も世に愛唱された歌は『君が花の十六の頃』[21]だが、その歌詞には十六歳は初めて恋をする（または、恋するのが当然の）年齢という含蓄がある。この時期には大変な数の、具体的年齢が登場する歌が発売されたが、その中に一九〇五年の『フェザー・クィーン』がある。ここでも花の十六に恋に陥るのがうたわれている。また、一九一一年発売された『私が二十一、君は花の十六の頃』は、ソーントンのヒット曲『僕が六つ、君は花の十六の頃』——心配事のない牧歌的時代として幼年期をうたった歌だが——の二番煎じであった。また、『二十一の頃』では、歌い手は初めて女の子に言い寄った年齢を特定する[22]（一般に人はその年齢で求愛すべきであるという含蓄がある）。

　規範的スケジューリングに関する意識の強さ、厳密な判断の点で、『帽子の歌』や『ジャスト・ワン・ガール』を凌駕した歌が数多くあった。典型的なのは、一八九四年のミュージカル・コメディ『パシング・ショー』の中の『歳でもないのに老けて』である。題名と歌詞が、それ以前の歌には稀《け》有《う》な言葉遣いで社会的価値観を仄めかす。人生の各段階にふさわしくない習慣や振る舞いに対する警告を歌にしたもので、年齢以上に人を老けさせる素になるものを挙げる、「財産の喪失、健康を損ねること、髪の毛の喪失、睡眠障害、食欲の減退、さらに、希望や活力の喪失……」(23)。年齢と相関する判断を盛り込んだもう一つの歌（具体的な年齢が、この方には登場する）は、『オールドミスの憂い』で、一九一六年のショー『コーハン・レヴュー』用に作詞作曲されたものである。出だしの部分に年齢に基づくスケジューリングの規範に対するはなはだ強い意識が顕われ出ている。

今は年頃——二十と五歳
あたし、人に言われるの
編み物好きなだけじゃダメ、坐っていてはダメだって
早くいい男《ひと》みつけなさい、活動的になりなって

あんた　あたしを欲しいなら、あたしを物にしたいなら
あたしを摑まえ、あんたにあたしを従わさせて
あんたの好きにしてちょうだい(24)

『オールドミスの憂い』は、二十五の未婚女性が、年齢意識をもつ社会によって意識させられる、後ろめたさと捨鉢な気持を題名と歌詞相共に伝えてくれる。世紀の変わり目の流行歌の中の老人を形容する言葉遣いは、幾つかの点でもっと早い頃のものに似たところがある。『金髪に混る銀髪』によ

って大変ポピュラーになった主題——向う見ずに振る舞えた若い頃を懐しみ、老いの身となった今、安らぎの境地に入ろうと努める——という主題は、過ぎ去った青春をうたう歌に共通するものである。たとえば、『君が六つで私が八つの頃』の中の一節、

互《かたみ》に深く愛《いとお》しみ
我が家はこよなく楽しかれど
陽気で幸せなりし日々を
今一度との願いは絶ちがたし(25)

しかしながら、初期の歌と対照的に、一九〇〇年代初頭の歌には、老年への楽天的とはいかずとも、より憂慮のない安心感が見られる。一九一二年のラブソング、『若かりし日々』のコーラスはうたう。

生涯互《かたみ》に助け合い
輝く金髪は白髪になりぬ
今もおん身を愛す
若かりし頃と渝《かわ》ることなく(26)

同様に、『花の十六を君が五たび迎えようと』(一九一六)は——数学的に年齢計算したこの歌は

──『君と僕が老いた時』（一八七二）のような歌より、危惧の念なしに老年の到来を予期し、自信をもってうたっている、

君の髪が白髪になれば、我は謳わん
君が村の女王たりし日のことを
花の十六を君が五たび迎えようと
いやまし親《ちか》しく愛おしい君なれば(27)

この時期の歌詞は、アメリカの社会で老人が占める位置を再検討させる諸々の複雑な社会的変化を微妙に反映しているようだ。沢山の要因が合併し老人たちが社会的・文化的に孤立化する結果となった。医学者は老齢期を、生物学的に他の時期と区別される人生の一時期であると確証しつつあり、専門の老人病学が老人の医療専用に創られた。科学技術の進歩と生産性の追求とは若者や機敏に働ける者を重んじ、老齢の労働者を会社の重荷とみなし、企業主に、彼らに退職してくれるよう圧力をかけることを促した。家族の小型化と人々が頻繁に住む場所を変えるようになったことが、前の時代より世代間を引き離した。そして若者文化の芽生えが世代間の距離を心理的にも広げた。こうした諸々の要因の発展が併さり、老齢期を人々に「社会的問題(28)」として意識させるようになった。

一九〇〇年以降の多くの歌詞は、『君が花の十六の頃』が年齢を特定化している程には、老齢期の年齢を特定していないが、人生のはっきりした一時期として老齢期を捉える風潮を強化した。さらに

歌の歌詞は、同情的だが恩着せがましく接するという老人への新しい心的態度——それは老人を社会的に隔絶するのに一役かったが——の好例であった。歴史家ディヴィッド・ハケット・フィッシャーはこう言った。十九世紀までは伝統的に老人がもっていた権威が失われ、老人は敬意も払われなくなると共に、若者たちはそれだけ老人を愛情と同情の対象としてみなすようになったようだ。土地の所有権と熟練した技能を老人が持っていたためにかつては存した世代間の厳格な階層制が弱体化し、若者は老人に、従順とはいわぬまでも、当りの善い好々爺という新しいイメージをもつようになった、と。(29)

シートミュージックはそんな老人のイメージを題名、歌詞そして挿絵で表現した。たとえば、一九一六年の感傷的な歌謡曲『申し分ない一日の終わりに祖母が愛唱歌をうたう時』の表紙には、花を生けた花瓶の横の揺り椅子で編物をするおばあちゃん、というお定まりの絵が描かれている。皺が寄り、薄くなった白髪を後ろに束ね、針金の縁の目鏡をかけ、白いレースの首飾りのついた、見たところ毛の、重ったるい服を着ている彼女の表情には優しさと、ちょっと戸惑いめいたものが窺える。(30)こうして歌は、老年の苦境を楽にする手助けをし、一方で、老年を他の時期と切り離された明確な規範をもつ時期と特徴づける働きをしたのが分かるのである。

ティン・パン・アレーから生まれた世紀の変わり目頃のポピュラーソングは、特別な時期としての老年期に人々の注意を喚起したが、幼年期については、老年期以上であった。この時期の社会的風潮の反映である。医学の進歩が小児科を一つの専門分野として誕生させ、それが逆に医学を進歩させた。子供の成長発達について諸々の心理学的学説が唱えられ、教育の在り方と関わりあった。諸般の要素があいまって、子供時代は他の時期と大きく異なるニーズと特徴をもつ時期とみなされるようになった。制度の発達、たとえば、義務教育法案の議会での可決、中学校《ジュニア・ハイスクール》の設立、運動場が創られ体育のカリキュラムが設置されたこと、就職適合年齢の下限の設定、そうしたこと全てのおかげで子供は明確に区分された年齢幅の狭い集団に入ることになり、新しい説明や解釈の仕方をされるようになった思春期の若者とも異なる扱いを受けるようになった。さらに、マスコミ、慈善団体、裁判所、官庁は貧しい子供たちの窮状と福祉に次第に大きな関心を払うようになった。一八九〇年代、一九〇〇年代の新聞には、親もなく住む家もない浮浪児たちの物議をかもすような記事、見棄てられ構う人もいない子供の悲劇的な死亡記事、後見人争いの記事が満載されていた。

子供をテーマとした感傷的でもの哀しい歌が、この時期の楽譜業界で最もよく売れたものの一つであった。貧しい子、迷い子になった児、放任された子をうたう哀愁をおびた歌が愛唱され、改革者が子供によせる多大な関心のほどが歌詞に反映していた。一九〇三年に著作権を取った『赤ちゃん売ります』は、わが子に食べ物も、着る物も与えられぬ程貧しい母親の話をうたったものである。窓に「うちの赤ちゃん売ります」と看板をかけるが、誰もまともに受けとらず、母も子も餓死するという内容のもの。(31) この曲のシートミュージックの表紙には、悲しげな顔つきの三、四歳のブロンドの縮れ毛の、天使のような、頑是ない子供の写真が載っている。片隅のもう一枚の写真は、舞台でこの歌をうたい、評判になった八歳か九歳の「ハロルド坊や」の写真である。こうした全て——題名、詞、シートミュージックの表紙、児童歌手の写真——は、幼年期の子のもつあどけなさの保護の必要性にきわめて感傷的になっている、一般庶民の心を深く動かすことを狙って計算されたものであった。

この時期にベストセラーになった歌の一つは『迷い子になった児』で、両親の仲違い、よちよち歩きの行方不明の子、家族の再会、そして和解をうたったものである。メロドラマ的な流行のテーマとハッピーエンドの結末で、そのシートミュージックは二百万枚以上の売り上げがあった。今一つこの歌に関して重要なことは、うたっている歌手の背後のスクリーンに、スライドを用いて映像を写す手法を初めて用いたことである。ミュージックビデオの先駆たるこの企みは、歌のエピソード——迷い子の児の放浪の場面、悲嘆にくれる母親、救助する警官、両親の和睦といったシーン——を映像化したものであった(32)。『赤ちゃん売ります』と同様に、貧困と家庭崩壊を扱ったものだが、子供に対しいたく感傷的になっている一般人の心情を揺さぶった。

不幸な子供の哀話より、数で勝る歌は幼年期のユニークさを強調するものであった。『幼年期は人生の五月《さつき》』は、明るく多幸な時期という直喩を用い素朴に讃美して、一八九〇年代のこの種の音楽の祖型となった(33)。この点、この歌は人生の春、青春時代を、老人の視点から回顧した歌に似ている。一九〇三年のヴィクター・ハーバート喜歌劇《オペレッタ》『玩具の国の赤ん坊』でうたわれ世にヒットした『玩具の国』は、幼年期を人生における牧歌的な特別の時期とするイメージを人々に訴えた、

玩具の国！　玩具の国！　幼児の国
そこに住む限り
いつも幸せな国

歓びの国、楽しく不思議な国
ひとたび国境を越えれば
二度と戻れぬ国(34)

幼年期への感傷性は何も二十世紀になって始まったのではないが、医学的、教育的、心理学的に、年齢階層制が行き渡るという背景があってこうした歌は以前にない含蓄をもつようになった。夢想的な歌を聴き、うたい、奏でる人々は、幼年時代の境目の年齢をよく知っており、自分がその区切りの内側であれ外側であれ、社会が自分および同年輩仲間に期待することを、人生の規範的スケジュールに従い、振る舞い行動せねばならぬことを自覚していた。

## 一九二〇年代、三〇年代の変化と継続性

第一次大戦後ポピュラー音楽産業は、ポピュラー音楽が幾つか新しい方面に花開いたため驚くべき変貌を遂げた。一八九〇年代に改良進歩した蓄音器は、新しい時代の先触れとしての働きをした。シートミュージックにも増して、蓄音器のレコードは多くの人々に、ポピュラーソングを身近なものにさせ、新しい流行となった踊り、ターキートゥロットやキャメルウォークやタンゴを流行《はや》らせる因《もと》となった。ラグタイムやデキシーランド・ジャズがポピュラーなものになるのも、レコードが出るようになって初めて可能になったのである。そして一九二〇年代にラジオが登場し、ポピュラー音楽を聴

く人々の数は劇的に増加した。

ラジオとレコード業界はからみ合って、互いに助けあう間柄であった。音楽が電波にのればのる程、レコードは売れ、今度はレコード音楽の人気が、ラジオ放送の要望を高めた。実際に一九三〇年までに、ラジオ放送の時間の、推定七五パーセントは音楽番組が占めるようになっていた。かてて加えてマイクロフォンやアンプにみられるような科学技術の進歩改良は、ルディ・ヴァレーやビング・クロスビーのような甘い声の歌手が、輝かしい成功を収めるのを可能にし、ソフィー・タッカーやアール・ジョンソンといった舞台の大歌手と人気を張り合い、やがて凌ぐようになった。また、一九三〇年までにトーキーとミュージカル映画の誕生が新しいスターを生みだし、ポピュラーソングの新しい捌口となった。一九三〇年代後半には、ジュークボックスが世に出、レコードの売り上げをいっそう伸ばし、作曲家の創作意欲を一段と煽った。レコード、ラジオ、映画そしてジュークボックスが一緒になりシートミュージック産業を踏みつけにした。シートミュージックの出版は、レコード産業の重要な一部ではあったが、一般大衆への売れ行きは減少の一途を辿った(35)。

ダンス音楽、ジャズ、ショーミュージック、ラヴ・バラッドといったさまざまなタイプのポピュラーミュージック、そしてレコード、ラジオ、映画等のマスメディアによるその普及は、相異なるいろいろな人々の集団向きの音楽が創られるのを促進し、奨励した。それは年齢意識と年齢階層が浸透しつつあるアメリカ社会に見合う一つの傾向であった。十九世紀後期に始まった年齢規範の強化と、年齢別区分の制度化の促進とが、ポピュラー音楽と結びついた営利的なマスメディアの先導役をしたと結論するのは、論理的であると思われる。初期ティン・パン・アレー時代の作詞・作曲家や歌手たち

（たとえば、チャールズ・K・ハリスやアーヴィング・バーリン）は、全ての年齢層の人々の琴線に触れるよう心掛けて作曲したが、ポピュラーミュージックの作曲家、とくに、一九二〇年代、三〇年代、四〇年代の流行歌手はもっと特定の層を魅きつけた。たとえば、ルディ・ヴァレーは大学生グループのアイドルとなり、ビング・クロスビーは、もう少し年上のグループのアイドル、そしてフランク・シナトラは「ボビーソックスをはく年頃（思春期）の少女」のアイドルとなった。通常若者たちが集う場所に置かれたジュークボックスは、ベニー・グッドマン、カウント・ベーシー、グレン・ミラー、そしてドーシー・ブラザーズの新しいスイングに合わせてジルバを踊りたいティーンエイジャーの文化的欲求に格別に適った。若者の親たちは普通、ラジオで流されるもっとおとなしいもの、ケイ・カイザー、サミー・ケイ、そしてガイ・ロンバルドゥの楽団が奏でるダンス音楽のヒット曲といったものを好んだ。各種の音楽に対するファン層の特定化は、必ずしも年齢に基づいたものばかりではない。黒人のアーティストがレコーディングしたジャズの「レイス・レコード」は、都市の次第に増加する黒人が購買者であった。すでに社会全体を通して強固になっていた、年齢や同輩仲間を基にした区分化は、同年輩仲間グループそれぞれの、独自の好みに適う音楽を、すみやかに供給した。(36)

流行歌の歌詞は年齢規範を引き続き反映していて、年齢意識をいっそう高めた。『花の十六歳』とか一九二四年に世に出た『君と僕が十七の頃』の題名と歌詞のように、具体的な年齢をうたいこんだ世紀の変わり目頃の歌に示されている傾向がいっそう広まると、平均的に人は十七歳で初恋をするものという意味をもつようになってくる。(37)壮年や老年の歌は、以前の歌詞より、もっと規範的に年齢をうたいこんだ。ディック・パウエルが、ミュージカル『四十二番街』の中でうたった一九三二年の曲

『健やかで若々しく《ヤング・アンド・ヘルシー》』は、成人期の諸々の段階の規範的相違を意識する成人の気持が顕われている。

わたしは健やかで若々しい
大胆に振る舞おう
二、三年もすれば
それも似合わなくなろうから(38)

一九三三年のミュージカル、『ローマの醜聞《ローマン・スキャンダルズ》』の中の、エディー・カンターの歌『いつまでも若く素敵に《キープ・ヤング・アンド・ビューティフル》』は、老齢の衰えを防ぐ方法を処方する、

魅力を保ちつづければ
時の爺は人を傷つけない
歳をとっても
陰気臭くなることはない
いつまでも若く美しく
素敵であること、それが務めさ(39)

ベストセラーになった『人生は四十から』が出版された一年後、一九三三年に作られた『六十を越

して気持は花の十六歳』は、高齢期は必ずしも衰退の時期ではないという考え方に勢いをつけた。四十で太る人もいる（予期される規範）し、中年・老年期も活動的で夢を失わずにいれば気持は若くいられることを指摘したのである。(40)

一九二〇年代になる前に始まり、第一次大戦後広まった若さの礼讃は、流行歌の中に十二分に顕われている。その歌詞は『いつまでも若く素敵に』のように、若々しい心と外観を保つことを勧め、『心が若い時《ホエン・ハーツ・アー・ヤング》』(41)のように、青春のロマンスを讃美するだけでなく、老齢に対する十九世紀の危惧の念を甦らせることもした。『健やかで若々しく』に顕われているような、若さが消えると何かが失われる、というテーマは、相当な人気を博した数多くの歌に繰り返し出てくる。『若い間に』や『夢見る頃を過ぎて』のような曲は、大恐慌時に作られ、おそらく当時の社会不安を反映しているが、青春時代は生きるに値する唯一の人生の時期、とする気持を強調している。(42)老人を無神経に嘲笑した歌も幾つかある。一九二九年の小唄、『僕のとうさん』は、五十歳の誕生日のパーティで、父親がコカコーラで酩酊し、『チリ・コン・コン・コン』を踊り、招待客たちはしまいに当惑して帰る、という内容である。(43)この歌は年齢のマイナスのイメージの点だけでなく、年齢を特定し、誕生日に言及している点で注目される。半世紀前の流行歌や民衆文化では、考えられなかったことである。(44)

年とることへの不安感を募らせるようなのもあるが、一八六〇年代、七〇年代の歌詞には、老齢期における安心感自足感を甦らせるものが普通にみられた。一九二七年の『メアリーを見初めし時』のような歌謡曲は、幸福感と感謝の念とで老齢への怖れを包みこんでいる。

互《かたみ》に年老い人生の秋になりぬ
日に日に寒くなりゆけど
人皆その心に、春の温もりが宿りぬ
繰り返し心に想う、春の想い出を

メアリー、君を見初めしかの日に幸あれ
互《かたみ》に老いて白髪になれど
想い出に生きるわれゆえに(45)

ルディー・ヴァレーがうたって、一九三〇年に一躍ヒットした『君が白髪になろうとも』は、一八七〇年代の感傷的なバラッドに非常によく似た歌だが、こう誓う。

君が白髪になろうとも
今日の日と、私の愛は変わらない(46)

一九三〇年代のヒット曲、アーヴィング・バーリンの『いつまでも《オールウエイズ》』、エドワード・ヘイマンとヴィンセント・ヨーマンの『幾歳月も《スルー・ザ・イヤーズ》』、マクセル・アンダーソンとクルト・ヴェイルの『セプテンバー・ソング』等は、老年を一途な愛の時期とみなした曲である。(47)『セプテンバー・ソング』では実際通常のイメージを逆転させ、青春期より老年期を、せかせかした切望の時期としてうたっている。こうして、ミュージカル『ニューヨーク市民の休日《ニッカーボッカー・ホリデー》』でうたわれたもと歌の一節は明言する、

皐月《さつき》から霜月《しもつき》はいとも長い
長月ともなれば日は短く
一本歯も欠け　足も引きずり加減
チャンス待ちする時間《とき》はない

ミュージカル『ザ・ショー・イズ・オン』の中の『私のおばあちゃん』は、『僕のとうさん』と対照的に、年がいっても愛らしく魅力的な老婦人の、少し恩着せがましくはあるが、好ましいイメージをうたっている。

私のおばあちゃん
みんなが振り向く
素敵な物腰
愛らしくシャイなおばあちゃん(48)

一九二〇年代、三十年代の歌に現われる老人の多様なイメージは、アメリカ社会において、老化の

過程と老人の占める立場に関し、対立する感情が大きくなりつつあるのを反映していた。ディヴィッド・ハケット・フィッシャー、アンドルー・アシェンバウム、キャロル・ヘイバー、その他の歴史家が注目し、本書でもこれまで見てきたように、確かにこの時代のアメリカ人は老齢期を、一定の年齢を境に他の時期と区別でき、それと定義できる時期、特別なニーズや難問を抱える時期と捉えていた。実際、次第に多くの公的および私的機関が、老齢期を一つの社会的問題として扱うようになっていった。経済的に他人《ひと》に依存したり、慢性の病いを持つのが当然の老人たちの増加は、若いアメリカ人に、老齢化に伴うさまざまな苦悩や衰弱を、身近に経験させる機会を多く持たせた。こうして若さの礼讃は、老人を怖れたり、貶めたりする傾向を内包することにもなった。だが同時に、年金その他の保険制度を通し老人を助けようとする、改革への衝動が(それは一九二〇年代を通して勢いを増し、一九三五年の社会保障法案の議会通過に究まったのだが)老人への同情的な心的態度を醸成する働きをした。(49)作詞・作曲家はこうした社会的風潮の変化を認め、歌にもりこんだ。十九世紀後期のポピュラーミュージックの中の老人のイメージは、しばしば悲哀の勝ったものだが、二十世紀の初めの四分の一が経過する頃には、心遣いと懸念の気持が交互する歌詞が一般的になった。

## 第二次大戦後に見られる傾向

第二次大戦後のアメリカのポピュラーミュージックの発展ぶりは、ここで詳しく扱うには余りに大きく複雑すぎる。手短に言えば、一九五〇年代後半のロックンロールの誕生が——その根っ子は、黒人霊歌やジャズの自由で短いリズム、フォークミュージックやカントリー・アンド・ウェスタンミュージックの素朴で、テーマチックな歌詞にあるが——作詞家や作曲家に新しく大きな世界を打ち広げたのみでなく、レコーディングや生演奏に急激な盛り上りを与えることになった。その結果、ポピュラーミュージックはさらに枝分かれし、それぞれが年齢や人種、そして地域的民族的な特徴をもつ別個の市場をもつようになった。

この枝分かれには変化と継続性が伴っていた。一つは、若者たちと戦後のベビーブームによって芽ぐみ育ち始めた若者文化とが、次第に歌詞に反映されるようになった。初期のロックンロールは、前の時代の歌の歌詞のもつ感傷的なテーマを多く採り入れた。そうすることで若者の恋と心根に、これまでと変わりなく敬意を表したのである。クロスオーバー・カントリー・ウェスタンの曲『ヤングラヴ』は、初恋は「一途な想いで一杯」とうたったものであるし、リズム・アンド・ブルースのアーティスト、チャック・ベリーの威勢のいいヒット曲もその手のものである。彼は「スクール・デイズ」や『スウィート・リトゥル・シックスティーン』をヒットさせた。『スウィート・リトゥル・シックスティーン』は若者の文化の新しい価値を表現したもので、十代の若者がぴったりした服を身につけ、口紅をぬり、大人と変わらぬセクシーさを出し、エンジョイできるとうたっている。そんな身づくろいは、これまで社会的年齢規範が十六歳の娘には禁じていたものであった(50)。

同時にもっと伝統的なポピュラーミュージックの作曲家たちは、前の時代からのテーマを繰り返しうたい、青春時代のロマンチックで牧歌的な特質を強調した曲を、一九五〇年代に過剰なまでに作った。これらの曲の中には、ロジャース・アンド・ハマーシュタインのミュージカル『南太平洋』の中の『ハロー・ヤング・ラヴァーズ』、若者も「本当の恋ができる」とうたったナット・キング・コールのヒット曲『トゥー・ヤング』、フランク・シナトラがうたい広く愛唱されるようになった『ヤング・アット・ハート』、この歌は三十年前のエディー・カンターの歌と同様に、若々しい心の持ち主なら「お伽噺も現実になる」という内容のもの。そして『エイプリル・ラヴ』、その歌詞によれば「真に若い人々のための」歌である、そういった歌が含まれる。[51] 老人の境遇や老人問題をうたったものが少ないのは意義深い。若さ、心の若さ、行動の若さ、が重んじられる価値であった。

レコード産業は、四十五回転のシングル盤と三十三回転のLP盤の、ビニール製のレコードの出現に助けられ、飛躍的な成長を遂げ、ポピュラーミュージックが各年代層に合うものへ分岐する傾向をいっそう強めた。ロックンロールのあらゆる変種が、もちろん若者向けのレコードの主流を占めた。そうしたレコードは独立系のレコード会社が製作する傾向があり、また、ラジオで流され、それが売れ行きを伸ばす宣伝にもなった。[52] RCAヴィクター、キャピトル、デッカといった大きな会社は、もっと大人の層に狙いをつけ、ブロードウェイのミュージカル物や、名声の確立した歌手や楽団のレコードを製作する傾きがあった。こうして、一九五六年にRCAヴィクターと契約を結んだエルヴィス・プレスリーという大きな例外を除いて、シングル盤レコード、ベスト・ヒット上位十人は、小さな会社でレコーディングし、十代の若者たちがレコードの購買者であるバディ・ホリー、チャック・ベリー、ファッツ・ドミノといった歌手たちであった。LP盤でベストセラーになったのは、通常テイン・パン・アレー・ミュージックをレコーディングしたもので、ビング・クロスビー、パティ・ペイジ、ナット・コールといった大人向けの歌手の感傷的なスタンダード・ナンバーであり、マントバーニやミッチー・ミラー楽団のムードミュージックであった。[53]意義深くも、これらのスターのファンたちは憧れの歌手と共に年をとっていった。彼らは、年齢で区分けされ、同年輩仲間からなる文化的忠誠を、歳月が流れても変わることなくもち続けた。こうして、たとえば、一九三〇年代後半と四〇年代に十代の若者たちに熱狂的に人気のあったフランク・シナトラは、五〇年代には成人の若年層の人気歌手、六〇年代、七〇年代は成人の中年層の人気歌手となった。一九五〇年代に十代の若者で、数百万枚もプレスリーのレコードを買い上げた人々は、一九六〇年代にはプレスリーと共に三十代であったが、彼のアルバムを買い、コンサートに行く人々の大部分を占めていた。一九七七年四十代で彼が死亡した時、会葬者の一番多くは、四十代の彼らであった。

お目見えして間もない頃のテレビは、新しい時代の驚異の的であり、年齢に基づいて区分けされたポピュラーミュージックを反映していた。大抵の音楽番組は、若くはない人々の集団から成る視聴者の要望に応え、ペリー・コモ、ダイナ・ショア、ローレンス・ウェルク、リバレイスといった円熟し落ち着いた、ロック歌手ではない歌い手の曲を放映した。ティン・パン・アレーのヒット曲は「ユア・ヒット・パレード」のような番組で取り上げられ売り上げをさらに伸ばした。「エド・サリバン・ショー」は例外で、時折ロック歌手を出演させた（エルヴィス・プレスリーは三度出演し、一九五六年、最初の時は、推定五千四百万人が視た。これはテレビの歴史上画期的な数字である）。初期の音楽番組で唯一若者向けのものはディック・クラークのユニークなショー番組、「アメリカン・バンドスタンド」であった。この番組はABCネットワークを通して全米に放映されたが、ずっと午後の番組で、ゴールデンアワーにもってくることは一度も検討されなかった。ビートルズが訪米し一躍スターダムにのし上った（アメリカでの初出演は一九六四年の「エド・サリバン・ショー」であった）後の、一九六〇年代になり初めて、テレビのプロデューサーは、ゴールデンアワーに、全米の広範な地域に、ロックミュージックを放映し始めた。この頃まで若者たちにポピュラーミュージックを広めていたメディアの主なものは、レコード、ラジオ、そして映画であった(54)。

一般大衆に広いマーケットをもつポピュラーミュージックは、誕生以来、アメリカ社会の年齢意識、年齢区分を慣習化ないし慣行化した。他のさまざまな文化の発達の後を追う、と同時に、それらの発達を促しもした。歌の歌詞は一貫してロマンスや個人的な内省を感傷的に、陳腐に歌いあげるものであったが、時と共にその特殊な言葉遣いの内にも、文化一般の中の年齢意識の高まりや重みを反映するものになっていった。さらに、ポピュラーミュージックの歌詞とマーケティングとは、最初はシートミュージック、ライブ・ショーを通して、後にレコード、ラジオ、映画、ジュークボックス、そしてテレビを通し、しばしば年齢や、人生における時期により識別される、それぞれの集団に受けるよう狙いを絞り、書かれ、なされた。作詞・作曲家とマス・メディアのマーケティング担当者は、売りこみに際し、他の共通する特徴を見出そうと努めたが、最も共通するものは年齢であると思われた。二十世紀初めには、アメリカ文化の他の面と同様に、ポピュラーミュージックは、年齢志向、同年輩仲間志向のものになっていたのである。

# 8 過去四、五十年間の継続性と変化

ある社会的風潮の強さを測る一つの方法が、それに対する苦情の量を計ることだとすれば、年齢意識と年齢階層とは現代の生活の中で強力なものであることになる。過去五十年間、いろいろな本、新聞、大衆向けの雑誌、真面目な堅い雑誌には、アメリカ社会が年齢に基づき形成される在り方を非難する言葉が沢山でてくる。

たとえば一九三七年に『フォーラム』誌に掲載された「私が年齢を明かさぬ理由」という記事の筆者は、「調査員、保険代理店、汽船会社、悪徳弁護士、死亡記事担当記者、政党の事務局、その他非個人的な代理店」によって、執拗に年齢を問う現代の趨勢にもかかわらず、「年齢は他人に関わりない自分自身の事柄」と信じる、と述べた。(1)「年齢分類に用心しなさい」と、一九五〇年の『ライフ』誌に載ったある記事のタイトルは警告を発した。三十年後、『ライフ』誌の一記事は「年齢が問題とならぬ」情況を確認しようと試みた。(2)おそらくアメリカにおいて年齢意識が最も強まった一九六〇年代、十代向けの雑誌である著述家は慨嘆して言った、「アメリカ人がますます厳密に、水平に人を区分するようになっているのは遺憾なことです。十二歳児すべてを一緒に切り離す、十七歳の若者、四十歳前後の人、六十歳以上の人、それぞれを切り離すなんてことをしていて。こんな状況は世界のどこにも見られぬし、歴史上なかったことでしょう(3)」。かつては年齢意識、年齢階層であったのが、年齢定型化、年齢分離化に発展してしまったと思う人も多かった。

一方、一九八〇年代までに社会科学者の中には、この傾向は逆向きになり、アメリカは「年齢に囚われぬ社会」へ向かっていると信じる人も出てくる。一九八〇年、『サイコロジー・トゥディ』の会見記の中で、年齢と老化の分野で最も著名な研究者の一人、バーニス・ニューガートンは、「暦の上の年齢は人の生き方を計るのに、ますます不適当なものと見直されるようになっています。……私たちを時間どおりに行動させる内的な時計全体、結婚や就学や就職や退職の時が、早すぎるとか遅すぎるとか私たちに告げる時計は、もはやこれまでのように強力でも、強制的でもないのです」と述べている(4)。これまでの世代と異なり、今のアメリカ人は二十九歳の大学学長、五十歳の定年退職者、三十五歳で新婚の人、七十歳の大学生等々を、以前より受け入れているのを、こうした社会科学者たちは指摘している。「誰も自分の年齢に見合った行動をしなさいとは言わない」と、ニューガートンは言う(5)。

アメリカ社会は年齢により「きっちり区分けされている」とか、「年齢に囚われなくなりつつある」と結論するのは、いずれも幾分か正確で、幾分か誇張していることになる。というのは、この半世紀間の年齢様式《エイジ・パターン》には、継続性と変化が見られるからだ。過去半世紀間、とくに発達心理学が誕生して以来、年齢と相関する成長と行動に関する学説がにわかにいろいろ唱えられるようになった。発達心理学はそれまでの二、三十年間に教育学者や心理学者が提示した概念の多くを統合した。政策担当者、そして個人個人も一貫して年齢を、社会化の基礎としてきたために、同年輩仲間との交際は、学校で、職場で、リクレーション活動で、そして地域社会においてすらも、広がっていった。消費者志向の産業のためのマーケット・リサーチは、消費者の需要に関する「人口統計」——砕いて言えば、年齢別需要——を強調し、会社は特定の年齢層の集団に合わせ、自社の製品と広告を作製した。

ベビーブーム世代が大人になるにつれ（この世代が時の流れの中を移り動く様は、蛇に呑み込まれた動物が蛇の消化管の中を、目に見える大きな固まりとなって動く様に似ている、と社会情勢解説者は言う）、また、老人人口が他の年齢層と不均衡に増大するにつれ、全ての施設や団体は、この二つの年齢集団が及ぼす圧迫を強く意識するようになり、そのニーズに応えるように努めた。作家と社会学者は「都市の若い知的職業人（ヤッピー）」、「若い老人」、「老いた老人」のような、新しい範疇を創った。これは年齢による社会階層化を促進させた。通俗的読み物として、三十あるいは四十を越えた「中年の危機」とか、「老いの意味」とか、「人の最良の年齢」とかについての記事や本が氾濫した。

だが同時に風潮の変化の微風が次第に強く吹き始めていた。初めは、第二次大戦の退役軍人に授業料補助金を支給する軍人法案の結果、次に大学の公開講座部門の拡張、そして学校側の一致協力した年のいった人を受け入れる努力、等により年輩の大学生が増加し、高等教育を受ける人の年齢層の幅を広げた。これまでより多くの女性、とくに幼児を持つ既婚女性が労働力に加わるようになり、人生設計《ライフコース・スケジュール》の年齢規範を混乱させた。老齢の労働者に退職の時期を早めるよう勧めて若い労働者の昇進の機会を拡げること、かつ、有能でやる気のある老齢の労働者は六十五歳以後も就労可能にすること、その二つの意図で退職の条令を緩和したことが、人生の生産期と依存期の境目の年齢を幾分流動的にした。おそらく最も大きな意味をもつのは、合衆国議会が州議会の後を追って、さまざまな年齢差別を違法とする法案を可決し、年齢が社会的地位を決めるものとしてもつ重みが軽くなったことである。しかし年齢を乗り越えようとするこうした全ての試みも、一般の人々の意識から、それを取り除く点では効を奏さなかった。性、人種、階級とともに、年齢はアメリカの文化や社会政策の中で最も目立つ特徴として在り続けている。

## 発達心理学とさまざまな年齢集団の行動

誕生とともに始まる加齢過程は二組の要素の相互作用を伴う。一つは人が成長し、大人になり、老い衰える過程で経験する肉体的、心理的変化である。歯牙発生、思春期、更年期、知的能力、感情面の能力、そしてある種の病気、これら全ては、人の成長と退化に繋がるスケジュールに従う。だが、こうした個人的経歴に加えて、個々人は同時出生の他の全ての人々から成るコーホートの一員であり、個々人の経歴は、自分以外の全てのコーホートの成員と分かちあう社会文化的環境の一つの構成要素である。

その環境は、個人の行動がそこから引き出される源泉である文化と、行動が演じられる舞台である社会、とから成り立つのだが、その環境は、一定の年齢の個々人の心に刻印を押す、価値観や出来事といった外的影響力を及ぼすことで、コーホートの成員が年をとる、そのとり方に影響を与える。たとえば、ベトナム戦争と一九六〇年代のいわゆる性革命とは、その頃の十年間、四十歳の人に対して及ぼした影響とは大きく異なる影響を、二十歳の若者に及ぼした。また、四十歳の人は、七十歳の人とは異なる影響を受けた（もちろん、それぞれの年齢集団の中でも、個々人は階級や性といった要因次第で、幾分違った影響を蒙ったのであるが）。

　年齢と相関する生物学的変化の研究は長い歴史をもつ、そのことはこれまでに論述した。年齢と相関する行動の変化の研究も、二十世紀に入るずっと以前に始まったが、それが発達心理学という、もっと輪郭がきっちりしたものに固まるのは二十世紀半ばになってからであった。さらに近年になると、社会学者と心理学者は個人の成長と歴史的文脈の相互関係を集中的に研究するようになった。歴史的文脈とは人生経過《ライフ・コース》、または人生期間《ライフ・スパン》にわたる発達と名づけられる過程のことである。正式の名称はともかく、発達が鍵となる概念であり、発達を測る慣習的目盛りの最たるものは年齢である。

　現代発達心理学は二十世紀に入るまで、正式の研究分野という形をとるには至らなかったが、十九世紀の学者は将来の研究の土台を創っておいてくれた。基礎を形造った研究の一部は、幼児の身体の成長、感覚能力の変化、運動神経の成長、および言語能力に関する系統的な観察であった（これらのしばしば感傷性を帯びる研究は「乳児史」と呼ばれた）。幼年期の発達と老年期の退化のもろもろの特徴に焦点をあてた先駆的研究として、大きな意義をもつのは、四人の影響力の大きな人々、アドルフ・ケトゥレット、サー・フランシス・ギャルトン、ウィルヘルム・プレヤー、そしてG・スタンリー・ホールによりなされたものである。

　ケトゥレットはベルギーの天文学者で数学者であり、情緒の安定、筋肉力、知的能力、精神的病いのような変化するものと年齢との機能上の関係を予測するのに、統計学を応用できると信じた。一八三八年にパリで出版されたその著書『人の能力の発達に関して』は、心と行動について、後々の研究者たちが用いた研究方法を先取りしたものであった。趣味で研究に従事したイギリス人、ギャルトンは、ケトゥレットの方法論を基に、老化に関する部厚い研究書を物した。一八八三年ロンドンで出版された、その著書『人の能力とその発達』は、年齢と相関する発達や退化、とくに老人におけるそれについてのデータを載せた。ドイツ人の生理学者プレヤーは、しばしば発達心理学の真の創立者として名前が挙げられる。一八八二年にライプチッヒで出版された彼の『子供の心』は、年齢を追って生じる行動に関する、完全に経験に基づいた最初の研究書だからである。これまで取り上げてきた『思春期と初老期』の著者、ホールは、合衆国における年齢集団の研究の礎を築いて、一八八〇年代から一九二〇年代にかけて注目すべき貢献をした。[6]

二十世紀初頭にアメリカ人、E・L・ソーンダイクとジェイムズ・B・ワトソンは、経験に基づいた子供に関するより精巧な研究に取りかかり、学習と行動の修整の理論を編みだした。発達心理学の評価を上げるのに貢献したものに知能検査運動と知能指数（IQ）（4章参照）がある。一九三〇年代に発達心理学は、幼年期を越えて人の生涯全体を視野に入れ、新生面を拓いた。この面で大きな仕事をしたのはウィーンの心理学者シャーロッテ・ビューラーで、彼女は人生上の二組の出来事、生物学的出来事と伝記的それとが、別個の年齢曲線上に並べ得ることを確かめた。それぞれの曲線は、特定の年齢ごとの、活動と経験における規則性を示す、過渡期のそれとともに、そう彼女は述べた。後にビューラーは特定の人生の時期に人の行動を支配する、五つの基本的性向を確認し、彼女の理論に磨きをかけた。彼女は人生を年齢階層的に十段階に分け、それぞれの段階と基本的性向別に、行動お

表 8.1　人の一生における段階と基本的性向についてのビューラーの概念

| 年齢 | 基本的性向 | | | | |
|---|---|---|---|---|---|
| | 欲求の充足 | 適応のための自己限定 | 創造的伸長 | 内面的秩序の達成 | 自己達成 |
| 0～1.5歳 | 信頼，愛情，自己発展と自己発見 | | | | |
| 1.5～4歳 | | 服従と超自我の理想対独立心 | | | |
| 4～8歳 | | | 自立的価値設定，仕事への自我理想的面 | | |
| 8～12歳 | | | | 社会的役割における客観的自己評価の試み | |
| 12～18歳 | 性的欲求と性における主体的自己の問題 | | | 自己発達の反省と下調べ(伝記的) | 幼年期の達成と離脱 |
| 18～25(30)歳 | | 社会における役割に対する試験的自己決定 | | | |
| 25(30)～45(50)歳 | | | 仕事，結婚，家族における自己実現 | | |
| 45(50)～65(70)歳 | | | | 批判的自己評価 | 自己達成 |
| 65(70)～80(85)歳 | | | | | |
| 80(85)歳～死 | 支配的欲求充足への退行 | | | | |

出典：シャーロッテ・ビューラー「発生論的にみた自己発達の相」,『ニューヨーク科学アカデミー年鑑96』(1962), 755.
原著書の出版社の許可により複製.

よび人格に関する基本的パターンを当てはめた。たとえば、ビューラーによれば、十二歳から十八歳までは「欲求の充足」、とくに性的欲求の充足が支配的な性向で、二十五歳から四十五歳までは、創造的な表現、とりわけ仕事、結婚、家族における自己実現（表8・1参照）が主たる性向であった。(7)

人生における時期と心理社会的仕事に関するビューラーの模型は、精神分析学者エリク・エリクソンによってさらに磨きをかけられた。彼は世紀半ばの、人格の発達に関する最も重要な理論家であった。一九三八年にヨーロッパから移住してきた彼は、最初幼児と思春期の若者の発達に関する研究を始めた。しかし一九五〇年に出版された画期的な著作『幼年期と社会』は、最初は研究の的でなかった領域に踏みこみ、フロイトの影響下にある精神分析の理論と異なる学説を唱えた。フロイトは幼年期の不安、動揺を人格形成の鍵と信じ、集中的に扱ったが、エリクソンは幼年期から老年期を通して「人の潜在能力の伸長」と彼が呼んだものを強調した。(8) 彼は人生に八つの段階を仮定し、それぞれの段階が固有の心理社会的仕事と発達過程上の危機を伴うとした。人生の時期が異なると、なすべき仕事も顕著に異なり、そうした相異が、関心、活動、情緒における年齢変異の説明となる、と彼は理論づけた。こうしてエリクソンは、六歳から十歳の子供たちの仕事と発達上の問題点を、「開始期」という名称の下にまとめ、四十歳から六十五歳の中高年期のそれらを、「生産期」という名称の下に分類した。エリクソンの概念は、教育心理学者ロバート・J・ハヴィグハーストのような研究者が借用するところとなり、ハヴィグハーストは発達段階上の仕事と肉体の生物学的変化を関連づけることを試みた。ハヴィグハーストによれば、肉体の生物学的変化は個々人を新しい欲求と機会に適合せしめ、また、個々人の年齢に応じ期待されることが変わる社会的規範に適合せしめるのであった。(9)

第二次大戦以来、発達心理学者は、コンピュータと、観察の記録を補うこみいった統計的手法を駆使し、幼年期と老年期に一貫して強い関心を払ってきた。専門誌『発達心理学』が一九五九年に世に出たことは、この分野がしっかり確立された証しである。後を追って一九六一年に『老人学者』、一九六八年に『思春期』といった専門誌が発刊された。人生の長い期間にわたる研究は、縦の研究方法を採択する人々によりなされた、つまり、社会科学者はあい異なる年齢集団、あるいはコーホートを、異なる時点で調査し、変化に関する想定をなすのでなく、同一の人々を長期間にわたり調査して、変化を見きわめるのである。縦の研究は、たとえば一九四八年から一九六八年にわたり、その二十年間幾つかの間を置いて、調査表に答えを記すよう頼むことで、同一の人々を追跡できる。一方、コーホート研究は、一九四八年に二十歳の人々、一九五八年に三十歳の人々、一九六八年に四十歳の人々について（対象者は必ずしも同一人でなくてよい）記述することで、縦の研究に近似した結果を生みだす試みである。この両方のタイプの研究方法には問題点が多々あるが（たとえば縦研究の手法は、被験者の協力、しかも間をおいた幾つかの時点での協力が必要である）、縦研究の、分析に携わる社会科学者は、コーホート研究をした人より、歴史が人の心理的展開や成長に及ぼす影響に、もっと気を配ることに努めた。彼らの研究は、年齢は人の生物学的段階や経歴上の段階の指標であると同時に、人の歴史的位置づけの指標でもあることを示した。こうして社会科学者グレン・エルダー二世は、十代後半に大恐慌を経験した女性は、幼年期に経験した女性とは、結婚や家族生活に対し異なる心構えをもつようになったと結論している。[10] 人の一生にわたる研究分析をする人々は、年齢を決定的に大きな要素としつつも、個々人の社会的行動のパターンには、もっと複雑な要素があることを明らかにした。こうして、子供の頃の経験のみが成人して後の人の性格を解き明かすもの――子供は大人の父なり――とする、従来の見解に疑問を投げ、少年期以降の経験、戦争、不況、伝染病の流行といった歴史的な事件も、離婚、転職といった私的な出来事と等しく重い意味をもち得る、と主張した。一生にわたる成長・展開理論を支持する人々の中には、バーニス・ニューガートンのように、そうした見解は年齢規範の必要性を小さくする、と主張する人もいるが、そう思わぬ人もいる。「人生を組み立てたり、落ちつかせるのに年齢規範が必要だ、それを欠く社会は舵のない社会である」とエルダーは言っている。(11)

## 年齢規範の強化と弱化

発達心理学が次第に広く容認されるようになったことからも分かるように、人の発達に重きを置く見解は、十九世紀そして二十世紀初期の教育学者や医師が唱えた成長の概念と合体した時、年齢規範を以前にも増して根強いものにした。権威をもつ、あるいは多少権威らしきものをもつ、各種の委員会や協会が、二十世紀中葉に、年齢規範を重んじる言葉を表明し続けた。こうして一九三〇年に、成長と発達に関する委員会は、児童の健康と擁護に関するホワイトハウス協議会に、行動は身体の成長と同様に年齢により決定される法則に従う、との報告書を提出した（傍点筆者）。「発生と因果的連鎖の法則は非常に一貫したものであるから、行動のパターンを系統立てて研究することで、精神の成長の特質を解明できるかもしれぬ。……知能を測るのに何を用いるにせよ、年齢規範を使わぬことはほとんど考えられない」と報告書は述べている[12]。

年齢階層と年齢規範は、人の性的行動に対する新しい科学的な関心の導きともなった。フロイトは幼児の性的関心の論考の中で、そうした規範を具体的に述べた。たとえば一九二五年に、女の子は普通四歳でペニスへの羨望をもつ、と主張している[13]。アメリカの文化にとってもっと有意義な研究は、インディアナ大学の性研究所（現在は「セックス・性・生殖のキンゼイ研究所」として知られている）の創立者アルフレッド・C・キンゼイの指導の下に行なわれ、広く宣伝された研究である。二つの性行動の調査、一つは一九四八年に発刊されたアメリカ人の男性に関するそれ、今一つは一九五三年に発刊されたアメリカ人の女性に関するそれ、はデータを、厳密に年齢範疇に従って整理しただけでなく、データの分析的記述にも年齢規範を当てはめた。たとえば次のように記されている、「男性の性生活では、単独の要素で、年齢ほどに精液の放出の頻度に影響を及ぼすものはない[14]」。

調査書では、キンゼイとその同僚は次のような項目に焦点をあてた。最初の性的な行為をした年齢、性行為が一番盛んだった年齢、性的意識や感情を初めて覚えた年齢、自慰、ペッティング、同性愛的触れ合い、性交のような明確な性行為を初めてした年齢。いわゆるキンゼイ・レポートが明らかにした事柄の中で大きなことは、性行為は人により大きな相違があること、そして、その相違は調査の対象になった人の教育レベル、経済的レベルに関わりがあるということであるが、キンゼイは必ずしもそんな含みを意図したわけではなかったにせよ、種々さまざまなデータは、年齢規範を内包すると容易に解釈できる。こうしてデータが、思春期前の男性で性的遊戯を経験する平均年齢が八・五九歳とか、今世紀になって生まれた女性の五〇パーセント近くが二十歳までに、婚前交渉の経験があると示

せば、読む人は、含みとして、そうした年齢規範から逸れる者は、「正常でない」と想定し得ることになる。(15)

年齢と性の関わりに加え、年齢と生理のそれが二十世紀中葉には、とくに医者と通俗作家が中年期の特徴を深く調べ始めてからは、これまでより綿密な医学的調査の対象となった。この文脈で捉えると、年をとること、ある年齢に達することは、健康で元気な状態から病気で衰弱したそれへの移行を強く暗示することになる。多くの「専門家」がさまざまな身体的能力の「絶頂期」がいつかを、執拗に確認しようと努めた。そして通常大きな生物学的分岐点に年齢規範を賦与しようとした。たとえば一九五四年に老人病学の研究方法を用いて、ある著述家は、女性の生涯に三つの主要な年齢のピーク――二十歳、三十歳、そしてきわめて重要な四十歳のピーク――があると断定してみせた。幾つかの生理学的に鍵となるものから、どんな人でも、女性の年齢のおおよそのところは視てとることができる、と彼は主張した。たとえば、二十ですべすべした皮膚に目につく毛穴が現われ始める。三十で、柔らかで艶がありふっくらしていた睫毛は、かさつき、ぼさついてくる。四十を越すと、女性の脚には血管が見え始め、手の指の爪には縦皺が現われ、顎と耳の下の皮膚はたるんでくる。著者は女性の年齢を知るのがなぜ大切かは何も述べない。しかし、ご丁寧な基準の挙げ方に、年齢と年齢規範が、広く一般の強い関心事であると想定していることが窺える。(16)

同様に一九五四年に出た「本当の意味であなたは何歳か?」という記事の著者は、身体の異なる部分は異なるペースで年をとるが、「おそらく四十歳が重い意味をもつ年齢」と主張した。それは、四十歳の男も女も体力は長いこと前からピークを維持しているが、生殖力は二十歳から三十歳がピークで、四十歳でははっきり衰えているからというのである。[17] 世紀半ばまでに多数の医学者は、中年期は癌の罹患率が目立って増大する時期と推量するようになる。たとえば、一九四四年ワシントン大学医学部での加齢についてのシンポジウムの前になされた講演で、ノースカロライナ大学の薬学研究教授ウィリアム・ドゥ・B・マクナイダーは、次のように講演を締めくくった、

二十五歳から四十歳にかけて化学的に進行してきたため、構造的変化により、相当な確実性をもってそれと認識できるであろう大きな変化の時期……一番大きな意味をもつのは、そうした時期、あるいはその後の時期は、癌が発症する時期であることだ、癌は年齢という要因と密接な繋がりをもつ。[18]（傍点筆者）。

その他の医療記事は、中年期に罹患する病気が、呼吸器伝染病のような急性病から、泌尿器機能不全、視力障害、難聴、高血圧、関節炎、気腫といった慢性病に性格が変わることをもっぱら扱っていた。[19]

ミニスカートを着用する年代と老齢者医療保険制度の対象者となる年代の間で、医療研究者や心理学者が最も関心を寄せる時期として、四十歳の誕生日が導火線となる「中年の危機」が一九六〇年代、七〇年代に、浮かび上ってきた。一九六八年までに四十歳から六十歳までの年齢層がアメリカの人口の四分の一を占め、国民所得の半分以上の稼ぎをあげていたため、当然のことに、彼らの関心事や活動が人々の関心を呼んだ。この年齢層の女性は、その頃経験する生物学的な変化のため、情緒的な不

安定に容易に陥りやすく思われた。更年期は、女の受胎能力の終焉を意味するだけでなく、家族の中での立場が変わることで倍化される情緒的不安定を惹起しがちであると思われた。こうして中年の危機というと一般に想定されるのは、四十代の女性が、女として生まれてきて、その生物学的機能を喪失し始めるのみならず、子供たちが独立した暮らしを始め、遂には「空ろな巣」に独り置いてきぼりにされ、母としての社会的機能も果たせなくなってくる、というものである[20]。

医療の進歩が更年期の身体的外傷を大幅に減少させた。社会学的調査が明らかにしたところでは、社会的および個人的ショックは、外から見る人の多く（大抵は男性）が思うより、遙かに小さい。にもかかわらず女性に中年期の危機が存するという考え、四十歳への怖れ、は存在している。こうして一九六七年にある人気作家は、「夫婦の在り方、あるいはその他のどんな個人的な特性でもなく、年齢こそが、女性が四十に達した時の危機の説明となる。というのは、四十歳は女性が今後の人生における自分の役割りについて重大な選択をする必要がある時を意味するからです。危機は何らかの形で誰の身にも生じます。……歯が生えるのが、幼年の年齢集団にとり自然であるように、成長の正常な様相だからです」と主張した[21]。

男性の中年の危機は女性のそれより複雑で、かつ同じくらい激しいとされてきた。男は四十を越すと急速に性衝動およびその能力を失い、一種「男の更年期」を経験する、というのが長い間一般的見解であり、科学的な見解でもあった。中年の男は、女と異なり、激しい生物学的変化を経験しないが、人格が大きく変容したと言う者は少なくないようだ。変容の説明を試みて、たとえばイェール大学の心理学者ダニエル・J・レヴィンソンとその同僚たちは、四十歳を指して「地平線の時」と言った、不安定な沈んだ気持で過去と未来を眺める時の意味である。レヴィンソンとその同僚らに従えば、人生の中間の時は、若さと老齢、希望と失意、貫徹と挫折の間《はざま》の、人をおびえさせる区切りを印しづける時なのである。血液循環や肺機能の衰え、腎臓や胃腸の機能不全、視力や聴覚の障害のような身体的衰えの徴候が伴う時、自分の人生を仕事の面、私生活の面で問い直し、「残された時間は多くない」という自覚を煽られることになる(22)。

人格の研究に従事する心理学者の中に、意識的にせよ、そうでないにせよ、中年期の変化の年齢規範を強化する人々がいる一方、知力を研究する人の中には、学習能力に関し一般に想定されている中年期、高年期における衰退の年齢規範を打ち消す人もいた。二十世紀初め頃に、スタンフォード大学心理学教授ルイス・ターマンその他の人々が子供たちに試みたテストの結果は、知力は十代にピークに達し、その後一生そのまま変わらぬことが示されたように思われた(23)。しばらく後、異なる見解が唱えられた。一九三三年にN・E・ジョーンズとH・S・コンラッドは十歳から六十歳の人千人に関する研究調査を発表した。それによると知能指数は十八歳から二十一歳にかけてが一番高く、年齢が加わるにつれ累進的に低下する、というものであった(24)。学習能力、記憶力、理解力についての他の人々の研究もあいまって、知力は身体的能力と同様、人生の早い時期にピークに達し、加齢と共に、とくに四十歳以降、衰退していくという見解が強固なものになった。当時の研究者は、たとえば学校教育の量と質といった文化的要素が、成人のIQに及ぼす影響をほとんど考慮に入れていなかった、それは子供たちのIQに及ぼす文化の影響を考慮しなかったのと同様であった(25)。

知能テストに関するもう一つの問題点は、結論のほとんどが時の流れの中の同一の時点で、相異なる年齢集団を分析することで、個々人の歳月の経過による変化を知ろうとするコーホート研究から引き出されたものであることである。しかし、同じ個々人を歳月をかけ比較調査する最近の縦研究は、素早い視覚反応、運動神経の反応においてのみ、知能指数は年と共に下がることを明らかにした。また、中高年者の知力は衰えずに一定しているか、向上すらしているのを示す調査結果もある。こうしてポール・B・ボルテスやK・ウォーナー・スカイエ等の研究者の結論によれば、知能テストの成績にみられる変動は、暦年的年齢より世代（コーホート）間の相異の方に、より起因する、つまり、いつ生まれたかが、テストを受ける時点の年齢より、重要ということになる[26]。さらに、中年期と老年期の人々の学習能力の衰退を示すと想定されたテストの結果は、知力の衰えより、身体的疲労からより影響を受けやすいことで、もっとうまく説明がつくことが判明した。

心理学者の中には知能という概念自体すら、疑問視する人もいる、それを支える理論そして知能を測るのに用いる器具は、もともと教師が学校での作業を予測し、学生の学習能力を高めるための補助として開発されたことに注目したのである。そのような知能の定義づけやテスト方法は、年輩者の潜在的な知慧や経験を測るには不適切といって少しもさしつかえない、と批判的な人々は言う[27]。これらのこと、またその他の事柄が明らかになった結果、幾つかの年齢概念、たとえば精神年齢や知能の段階といったものはかなり有効性が薄れた。

## 年齢分離と年齢統合

年齢規範に対するさまざまな理論や風潮にもかかわらず、二十世紀中葉には、アメリカは年齢分離の社会になってしまったと嘆息する人が多く見られた。さまざまな現象、たとえばベビーブーム、年若い家族が郊外に住む傾向、定年退職者の共同体や老人ホームの増加、大学生人口の急増、「若者の反抗」が一つの顕われである「世代間の断絶」、その他いろいろな社会的趨勢は、社会組織にみられる意図的および非意図的な年齢階層のもたらした、最も深刻な結果を強調してみせているように思われた。家庭内でも、同年輩仲間同士の忠義立てが、家族そろっての正餐のもつ伝統性や年齢統合性と競いあい、それを切り崩すにつれ、世代間の断絶が激化した。「食事をさっと済まし出かける《イート・アンド・ラン》」習慣は、家族の構成員が社交上の、また仕事上の務めに合わせるために、別々の時間に食事をとることになっていった[28]。こうした年齢階層は外から見て予想される程に、異なる集団や世代をたがいに引き離す働きをしたであろうか？　答えは、多くの点で肯定の方に傾く、しかしそれは重要な条件つきで、であり、このことは広い意味の年齢分離に関する一般的想定を緩和させる複雑な要素があることを示す。

　世紀の変わり目頃に始まった幾つかの人口統計学上の傾向が、現在に至るまで続いていて、その結果過去になかった程に、年代をそれと特定して起こる事柄が多くなった。第一に、医学の進歩により、ある専門家が「死の再配分」と呼んだもの、つまり若い人の死亡が大きく減り、中高年期にもっと集中するようになったことが挙げられる。[29] 過去百年間で幼児の死亡率が目立って下降線を辿ったこと、それとともに、結核、肺炎、小児麻痺等の、以前は死病であったものを予防したり治癒させる薬や医療が出来て、アメリカ人は老齢になるまで寿命が保てると思うのが当り前になった。[30] 第二に、夫婦の年齢差が縮小し続け、5章で見てきたところの、夫婦のもつ同年輩仲間としての性格がいっそう強まった。また、自分の伴侶は自分と同じ年頃の人だろう、とか、同じ年頃の人がいい、といっそう思うようになった。一九〇〇年には、初婚のアメリカ人夫婦の平均年齢差は四歳だったのが、一九七四年には二歳になっていた。[31]

第三に、思春期の若者や若い成人たちの人生コースは以前より一定の型ができ、より予測しやすいものになった。[32] 大部分の者が学校で学び、親の許を離れ独立し、結婚し、就職するといった人生の大切な事柄を同年輩仲間と同時に経験していくようになったからである。これまでより若者の多くが結婚の時機を遅らすようになり、一九七〇年代までには、結婚適齢期は二十代前半とする社会的規範の有効性は希薄化していたが、それでも、同じ年齢か、近い年齢の相手と一緒になる風潮は変わらなかった。また、若い成人たちが、正式の結婚より「同棲する」方を選ぶさいも、同年輩仲間とともに暮す傾きがあった。

過去四十年間に、アメリカの年齢構成と年齢相関《エイジ・リレイション》に最も激しい影響を及ぼした人口統計学上の一大ショックは、ベビーブームであった。一九四七年、誕生した赤ん坊の総数が三百八十万で過去最高になった（一九三九年には二百四十万、一九四三年には三百十万にすぎなかった）、それから十五年間記録的に高い数字を維持し続けた。一九四七年から一九六二年の間に生まれたコーホートが加齢するにつれ、小学校、次に中学・高校・大学、就職口、住宅と、それらの需要を変えさせていくことで社会全体に波紋を拡げていった。

数の多さでベビーブーム世代はこうしてその存在を知らしめ、社会全体の年齢意識および自分たち自身の年齢意識をいっそう強いものにした。たとえば一九六〇年代、新しい若者文化がベビーブーム世代の若者たちにより創られた。彼らはアメリカ人の平均年齢を二十七・九歳に引き下げたが、これは二十世紀初頭以来最も低い年齢である。しかしベビーブームが始まって三十年後の一九七九年に、大人になったこの世代の人々が、平均年齢を三十歳以上に引き上げ、総人口の半数以上を、ある専門家がいうところの「世代のルビコン河」の向う側に位置せしめた[33]。ベビーブーム世代の先頭に位置する人々が四十に近づいた一九八〇年代半ばに、一般向けのマスメディアが、「生物学的時計」が止まりかけている女性、および、中年期の脂肪太りと劣化現象を避けるための美容健康の日課、について集中的に取り上げるようになったのはなんら偶然ではない[34]。

住宅政策はベビーブーム世代の需要に応じただけでなく、年齢分離を促進させもした。第二次大戦後建築業者は、若い、今後数を増やす家族の郊外住宅を大量に建て、統計学的趨勢を利用しようとした。こうして造成された共同体は、そのような家を買えず、小規模のものを必要とする独り暮しの人や老人を排除する傾きがあった。早くも一九四八年に社会政策を分析する人の中には、そんな傾向はアメリカ社会に不健康なアンバランスを造りだしつつあると警告を発した。同じ年、家族生活に関するホワイトハウス協議会は、アメリカ人が老人も若者も世代間の接触交流を通して利益を得られるように、急速に拡大しつつある郊外地で、さまざまな年齢の人々が混在する必要性を強調した。しかしながら、政府や金融機関の住宅政策は、(年齢、世代、そして人種的な) 分離をさらに促進させただけであった。連邦住宅局と在郷軍人局から抵当を確保した連邦幹線の建設は、郊外の巨大な私営団地の建設と一緒になり、二十代、三十代の両親を頭とする白人の家族が、中心的な都市の郊外に住みつくのを奨励した。実際に一九五八年から一九六〇年にかけてニューヨークのレヴィットタウンに最初に住みついた三千所帯の世帯主の約八〇パーセントは四十歳以下であった[35]。

一方、民間の建築業者は市内に若い独身者用のアパートを造ることに専念した。とくに、ベビーブーム世代の人々が二十代になり、自活して生活し始めた一九七〇年代初めに。公共の機関は、しばしば都市のスラム街を撤去した土地に、比較的収入の乏しい、年齢のいった人々用のアパートを建てた。一方民間の宅地造成業者は、フロリダ、アリゾナ、カリフォルニアに、年金受給者用の、新しい年齢分離型の共同体社会を造っていた[36]。

ベビーブーム世代が大人になり、一九七〇年以降アメリカ人の平均年齢が高くなったため、人々は労働者人口の年齢構成にますます注意を向けるようになった。さまざまな年齢集団の中で女性たちが多くの新しい傾向の中心にいた。たとえば、一九七五年に労働省は『マンスリー・レイバー・レヴュー』の特別号を出して、「労働力の一部としての女性」を取り上げ、この趨勢の分析を年齢集団別に行なった。特別号の巻頭記事、「若い時代」は、労働力の一部として十六歳から二十四歳の女性が急増したのは、ベビーブームがもたらした結果の中で見過ごされてきたものの一つであることに目を留めたものである。実際一九七四年には二十歳から二十四歳の女性の六三パーセントが職に就いていて、これはどの年齢集団よりも高いパーセンテージであった(一九八五年までには七二パーセントに上っていた）。記事の執筆者は、この高い数字は、一九六〇年代の経済成長、高等教育と男女雇用機会均等法の成立によりもたらされた就職の機会の拡大、次第に大きくなるインフレの圧力、のためであるとした(37)。

二つめの記事、「中年時代」の筆者は、教育、個人的気配り、医療といった方面の伝統的に女性向きの仕事の需要の増大により、中年女性の就職率をベビーブーム世代が押しあげた――一九五〇年に三七パーセントであったのが一九七四年には五四パーセントになっていた――ことに注目したものであった。さらに、子供をもつ女性が労働力の一員になるのを奨励した、女性解放運動や、出生率の低下、離婚率や夫婦の別居率の上昇といった人口統計学的趨勢が、女性の職業婦人志向を強め、経済的欲求を大きくした(38)。同じ趨勢は一九七五年以降も同様に成人女性の就職率を加速させた。二十五歳から四十四歳の女性が労働力の一翼を担う率は一九七五年の四八パーセントから一九八五年の七一パーセントへ上昇した。専門家の言によれば、この年齢範疇に入る女性の八〇パーセントは、一九九五年までに職に就いており、そうなると、史上初めてもっと若い年齢集団より、就職率が上まわることになる(39)。

老年期の女性の就職率には他のパターンが影響を及ぼした。三つめの記事「老年時代」によると、五十五歳以上の女性が労働力の一員となっている率は、一九五〇年から一九七〇年にかけて一九パーセントから二五パーセントに上ったのが、一九七〇年代初期には逆戻りした、それは主に退職年金制度の変革と社会保障制度による金銭的恩恵の増大のためである（以来、就職率は約二三パーセントに一定している）(40)。『マンスリー・レイバー・レヴュー』に載る類の調査は、しばしば白人の中流階級の視点からなされるものであるため、働きたくて働く女性と、やむなく働く女性、社会的地位の高い仕事と低い仕事、継続的な職種と時折の、あるいは非常勤の職種、等の区別がなされていない。調査上のそうした手抜かりは、しかしながら、年齢というものが、分析的尺度としていかに大きな基準になっているかを示す[41]。

男性の、年齢とからみ合わせて見た職業の分析は、女性のそれらより階級や地位の差異をもっと配慮してなされているようだ。給料、移動性（職業、地位、住所の）、仕事の満足度にみられる傾向を追跡調査したものは、ブルーカラーとホワイトカラーの区別を考慮に入れてなされている[42]。年齢は必然的に、一貫して職業上の傾向を測るスペクトルを明示するものではあるが、技術のレベル、教育のレベル、家庭的文化的背景、歴史的文脈が、同一年齢の人々にすら、職業上の傾向に大きな差異を創りだしている、そう社会科学者たちは述べた。たとえば、社会科学者ジョン・A・クローゼンは、人々の仕事における「役職」と出世への期待度の調査で、さまざまな社会的、経済的状況に応じて、個々人の職業上の「頂点」は、それぞれ異なる年齢で達する、と結論した。しかし、転職と仕事への抱負に関する縦の調査に関する彼のデータは、大抵の男にとっては、役職の上で出来る限りは昇りつめたという自覚をもち、家族生活、リクレーション活動に今までより参加し始める「四十代が、転機のようだ」という年齢に基づいた概括[43]へと彼を導いた。

アメリカ人の生活のいろいろな面に顕著に見られた年齢分離のパターンと年齢規範は、一九六〇年代、七〇年代には逆流するものも出てきて、長い間遵守されてきた年齢規定の幾らかは有効性が稀薄化した。とくに目につくのは、高等教育と親の在り方《ペアレントフッド》にみられる新しいパターンであった。大学のキャンパスに若者文化が急速に花開いた結果、一九七〇年には「大学生」という言葉は、通常は依然として十八から二十二の若者を意味した。一九七二年には、大学の学位修得コースに籍を置いている者のうち、三十六歳以上の者は八・六パーセントに過ぎなかった。(44) しかし、ベビーブーム世代が大学就学年齢を越すと、多くの教育機関は学生数の減少に脅え、年齢のいった人々のためのカリキュラムを組み、入学を奨励し始めるようになった。さらに、産業化以後の激しく変化する経済は、専門的な技術、特殊化した技術習得者を必要とし、そのことが多くの人々に大学へ、少なくとも定時制の大学へ、教育を高めたり、「再調整」したりするために、入り直すことを促したのであった。

その結果、大学のキャンパスに人生経験を積んだ風貌の者が以前より見うけられるようになった。一九七二年には三十五歳以上の学生は十二人に一人であったのが、一九八〇年までに、九人に一人になり、一九八五年には、七人に一人、つまり、千二百五十万人の学生のうち百六十六万人となった。専門家は一九九三年までにほぼ二百五十万人、大学生の五分の一が三十五歳以上の者になると見積もっている。とくに女性がこの傾向を助長してきた。一九八〇年以来三十五歳以上の学生は、二対一の割合で女性の数が勝っている。

女性の多くが職業上の生活、学生生活のみならず、家族生活の上でも、生き方のパターンを変えてきた。二十歳前後で結婚し、二年後かそこらで最初の子を産むという、戦後の規範は一九七〇年代に崩れた。たとえば、二十歳から二十四歳の独身女性が結婚する割合は、一九七〇年から一九八三年の間に、千人当り、二二〇・一人から一〇六・九人と半分以下に下がった。一九七〇年には二十五歳から二十九歳の女性の一九パーセントが未婚であったのが、一九八七年には二九パーセントになっていた。そして一九七〇年には二十五歳から二十九歳の男性の一九パーセントが未婚者であったのが、一九八七年には四二パーセントになっていた。子供のいない既婚女性は、一九七〇年から一九八五年にかけて一六・四パーセントから二〇・三パーセントに増えた。(45)さらに初産を二十代から三十代に遅らせる女性が増えた。一九八四年には、三十歳から三十四歳の女性千人当り、初産を経験する者は、二〇・九パーセントであった。そして一九八五年には、同じ年齢集団の女性が初産を経験する女性全体の二五パーセントを占め、これは一九六四年以来最も高い比率である。(46)一般大衆向け女性雑誌はこの新しい傾向を反映し、「四十歳で初めて子を持って」とか、「三十歳を越えて母になり」といったタイトルの記事が年を追って増えた。一九八四年に『ハーパーズ・バザー』は「三十を過ぎて赤ちゃん、遅れ過ぎか?」という特別欄を設けた。

男性にも結婚を遅らせ、子をもつ時期をおそくする傾向があった。一九七〇年から一九八三年の間に、男性の初婚年齢は二二・五歳から二四・四歳へと高くなった。また、夫は大抵妻と似かよった年齢のため、第一子を持つ時機が大抵の場合、一世代前より、遅くなった。しかし結婚や初産の年齢規範からの逸脱は、男性より女性の方が人目をひいた。というのは、結婚年齢や母となる年齢に対する期待感は常に強かったからである。

結婚や出産にみられる傾向は主に中産階級の白人の家族経歴に見られる変化を反映している。そして大衆雑誌にはこの中産階級の白人向けに沢山の記事が載せられてきた。年齢や家族問題に関心を持つ著述家は少数民族の人々やその他不利な立場にある人々の集団を、しばしば無視してきている。彼らは十代での妊娠、私生児の出産率が高かったのであるが。確かに社会福祉の専門家は十三歳では母になるには幼なすぎ、十六歳では結婚するには早すぎることを強調したが、その関心は単に年齢規範を越えるものがあったというに過ぎなかった。それでも、年齢と相関する活動やさまざまな年齢集団の欲求に変化が生じたことが、年齢に基づく慣行や規制という法律的文脈を検討する新たな運動を惹き起こす引き金となった。その結果公民権法のかなりの改革をみることになった。

## 年齢差別と連邦法

一九四五年に『ビジネス・ウィーク』誌は、「老人問題の再検討」という見出しの特集を載せた。この問題はその後数十年間にわたり、幾つかの形をとって、頻繁に繰り返しなされることになる。この記事は、戦後の労働市場に老人の働く場所はあるか否か、という問題に的を絞ったものであった。過去五十年以上にわたり、労働人口に老人が占める割合は一貫して減り続けている。退職制度、社会保障制度、希望退職、その他の圧力が年齢のいった人々が働くのを止めるよう促してきたからである。大恐慌の時に、四十プラス・クラブがほとんど全ての都市で形成され、老齢の人々のために仕事を確保することに努めたが、第二次大戦の間にそのほとんどが消滅した。四十歳以上の人の仲間集団は、経営者に自分たちを使おうという気持がなく、年齢差別を受けているとこぼした(47)。

時がたつにつれ、老齢の人々への差別に対する非難が強まった。一九六〇年代には年齢差別への抗議の声が、老齢とは反対の極の年齢層から挙がった。ベビーブーム世代が十代に達し、そして、若い成人期に達すると、彼らが不道徳で不法な、とはいわずとも、無意味であると信じるベトナム戦争を支える税金を払わされるのみでなく、そこで多くの者が戦い死ぬのを余儀なくされていたのであるが、彼らは成人期の人のもつ権利と特権を現在より早くもてるようにして欲しいと要求した。十八、十九、二十《はたち》の若者が軍隊に勤務する資格があるとみなされるのなら、当然選挙権とアルコール飲料を買い飲む権利を法律で認められてしかるべきだと主張した。

年齢差別に対する高齢者と若者たちの抗議運動は重要な意味を持つ法律を制定させただけでなく、年齢階層や年齢意識のもたらす結果を、初めて真剣に考慮させる刺激となった。「年をとりすぎている」とか、「ふさわしい年齢だ」という言葉は、本当はどういう意味をもつのか？　と問い始めたのである。

戦後、「人の最盛期」は三十代と細かく指摘する数多くの書物や雑誌記事のおかげで一般に広まった、中年期は老い衰え役立たずになる時の始まりという考え方、そして戦後の若さを礼賛する風潮とは、そうした間違えた通念や年齢差別（とくに就職における差別）に反対する運動を鼓舞することになった。人口統計学者、社会経済計画者、企業主たちは、数十年内に中年以上のアメリカ人が増大するのを見越し、四十歳以上の人々が積極的に仕事をしていける政策を建てる必要性を力説した。たとえば、一九四六年に、ニューヨークのウィンスロップ化学薬品会社の会長、シオドア・G・クランプは、アメリカ公衆衛生協会の恒例の集会で、一九六〇年までに「四十五歳以上のアメリカ人は六千万以上になり、六十五歳以上は、二千百万以上になろう」と述べた。さらに語を継ぎ、こうした数字が暗にもつ重い社会的意味合いは、暦の上の年齢に基づく退職制度は廃止せざるを得ないということだ、生理学的年齢は年代順の年齢と同一ではなく、職に就いている老人は、ただの年金受給者より国に負担をかけることが少ないからだ、そうクランプは主張した[48]。その後二十年間に、アメリカ労働省から製造業者国民協会、加齢と老人学に関する種々の会議や学会に至るまで、さまざまな組織が、「熟年労働者」の欲求や利点を概説した報告書を作成し始めた[49]。

老年の労働者に不利ないくつかの差別的慣行は、何も新しいものではなかった。これまでの時代と変わりなく、多くの雇用主は若い者を雇うのを好んだ。年齢がいくとしばしば仕事を休んだり、事故を起こす率が高く、動作も鈍く、柔軟性に欠ける懸念があるというわけである。雇用主たちはさらに新入社員の年齢資格を設け、年輩者が応募できないようにした。そうした古くからの慣行に新しくつけ加えられるものもあり、老齢者が有給の仕事を続けるのをさまたげる働きをした。年功序列制はしばしば既に入社している人々を保護したが、オートメーション化と希望退職を奨励する制度は——たとえば、一九五六年の社会保障法令の改正は退職手当受給年齢を六十五から六十二歳に引き下げた——老年の労働者をやむなく、あるいは、自ら進んで被雇用者集団から身をひかせることになった[50]。四十五から六十五歳の労働者の失業率は比較的低く保たれてきたが、この年齢集団の者がいったん失業すると、失業期間は若い労働者よりずっと長いものになった。さらに、人為的な年齢の壁が比較的意味をもたぬ、農場経営や小規模の営利事業のような、自営業をいとなむ機会は、合衆国が次第に賃金や給料生活者が多くを占める国になるにつれ、減少していった[51]。

こうした状況に呼応して、一九六五年までに二十三の州で雇用のさいの年齢差別を禁じる法案が可決された。法令のほとんどは四十あるいは四十五から六十歳の間の人に適用されるもので、また、従業員六人以上の雇い主、および従業員の募集や広告を出す職業紹介所に適用されるものであった。さらに、大抵の法律は家庭内労働、家事手伝い、警察や消防のような危険な仕事は除外とした。これらの法律を実施する手続きはまちまちであったが、通常は州の公民権調査委員会、または労働省によって実施された。一九五八年にはニューヨーク州は最も徹底した年齢差別に関する法案の一つを通過させ、雇用者が従業員になる可能性をもつ者に年齢を聴くことすらも禁じた。この法律が施行されて最初の八年間に、ニューヨーク人権調査委員会には七百五十五件の苦情の申し立てがあった。これは提起された雇用に関する申し立ての約一四パーセントを占めていた[52]。

州法はある程度の成功を収め、それらの法案の可決は連邦政府に圧力をかけ、同様の法案を起草させることになる。一九六四年二月十三日、リンドン・B・ジョンソン大統領は大統領令一一一四一を出して第一歩を踏みだした。これは雇用、昇進、解雇の慣行において、連邦政府の契約書をもつ雇用主は、年齢差別をしてはならぬ、というものである[53]。そのすぐ後、議会は画期的な一九六四年の公民権法を可決した。この法案は、雇用の機会に関する第七項に、労働長官は年齢差別の問題を調査し、一九六五年六月三〇日までに議会にその報告書を提出することを命じる規定を含んでいた。調査書は、人種的民族的偏見に基づく不寛容な仕打ちに類するものが年齢差別の場合にも見られるとの証拠はほとんど見つからぬが、「年齢とその人の能力に関する立証されていない一般的思いこみに基づいて、実質上差別がなされている証拠がある」、そして「高齢の労働者が職に就くのを間接的に制限する働きをする制度上の取り決め」に幾らか差別が見られる、との報告をした[54]。

この報告は、恣意的な年齢規範と年齢階層が有害な影響を及ぼすことを認めた点で注目すべきものであった。広く調査した結果引き出された結論には以下のようなものがあった。

欠員のポストに充てる人を考慮するさい、雇用主が能力と無関係に、ある年齢以上の人はその対象外とするやり方は、それを禁じていない州の特徴的な慣行となっている……

目下存在している年齢制限の大きな部分（どの程度かは未だ未調査であるが）は、仕事が要求する資格と年齢との相関性を何ら決定することなしに実施されているという意味で、事実上恣意的なものである。

老年労働者の有能性と仕事の遂行能力は、一般的尺度で測れば、若年の労働者に少なくとも劣ることはない。

個人年金、健康保険、各種の保険は労働者の生活条件を改善したが、失業中の高齢の労働者の雇用にはおそらくマイナスの働きをしている。[55]

こうした問題やその他の問題を改善するために、「雇用のさいの恣意的な年齢差別をやめさせ」、「高齢の労働者に不利な制度上の取り決めを手直しさせる」立法的処置をこうじるよう、また、高齢のアメリカ人が就ける仕事の機会を増やし、学べる教育の場を増やす計画書を作成するよう、勧告した。[56]

議会は、この報告書と一九六七年一月二十三日のジョンソン大統領の高齢のアメリカ人に関する教書に励まされ、一九六七年に雇用年齢差別禁止法（ＡＤＥＡ）を可決した。この法令は労働組合や従業員数五十人以上の（一年後二十五人以上に改正される）雇用者による四十歳から六十五歳の人への差別を禁じた。労働省は法令の規定の施行を命じられ、施行は一九三八年度の公平労働基準法によって認可された。この法律により連邦政府裁判所は、権利を侵された従業員に不払いの給料に対する損害賠償金の支払いと復職を、あるいは、差別のために蒙った損害に対し他のやり方で賠償金を支払うことを命じることができるようになった。意義深くも、この法令はそれに先行する州法や行政命令とともに、高齢のアメリカ人のみならず、ある種の仕事には「年齢がいきすぎ」、不向きとされていた四十五から六十五歳のアメリカ人をかばう役割を果たした。実際、ＡＤＥＡの可決につながった議会での討議の大部分は、高齢者の雇用条件に的をしぼったものではなく、雇用側が設けた年齢制限のために三十代の前半で退職を余儀なくされていた旅客機のスチュワーデスやスチュワードの窮状に焦点をあてたものであった(57)。ＡＤＥＡに盛りこまれた年齢の上限は、一般に六十五歳が退職年齢になっているという理由だけで、六十五歳と決められ、退職は六十五歳を越える人の通常の境遇として受け入れられた。

次第に大きな政治力をつけ、それを発揮する長老議員が数を増すにつれ、彼らは、社会保障計画法が中年と老年の境を厳密に六十五歳と設定して以来、初めてその境を崩す人たちとなった。高齢者を定年退職規定——一九七三年には民間非農業従業員のほぼ半数が、その適用対象であった——から保護しようとして、議会は一九七八年にＡＤＥＡを改正し、雇用の保護規定の適用範囲を六十六歳以上に広げ、民間企業の労働者の大方は七十歳まで、連邦政府関係者は年齢の上限を取り払われた。一九八六年に議会はADEAをさらに改正し、警察官や消防士のような幾つかの公共の職員を除き、ほぼ全ての労働者の年齢制限を撤廃した。

幾つかの問題点の討議がこれらの改正へつながっていった。第一に、証言の多くが、恣意的に設けられた年齢でなく、個々人の能力が仕事を続けるにふさわしいか否かを決定すべきだという考え方を支持したこと。第二に、世論調査の結果は、年齢のみに基づく定年退職に強い反対を示したこと。第三に、医学が進歩し人の寿命が延びたため、六十五歳を越えても活動的で生産能力を保つ雇用対象者が増加したこと、第四に、医学的調査は、定年退職はこれといって心身に支障のない人に、心理的、肉体的に有害な影響を及ぼすこともあることを示していること。第五に、年金や保険金が入っても、定年退職後は人はしばしば経済的に困窮すること。[58] 定年退職年齢の撤廃は年齢規範を解消させ、老人を孤立させる政策を根絶させる一助となると思われた。しかしながら状況は、以下に記すとおり、依然として複雑で、厄介なものがあった。

議会は定年退職の年齢を調整しつつ、同時に、選挙権を与えられる年齢に象徴されるように、若者と成人の一般に受け容れられている境界線をぼやけさせていた。最初に創られた憲法には選挙権有資格年齢について何も記されていない。一八六四年憲法修正第一四条が可決され、そこに二十一歳以上の男子国民の選挙権が明瞭に言及された。合衆国憲法制定者と法律制度は成人年齢を二十一歳と定めたイギリスのコモン・ローの基準を受け入れたのである。

しかし一九四三年にヴァージニア州選出の民主党下院議員ジェニングズ・ランドルフは、投票年齢を十八歳に下ろす憲法修正案を提出した。ランドルフの主張の主な理由は、徴兵年齢が十八で、陸軍、海軍、海兵隊を構成する重要な部分は十八から二十の若者であり、「価値なき伝統」に米国は縛られるべきでない、むしろ第二次大戦時の軍務ぶりは、十八歳の若者たちが選挙権をもつに値する健全な判断力をもつことを証拠立てた、というものであった(59)。修正案の聴聞会で、幾人かの人が、従軍するに足る年齢の者なら投票権を許されて然るべきであるのみならず、年齢規範はバランスがとれていないし、恣意的であると証言した。テネシー州選出の下院議員エステス・ケフォーヴァーは十八歳は大抵の男女が高校を卒業する年であることに目をとめ、公民科課程を学び公的な責任の大切さを心に銘記している若者たちは、責任ある投票ができるとの論をはった。投票権を十八歳に下げたばかりのジョージア州の知事エリス・アーナルは、十八になれば婚姻前契約を結ぶことができ、税金を払う、したがって選挙権をもって然るべきであると述べた(60)。

修正案は議会を通らなかった。その後二十七年間似たような百五十の提案がなされたが、いずれも同様であった。しかし一九六〇年代、ベトナム戦争と大学紛争の結果、論争は一段と熱をおびたものになり、一九七一年、憲法修正第二十六条が議会で可決され、各州で承認されるところとなり、連邦選挙の投票権は十八歳に下ろされた。この法案の聴聞会における証言の大半は、一九四〇年代のそれを繰り返したものであったが、年齢規範を変える必要性がもっと強調された。たとえば、参考人としてよばれた人類学者マーガレット・ミードは、十三歳から十九歳の若者を「十代の若者」と十把一からげにするのは、もはや公平でも正確でもない、と述べた。過去百年間に、肉体的に成熟に達する年齢は三年早くなったこと、また、若者たちは、学校教育、テレビ、コンピュータのおかげで昔より情報を入手できるようになり、自分たちの世界をもっとよく知るようになった。子供たちは十二歳という早い年齢で政治意識をもち、政治的活動をするようになっているから、十八歳までに、責任感をもち投票できるようになっている、と述べた(61)。ミードの所見を支持する証言がなされた。十八から二十の若者たちの半数以上が何らかの高等教育をうけ、その八〇パーセントは高校を卒業している。そして十八から二十の若者、約千百万人のうち半数が結婚していて、百万人以上が子供をもつ。百四十万人が軍隊に入っていて、三百万人以上が常勤《フルタイム》雇用者であり納税者である。

連邦レベルの議決が各州で同様の処置をとることを促した。議会が憲法修正第二十六条を可決する前に、九つの州では州選挙と地方選挙の投票年齢を下げていた。一九七一年から一九七三年の間に、三十九の州が十九歳から二十一歳の若者に、少なくとも成人のもつ他の幾つかの権利を認めていた。その中には、財産を所有し処分する法的資格、遺言書を作成する資格、訴訟を起こし、起こされる資格、親の承諾なしに結婚する資格、親の承諾なしにゆゆしい医学的治療を受ける資格、履行すべき契約（分割払いを必要とするものも含む）をする資格、が含まれていた。それに加えて十八の州では、「投票権をもって然るべき年齢、酒を飲んで然るべき年齢」に関する論拠を受け入れて、アルコール飲料を買い飲める年齢をこれまでより引き下げた。だが、そうすると十代のアルコール中毒や飲酒運転による交通事故が急増したため、これら十八州は改正した条令を一九七九年までに元に戻し始め、アルコール飲料を飲める年齢を二十一歳に戻した。中年の人や若者たちは長年の年齢規範を壊したり、変更したりし始めたが、社会と政府は年齢意識を保持したままであった。そして幾つかの年齢集団に対し、どの程度保護を加えて然るべきかがよく分からないでいた。

## 老齢人口の増加

一九六〇年代の若者の反抗も収まるにつれ、今や一番急速に増加しつつある年齢層である老人たちが、一般人および学者の関心を強く引くところとなった。一九四〇年には六十五歳以上のアメリカ人は九百万人で、総人口の六・八パーセントであった。一九七〇年までにその数は二倍以上、二千二十万人になり、人口のほぼ一〇パーセントを占めるに至った。一九八五年までにその数は二千八百五十万人に膨れ、これは人口の一一・九パーセントであった。人口統計学者は二〇〇〇年までに人口の一七パーセントにあたる約三千五百万人になるとの見積りを出している。[62] この数字そのものより、もっと重要なのは、「アメリカの老齢化」がどういう意味をもつかということである。ADEAのような法案にもかかわらず、社会の全ての年齢層にわたって大変な重圧がかかることになる、とほとんどの経済学者が予測している。というのは、退職あるいは他の形で、国民総所得に何ら貢献しないアメリカ人が非常に多くなっているだろうからだ。一九七七年には依存率――十六から六十四歳までの人の数の、十六歳以下および六十四歳以上の人の数に対する割合――は四対一であった。つまり、通常は誰かに依存して暮す人一人に対し、通常は自活できる人四人がいたことを意味する。一九九〇年代までには、主として老人の数の大変な増加のために、依存率は一対一にまでなると予測されている。これは生産力を有する年齢層の人々が、他人に依存する年齢層の人々を養うために、今までよりずっと仕事に励まねばならぬことを意味する。同様に、一九四五年には賃金労働者の、社会保障制度からの受益者に対する割合は三五対一であった。一九七七年にはその割合は三・二対一になった。そして二〇〇〇年以降は二対一になるものと予想される。これは莫大な財政的負担が納税者にかかることを意味する。[63] これらの予測は、マスコミ、立法者、納税者に、老齢および老齢化が社会に及ぼす影響についての問題意識を高めさせた。

この四、五十年間、助言を寄せる一般人や助けの手をさし伸べる専門家は、老齢問題に対し二つの関連する取り組み方を提言してきた。一つは人々が「優雅に年をとる」のを手助けする支援の試みである。衰えと活動的な生活からの離脱とを心理的な傷を受けずに、受け入れられるようにするために。二つめも支援的な性格のもので、老齢は公的介入を必要とする経済的な「問題」であるとするアプローチである。一九三〇年代、退職したカリフォルニアの内科医フランシス・タウンゼントが提案したプログラムのような、上の二つの取りくみ方とは異なるやり方もあった。政府が資金を供給する老齢年金月二百ドルを、支給されたその月内に使うという条件で、六十六歳以上の人全てに与えることで、落ちこんでいる経済を建て直すという彼の計画は数百万人の老人に支持された。[64] しかし大方は、私的機関も公的機関も、老人のニーズや欲求が何かを明確にする研究のスポンサーをし、こうした研究は、老人たちのニーズや欲求を知るという限りにおいて老人に関わるものでしかなかった。一九四〇年アメリカ保健学会はこうした研究を一つにまとめる試みを始めた。そしてその翌年公衆衛生総局は、老齢における精神衛生に関する会議を主催した。一九四二年医療関係者はアメリカ老人医学会を結成し、一九四五年、老齢に関わる社会問題に関心をもつ大勢の学者が老人学会を創った。学会独自の『老人学ジャーナル』が一九四六年に創刊された。[65]

しかし老人の数が増えるにつれ、社会的業務や自分の関心事に積極的に携わりたいという老人の気持も強くなってきた。アメリカ退職者協会（ＡＡＲＰ）や、一九七八年までにほぼ一千万人の会員を擁するに至る全米退職教師協会（ＮＲＴＡ）のような団体の設立とともに、一九五〇年代後半に大きな変化が起こった。ＡＡＲＰ、ＮＲＴＡ、全米年金生活者協会、グレイ・パンサー、その他のいわゆる年長者《シニア》の団体は、さまざまな権利――公平な雇用、住宅入手や社会福祉の享受、バス料金やホテルの部屋代その他諸々の商品やサービスを割引きしてもらう特典――を獲得すべく、老人に対する意識や同情心を利用して、それぞれ程度は異なるが闘争心をもって議員に働きかけた(66)。

一九六五年には老人のさまざまなニーズと要求とが公に承認され、三十年間で最も意義ある老人に関する法律が制定されることになる。同じ年、議会は老齢者医療《メディケア》保険制度を創設した。これは社会保障受益者への入院保険手当の支給、六十六歳以上の人の老人ホームでの介護費用、医者の診療代、診断テスト代、いくつかの医療器具代を賄うというものであった。同じ年、アメリカ老人条令を議会は可決し、ジョンソン大統領が認可した。これは老人の保健、住宅、経済的ニーズ、法的地位に関わる諸問題に基金を出し調整する老人問題管理局を設置するものであった(67)。後に、アメリカ老人条令の修正条項が、とくに健康管理、栄養問題の領域で、プログラムを広げ、提供資金を増額した。一九七五年に年齢差別禁止法（ＡＤＡ）が可決され、老齢と関連をもつ、もう一つの意義深い法律が制定されたことになる。ＡＤＥＡおよび一九六四年の公民権法の補足として、ＡＤＡは、連邦準備銀行の準備金を支給される全ての綱領《プログラム》と団体は、その綱領が発足にあたり特定の年齢集団のために計画されたものでない限り、年齢に基づく全ての差別を禁止した(68)。

公共機関が老人だけのためのプログラムや法案を作るにつれ、居住形態も、老人たちの他の年齢集団からの孤立化の進行を示していた。前述した章で保健問題や社会福祉の専門家が、病気の老人や衰弱しつつある老人を施設に預けるのを望んだことを私たちはみた。このやり方は、とくに自分で自分の世話ができず、家族の者が面倒を見られないか、みたがらない退職した人々を収容する老人ホームや回復期保養所が造られたため、二十世紀後半まで引き続いた。老齢者医療保険制度が、一たび老人ホームでの六十五歳以上の全ての貧窮老人の世話に補助金を支給し始めると、ホーム入居者が、三六パーセント増え、一九七一年には百十万人だったのが、一九八二年には百五十万人になった。[69]

しかしさらに多くの、通常裕福な、老人たちは、一般世間から離れ退職者コミュニティに入り、意図的に同年齢仲間たちと暮すことを選んでいる。アリゾナのサン・シティやフロリダのサン・シティ・センターのようなところは若い年齢集団を締めだし、四十九歳以下の人がその共同社会で物を購入したり、賃借りするのを禁じ、学齢期の子をもつ人々の入居を拒否している。[70] こうしたコミュニティは、入居者のある者には手入れの行き届いた芝生のある、墓地に至る通過駅にすぎないが、ある者にとっては、関心事やニーズを共有する同輩仲間との交際や活動をエンジョイできる楽しい安息所なのである。[71] 諸々の高齢者の団体や退職者コミュニティに掛り合う老人の数が大変な増加をみたことは、老人への関心が強まった結果であると同時に全体として老人人口が増加した結果であるが、それだけでなく、二十世紀に入って生まれた人々が同年輩仲間と交際する習慣を、生涯を通して保持していることの反映といえよう（これは十九世紀以前に生まれた人にはそう見られぬ習慣である）。

郊外の新しく造られた退職者コミュニティであれ、老人収容施設であれ、あるいはしばしば見られる、核都市の劣悪化した環境の郊外であれ、引き続き存続する老人への年齢差別は、医療の進歩による平均余命の延長も加わって、社会構造に新しい年齢階層を創りだした。青春期と成人期が細分されたように老年期も細分された。現在では、ある社会学者は少なくとも二つの年齢範疇、五十五から七十五歳の退職しているが元気な人々を「若い老人」、七十六歳以上で大概は病弱で貧しく世間と孤立した生活をしている人々を「老いた老人」とする、二つの範疇が適切だとしている。(72) 三つに分けるのが妥当とする人すらいる。五十五から七十歳の元気で、社会的に現役の仕事をしている人々、そしてその中の五十代および六十代初めの人々には親が未だ存命している人もいる「若い老人」、七十から八十または八十五歳の人々で、大抵は退職していて、幾らか現役の仕事をこなし、身体的衰弱に悩み始めた人々から成る「中期老人《ミドル・オールド》」、そして八十一または八十六歳以上の、急増している年齢集団で、医療や社会福祉の助けを最も必要とする「老いた老人」の三つである。ロナルド・レーガンは大統領在任中の終わりの一年は七十七歳であったが、一般人が「中期老人」――ひいては老人一般へ――敬意の気持を持つのに一役かった(もちろん評論家は、あの歳ではうまくリーダーシップをとることはできない。彼の仕事ぶりはそれを証拠だてていると嘲ったけれど)。通常七十六歳以上の人が罹患するアルツハイマー病のような不治の慢性病にマスコミが次第に強い関心を持つようになり、老人に関するこの上なく哀れで否定的なイメージは、老人一般のイメージから「老いた老人」のそれへと移るようになった。

老年期を幾つに細分するかはどうあれ、過去三十年間年齢と加齢という言葉を一般の人々が絶えず目にするようにしてきたのは、現在高齢のアメリカ人たちである。幾多の老人病の研究、老人学の研究――その多くはアメリカ保健学会の老齢化研究所の後援をうけていたが――が学会誌に掲載され、しばしば一般大衆雑誌や新聞に老人問題を取り上げさせる契機となった。今では大抵の新聞には明らかに老齢年金生活者に的をしぼった常設のコラムが設けられており、そして、一九七二年に創刊された『収穫の年代』、AARPの機関誌『現代の熟年期』そして、『五十歳プラス』のような老人向けの雑誌は発行部数を増やしている。法律の改正や制度の改革が確かに老年期の年齢規範を混乱させ、今では、人が「老人になる」その正確な時期について、一世代前より、不確かになっている。

二十世紀半ばには、アメリカ人は年齢を社会的地位の基準とすること、また期待される行動の規範とすることの持つ意味について、以前より敏感になっていた。高齢者差別《エイジズム》という言葉が一般日常語の中に入っていることは、老人がその暦年ゆえに広く一般に紋切型のイメージをもたれ差別を受けていることが認識されていることを示す。おそらくは、人種差別や性差別の場合と同様に、この認識はアメリカの文化史の中で年齢意識の頂点を示すものだろう。さらにそれは、年齢階層の終局を示すものかもしれない。年齢は十九世紀におけるほど大きな意味をもつものではないとする新しい心的態度は、今後の年齢の捉え方を特徴づけるものとなるかもしれない。しかしまた一方、高齢者差別の存在が確認されていることは、単に年齢規範と年齢範疇とが自然な形で必然的なものとして効果的に利用されるためには、社会的法律的調整がなされる必要がある、という意味をもつだけのことかもしれないのである。

## 結び

一八九三年、動物学者のデズモンド・モリスは現代の年齢に対する執着の縮図ともいうべき『年齢の本』を著した。著者によれば、目的は「ありのままに受け止めれば全ての年齢には特有の役割がある」所以を示すことにあった。この中でモリスは自伝、社会科学の研究、生物学的過程に関する自らの知識などを利用しつつ、一歳に二ページを割いてゼロ歳から百歳までの「正常な」知的・肉体的発達の基準を概説し、史上有名な人物が当該年齢時に達成した素養を列記した。彼の説くところでは、子供は四歳で「個人としての自己主張が始まり」、背丈は大人の六〇パーセントに達する。四歳はまたグスタフ・マーラーが作曲をはじめ、アダム・スミスがジプシーに誘拐された齢でもある。モリスによれば、二十七歳は「母親となるのに理想的な年齢」で、ユーリ・ガガーリンが人類初の宇宙旅行者となり、ジャズ界の伝説的人物ビックス・バイダーベックが死んだのもこの年齢のときだった。七十五歳は「はっきりした老衰期、または老年」の始まる年齢であって、「静かな老衰前期」の終わりに当たる。「狐爺さん」（一九〇〇年、『ニューヨーク・ヘラルド』紙に連載されたバニー・シュルツ作のこま割り漫画の登場人物）エド・デラノが自転車でカリフォルニアからマサチューセッツ州まで三十六日半で走ったのも七十五歳のときだった。

モリスは自分の著書が二つの異なったメッセージを伝えていると認めている。彼はまず、「それぞれの年齢には典型的な特徴があって、誕生から死まで一年ごとに一定の予見できる行動をとる傾向がある」という。二つ目は、「規則には常に例外があって、このパターンが崩れるのは子供から老年までの過程が異常に早いか遅いかする場合だ」というものである。[1] こうした二つのメッセージは先行する章の主要なテーマの反響であるが、それはアメリカ人が各年齢には明確な規範――モリスの言う「典型的な特徴」――があって、どの点で「異常に早かったり遅かったり」するのかを確認することで自分を他人と比較することができる、と考えたことに基づいている。こうした態度、並びにそれから起こった年齢階層的制度が、過去一世紀のアメリカの社会的・文化的歴史の重要な構成要素を形成したのである。

年齢意識と年齢階級化の普及は多くの問題を提起した。現代の官僚社会の組織と密接な関係があるが、本書でも検討してきたような役割、活動、制度等々を構成する決定要素として年齢に代わるものが過去現在を通じて果たしてあっただろうか。恐らくなかっただろう。年齢とともに普遍的特徴である性、民族、民族性などは、社会における役割や報酬を決めるうえでしばしば使われているが、頻度を増してそこはかとなく不安を掻き立てずにはおかぬ最近の社会運動が証明しているように、これらは年齢にくらべて差別性が強い。経済的必要性もまた個人の身分と社会の資源の配分を決定する場合があり、事実しばしば決定している。しかし、必要性は定義づけ評価されねばならず、これにはかなりの議論を要するだろう。[2]

暦年齢は全ての人にあって、個人の業績の影響を受けないところから社会学者は帰属的特質と呼んでいる。二十五歳のときには、囚人であろうが、大学院生であろうが、会社の社長であろうが二十五歳に変わりはない。しかし、年齢は性や民族を含めたほかの帰属的特質と違って静止せず、整然とした連続的変化をたどる。この連続性は一様で容易に計測できるので、年齢は個人の経験や役割の社会的・文化的期待を示す手頃な枠組を提供する。したがって、業績が年齢を変えることはできないけれども、年齢は人の業績を評価する尺度になったのである。過去百年にわたって、人は八歳までに小学校三年の課程を終えねばならず、二十五歳までに結婚し、六十五歳で引退する、といった具合である。最近ではこの規定が内面化して、たとえば人は三十、四十、五十歳でそれぞれ危機を経験するのが普通、ということになっている。

現代社会において年齢の重要性が増大したことの裏にどんな要因があるのか。ドイツの社会学者マルティン・コーリは年齢階級化を推進してきた四つの論点を指摘している。[3]コーリは経済活動に関連して理論を構築したが、それは一般的に言って十九世紀末以降のアメリカの社会に適用できる。第一に、年齢階級は合理化推進の結果として生じた。現代の産業社会は秩序立った計測可能な組織の手段を必要とする。あらゆる形式の活動を画一的で、予測可能で、知覚できるものとする方法が必要なのである。時間がほとんど全ての活動の重要な尺度になった社会では、年齢は個人的な意味で「過ぎた時間およびまだ残っている時間」を評価する手段として、論理的決定を行ない「人生の意味」を理解する手段として、それぞれ機能する。年齢はまた個人が他人をよりよく認識し理解するのに一役買っている。外見は人を欺くことがあるが、年齢には過去の経験と未来の期待に照らして個人が自分や他人を類別する一定の期待値が含まれている。

第二には、年齢階級は社会制御の組織原理を提供してきた。家族と地域社会の認可は、大規模な工業生産と異質の都市の世界ではもはや十分ではない。学校や社会福祉制度のような施設や制度の支持者および管理者には、運用の指針となる基準が必要だった。これまで見てきたように、年齢がそうした必要を満たしたのである。

第三には、年齢が一定の地位に就くさいの非公式なメカニズムに取って代わった、ということがある。前の時代には、然るべき「準備」ができたとき——ということはつまり、ある技術をマスターするとか、必要な体力または（子供を産むような）生物学的能力が備わることを意味する——あるいは前任者の死その他の理由で空きが生じたときに、地位を継承することができた。しかし、現代生活の複雑さが規則的なシステムを要求するようになった結果、競争は残るものの、年齢規範と年功序列のルールが、えてして優位を占めるに至ったのである。

最後に、年齢は現代社会に個人の果たす多様な役割と責任を統合する手段として機能する。工業化以前の時代には、個人や家族や仕事の役割は絡み合っていた。子供は可能なときは家で仕事や手伝いをし、親が必要としないときに学校へ通った。人は家族を養えるようになると結婚し、働けなくなると引退した。しかし、結局、個人の欲求が集団のそれに優先し、人々の生活の次元が学歴、職歴、家族歴、仲間の交際、余暇、組織活動、等々とともに分離し拡大するにつれて、それぞれの次元内で役割の移行を行なう時機について明確な指針が必要になった。役割と責任の同時化は緊急の関心事となった。(4) 年齢規範と年齢階級はその同時化を促進したのである。

アメリカの文化と社会の年齢意識や年齢階級からどんな結果が生まれたのだろうか。結果のなかに有益なものがあることに間違いはない。現代社会がえてして親族、居住地の住民、個人の属する集団の欲求よりも個人の欲求を満たすことに重点を置いているとすれば(5)——これは社会科学者が「個人化」と呼んでいる傾向である――年齢意識と年齢階級は個人の正しい認識を促進し、個々の人間にいっそう個別的な主体性を与えることになる。十三歳または七十三歳という年齢は、「若者」や「高齢者」であることを意味するにとどまらない。年齢階級は政策立案者に個々の年齢集団――幼児、十代の少年、中年、老人――を「社会問題」として捉えさせたが、彼らは、互いに助けあって環境に適応しようとする個人に手を貸さねばならぬ、と感じたのである。たとえば、過去二、三十年の間に、政治家、社会事業家、企業経営者、広告やマーケティングの専門家、その他を含む広範な人々が協力して老年のより積極的なイメージを作り、老齢者に大きな知的、社会的機会を与えてきた。こうした努力の背後には利己的動機ばかりでなく、理想主義的動機もあった。しかし、それはまた年齢と老齢化に関する楽観的認識の反映でもあった(6)。

こうした社会的、経済的組織の合理化と、それに伴う権力の中央集権化は、伝統的に個人と国家の中間の位置を占めていた家族やその他の連携に取って代わった(7)。分析者によれば、その結果起こったのは個人の無名化と権力の喪失であった。しかし、その組織と影響が合理化の過程で生じた年齢を基盤とする集団は、人々が彼らの個性に意味を再確立し、合理化と中央集権化に適応することを可能にしたのである。こうして5章から8章にかけて論じた、学校や仕事や余暇を通じて形成される同輩関係は、個人が薄れゆく主体性意識を取り戻すための新しい、重要な手段を提供した。

さらに、年齢意識と年齢階級によって創られた、年齢を基盤とする社会に住む個人が、同輩関係の外で行動するときにより多くの業績をあげることが考えられる。群衆心理を研究する学者は数十年にわたり、集団組織が個人に与える否定的な影響ばかりでなく、肯定的な影響も指摘してきた。たとえば若者の集団に関する著作のあるポール・ハンリー・ファーフィは一九二〇年代に、子供は同輩集団のなかにいるときの方が一人でいるよりも勉強のような個人的課題の能率が上がる、という研究結果を発表している。(8) ファーフィほかの研究者が出した結論は、同年の子供と競争するほうがインスピレーションも強まるようだ、というものだった。各章で主張したように、二十世紀のアメリカ人はさまざまな年齢が混じりあう集団よりも同輩集団の中での共同作業や交際に慣れているとすれば、ファーフィが言及したものより高度な素養、たとえば科学知識や技術の修得もまた集団の競争裡の方が能率が上がる、という仮説を立てることができるだろうか？　答えは容易に出てこないし、この本の範囲を越えているが、それは最近のアメリカ文化にさらなる照明を当てることになろう。

年齢意識と年齢階級からは有形無形の心身に有害な結果も生じた。一九六〇年代以降、年齢差別はアメリカ社会の差別問題に関心をもつ人々の注目をしだいに浴びて、社会評論や随想に取り上げられた。本書の中で一貫して指摘しているように、アメリカ人は年齢を年齢に関連すると考えられる多くの特性の代理人または予言者とみなすようになった。そうした特性には肉体的または情緒的成熟、一定の責任能力、雇用可能性、ある種の医学または社会問題を経験する可能性などがあるが、(9) この仮定にはある年齢または年齢集団の扱い方が別のそれらと異なっていたり、一つないし複数の年齢または年齢集団を、雇用、諸権利、ならびに特権（たとえば投票権やビールを買う権利など）、教育プログラム、などのような一定の恩典から除外することさえしばしば含まれる。そうした行動は不利を被る人々に対して不公平をもたらすことになる。一定の恩恵に浴する資格を決定するに当たって、年齢が真の基準にはならない可能性があるからだ。

帰属的特質という年齢の便宜性は、年齢差別を生む点でそのまま欠陥ともなる。年齢は性や民族のように変えることができない。個人には道徳的責任が持てないような特性があることを理由に、特定の個人を不利益に扱うことは伝統的に公平さを重んじるアメリカ人の感受性が許さない。加えて、アメリカにおける少数民族の歴史が証明するように、こうした不変の特性に基づく個人の処遇は誤った一般化から来る否定的な紋切型の思考パターンをつくりだし、強化する可能性がある。紋切型は集団に関する自己達成的な期待を促進するばかりでなく、個人の特異性を尊重するという理念を損ないかねない。一定の年齢に達すると全ての個人の身に起こる、と考えられる変化または特徴が果たして「実際の」年齢——つまり暦年齢——の変化を反映しているか、ひょっとするとそれは暦年齢とはあまり結びつかないほかの要因の結果ではないのか、と社会科学者が疑問をもち始めたのはごく最近のことである。たとえば、大恐慌の期間中、経済的に苦しい家庭に育った子供はそうでない家庭の子供とは違う人生をたどった、とする社会学者のグレン・エルダーが出した結論は、特定の歴史的事件がさまざまな年齢の人々に与える影響はそれを経験する時期と経済的環境によって異なっていることを示している。(10)

食餌、住宅、一般的な健康管理、等々の改善は、ある著述家が「長寿社会」と呼んだ状況を現出させたが、これは前のどの時代とも異なってほとんどの人が高齢者になるまで生きる状態を意味している。(11)一般化した長寿の社会的影響は、産業化や大量生産の結果として生じた階級形成と緊張の醸成になぞらえられるが、これは現代のアメリカ社会に増えてきた高齢者が数を意識し、無視できぬ存在になってきたためだ。

この年齢集団は住宅、政治権力、職業、などの資産を保有し、かつ保有するために争うが、その過程で新たな階級闘争を起こす可能性がある、と一部のアナリストは信じている。闘争は社会・経済的階級の間ではなくて年齢階級間で行なわれる。さらに重要なことは、長寿社会がライフサイクルを伸ばした結果、加齢の過程に関心をもち「成長」と「年齢」の意味に関心を抱く人の数が増えたことである。寿命と生き残る確率の伸びは、年をとるにつれて個人の仲間が増えて同輩意識を高め、彼らの問題に取り組むために社会にたいする要求をますます自覚させた。そうした政治過程はフロリダ州選出の八十歳の下院議員、クロード・ペパーのような人々の努力に支持を与えたが、彼は老人を保護する法律――一部には有利にする法律という声もあったが――の制定を推進するうえで指導的立場にあった。しかし、年齢差別に由来する不平等な扱いを是正する努力は、ある程度の予期せぬ差別的結果を招く恐れもあった。ある年齢集団が別の年齢集団に匹敵すると考えられながら不平等に扱われれば、それは不当な差別を形成するということにアメリカ人は同意する。立法府議員はそうした論法を使って退職の強制を廃止したが、高齢者（少なくとも高齢者の多く）は若い労働者にひけを取らぬ能力があるにもかかわらず高齢というだけの理由で不当に解雇されている、というのが彼らの考え方だった。しかし、人々を否定的に差別する理由から年齢が排除されるとしても、高齢者を優遇し続ける理由としては留めおくべきであろうか？　法改正の結果、雇用において平等な扱いを受ける高齢者が、年齢を理由に運賃や商品価格や娯楽施設の入場料などの割引き、医療や社会サービス、その他の恩典という形で優遇措置を受けるべきであろうか？　過去百年以上にわたって発達してきた、国家政策の多くは高齢者と未成年者は成人と対等ではないので特別な保護と法的身分が必要だ、という考え方に基づいている。すると一つの年齢集団が対等であると同時に対等でないという考え方は成り立つだろうか？

年齢を基盤とする資産分配に対する困った難問が最近、ダニエル・キャラハンによって提起された。彼はニューヨーク州、ヘイスティングズ＝オン＝ハドソンの有名な生物医学倫理研究所、ヘイスティングズ・センターの所長であるが、物議を醸している著書、『限界の設定――高齢化社会における医療目標』（一九八七年刊）の中で、質の高い生存状態を越えてなお生きる高齢者の延命努力に多額の公的・私的資金が費やされているのではないか、と問いかけた。キャラハンはそうした状況に懐疑的で、病気と死を相手の戦いが資金を出している個人や政府を底無しの財政負担の淵に突き落としている、と主張した。巨億のドルを注ぎ込み、どんな努力を払っても人は空しく死んで行く。キャラハンは、老齢者医療保険制度《メディケア》は八十歳以上の高齢者に対する高額医療への支出をやめるべきだと主張した。それに代えて政府は、在宅介護サービスや社会保障費の改善のような高齢者の生活の質の向上にもっと金を出すべきだ。そのかわり高齢者や彼らの家族は、十分に人生を生きた高齢者の徒らな延命努力に要する資金が老年に至るまでの若い世代の生活資金を奪うことになるとすれば、そうした努力をしないことに同意すべきだ、というのが彼の主張である。(12)

ウィスコンシン大学の経済学者、シェルダン・ダンジンガーとユージン・スモレンスキーも、貧困救済に関する政策は年齢意識が過剰で有害だと論じた。こうした政策とその実施に当たる省庁は、ダンジンガーやスモレンスキーが救済を最も必要とするのは若い年齢集団と老いた年齢集団だと言うのは単純化しすぎで、結果として困っている他の年齢集団が見落とされ、一部の子供や高齢者が不当に

救済を受けていると反論した。(13)

年齢差別と資産獲得に関して問題が起こるのは、人を特徴づける手段として誕生日を起点とする形式的年齢が能力ないし能力の変化によって決定される機能的年齢に取って代わったからである。昔は二十一歳で青年に達し、六十五歳で老人の仲間入りをした。機能的には、これらの身分は肉体的、心理的、知的要因の影響を受ける可能性がある。機能的年齢が形式的年齢よりも重要ということになれば、七十五歳の老人が六十五歳定年について、もし六十五歳以下であれば退職しなくてもいいからこの基準は差別ではないか、と異議を申し立てるかもしれない。投票を希望したり酒を買いたかったりする十六歳の少年についても同じことで、そうしたことに年齢制限を課している法律には断固反対するかもしれない。さらに、同じ論法でいけば、高齢者に対する割引は不当だとして五十歳の通勤者が運賃の全額支払いを拒否する事態も考えられるし、三十歳の犯罪者が、少年裁判所の未成年者に対する刑の軽減と同じ措置を要求することだって考えられなくはない。(14)

以上挙げたのはおそらく極端な例である。しかし、問題は十九世紀末からアメリカの社会に浸透した年齢階級と年齢基準が私たちに過剰な年齢意識や年齢差別感を持たせ、こうした基準の手直しや排除を試みれば困難な問題を引き起こしかねないという事実だ。年齢階級化の歴史は、官僚主義的な社会にあっては管理と基準設定の手段として年齢がかなり実際的な利点をもっている、ということを示している。年齢は容易に計ることのできる逃れられぬ属性であって、全ての人がすでに経験し、また経験するであろう特質である。収入や学業成績の証明書と違って、年齢は簡単に操作するわけにはいかない。また、政府の官庁や企業のような非個人的な機関によって改竄されることもない。要するに、私たちの年齢意識や年齢階級に対する反応は、年をとることについて感想を訊かれたフランスのエンターテイナー、モーリス・シュヴァリエの、「若返ることを考えてみれば悪くない」という科白に象徴されていよう。

# 訳者あとがき

本書はHoward P. Chudacoff : *HOW OLD ARE YOU?—Age Consciousness in American Culture*, Princeton University Press, 1989の全訳である。

学業の段階、結婚の時期、職業上の地位や役職、その他もろもろの事柄は私たちにとって年齢意識と切り離せない。そんな年齢意識が十九世紀後半以降のアメリカ社会において徐々に強く形成されていった経緯を、著者は驚くほど該博な知識を駆使して明らかにしてみせる。自分の正確な年齢も忘れがち、いわんや誕生日を祝う習慣などないのが現代に入るまでは一般的だったことを読者は想起させられる。本書の内容を概説的に記すと、人々の日常生活や交際に年齢があまり重要な役割を占めなかった西欧の農耕社会と、十九世紀半ば以前のアメリカの社会から説き起こして、産業革命を契機に始まる社会の複雑化、官僚化、教育の普及、医学の発達、等々が年齢意識と、年齢階級化を生み出す過程、並びにそれが社会に及ぼす影響が、現今の老齢化社会が抱える諸問題への言及とともに、理路整然と述べられている。1章から4章までは、学校の起源と発達、医学の分化と発達を、それぞれ概観したものと見ることもできるだろう。学校のような社会的基盤の整備が、社会の統制化や官僚化と密接につながっている所以を記述したくだりなどは、豊富な資料を駆使しているだけにきわめて説得力がある。5章以下は年齢意識の文化史とも言うべきものになっており、引用されたバースデーカードや流行歌を通して世紀末から二十世紀前半にかけての世相が瞥見される。紹介されるポピュラーソングやバースデーカードの数々にはアメリカ人気質やアメリカ的情緒が漂い、私たち日本人にはなかなか楽しい読み物になっている。最後の8章では、この半世紀間における年齢意識や年齢階層の在り方、その問題点や対処法などが取り上げられている。ベビーブーム、老齢人口の増加、年齢差別や老人差別の問題にアメリカ社会がどう対処しているか、等に関する記述は、我が国においても教えられるところ決して少なからず、大いに参考になるものと思われる。

社会の組織化と管理化がすすむにつれて、誕生日を起点とする形式的年齢が人の能力または能力の変化によって決定される機能的年齢に取って代わった。本書はその経緯を述べたものだが、四人に一人は老人という高齢社会を目前にした日本では、一定の暦年齢をもって年金生活に入るシステムは見直しを迫られている。日本はまた若年労働者激減の時代に入りかけており、労働力確保の意味からも個人差が大きい機能的年齢の導入を検討しないではやっていけないだろう。高齢者が機能の低下に応じて減額された賃金で働けば、次世代の負担がそれだけ軽減され、高齢者は生きがいを手にすることができる。併せて高福祉高負担から結果する世代間の軋轢は解消されるのではあるまいか。ともあれ本書は、年齢意識を軸にして描かれたアメリカの社会文化史とも言うべき幅の広い著作であり、年齢にまつわる現代社会の諸問題を想起させずには措かない。

著者ハワード・P・チュダコフは現在ブラウン大学の歴史学教授で、著書に *The Evolution of American Urban Society*（『アメリカ都市社会の発展』）がある。

翻訳は1章から4章まで（並びに序文と結び）を工藤が、5章から8章までを藤田が、それぞれ担当し、折りに触れて訳文を交換して統一をはかったが、読んでお気付きの通り両訳文の接合部はもとより、訳者の違いからくる違和感がないのは本書を担当された秋田公士氏のさりげない微調整によるところが大きいことを付記して感謝の意を表するしだいである。

一九九四年七月

訳者　識

**著　者**

ハワード・P. チュダコフ
（Howard P. Chudacoff）
現代アメリカの歴史学者．現在，ブラウン大学教授．本書のほかに『アメリカ都市社会の発展』（*The Evolution of American Urban Society*, Prentice-Hall）などの著書がある．

**訳　者**

工藤政司（くどう　まさし）
1931年に生まれる．1958年，弘前大学文理学部卒業．元東京国際大学経済学部教授．訳書に，モリー・ハリスン『買い物の社会史』（法政大学出版局），ジェイムズ・ヒューストン『白い夜明け』（法政大学出版局），ドナルド・ミッチェル『現代音楽の言葉』（音楽之友社），ピエール・ラ・ミュール『小説メンデルスゾーン』（音楽之友社），『赤い風車』（美術公論社），アーウィン・ショー『ローマは光のなかに』（講談社文庫），『乱れた大気』（マガジンハウス），ジェーン・オースティン『エマ』（上・下巻，岩波文庫）などがある．

藤田永祐（ふじた　えいすけ）
1963年，東京大学文学部英文科卒業．1967年，同大学大学院英語英文学修士課程修了．現在，獨協大学名誉教授．著書に，『ディケンズ，フォースター，オースティン——いまに生きるイギリス小説』（春風社），*Essays on Dickens, Forster, Austen*（春風社）．訳書に，イアン・ワット『小説の勃興』（南雲堂），ノーマン・F. キャンター『聖なるきずな——ユダヤ人の歴史』（法政大学出版局），『中世のカリスマたち』（法政大学出版局）．

りぶらりあ選書
年齢意識の社会学

1994年11月11日　　初版第1刷発行
2015年5月20日　新装版第1刷発行

著　者　ハワード・P.チュダコフ
訳　者　工藤政司／藤田永祐
発行所　一般財団法人 法政大学出版局
〒102-0071 東京都千代田区富士見2-17-1
電話03(5214)5540／振替00160-6-95814
製版，印刷　平文社
製本　積信堂


ISBN978-4-588-02272-2
Printed in Japan

# 索　引

## ア　行



## カ　行

## サ 行

## タ　行

## ナ　行



## ハ　行

## マ　行



## ヤ　行



## ラ　行



## ワ　行

# 原　注

## 序　文

1. 規範という概念の使い方はジョージ・ホーマンズ，フランセスカ・カンシアン，の両社会学者の著作の影響を受けている．ホーマンズは規範を定義づけて，「集団のメンバーの頭の中にある考え方，所与の環境のなかでメンバーないし他の人々がすべきこと，することを期待されていること，を特定する叙述形式で表現される考え方」と述べている．カンシアンはこの定義に磨きをかけ，規範とは「どのような行為や属性が自分自身や他人の尊敬と賛同を得られるかについて分かち合われた信条」だとする．規範は行為そのものではないが，ホーマンズによれば，「行為はどうあるべきかについて人々が合意しているもの」である．See Homans, *The Human Group* (New York: Harcourt Brace and World, 1950), p. 124, and Cancian, *What Are Norms? A Study of Beliefs and Actions in a Maya Community* (London and New York: Cambridge University Press, 1975), p. 6.

2. Anne Foner, "Age Stratification and the Changing Family," in John Demos and Sarane Spence Boocock, eds., *Turning Points: Historical and Sociological Essays on the Family*, in *American Journal of Sociology* 84, supplement (Chicago: University of Chicago Press, 1978), pp. 340–65; Thomas P. Monahan, *The Pattern of Age at Marriage in the United States* (Philadelphia: Stephenson Brothers, 1951), p. 37.

3. See Bernice L. Neugarten and Joan W. Moore, "The Changing Age Status System," in Bernice L. Neugarten, ed., *Middle Age and Aging: A Reader in Social Psychology* (Chicago and London: The University of Chicago Press, 1968), pp. 5–21.

4. Warren I. Susman, *Culture and History: The Transformation of American Society in the Twentieth Century* (New York: Pantheon Books, 1984), pp. xix–xxx.

## 第1章

1. Robert Kempt, ed., *The American Joe Miller: A Collection of Yankee Wit and Humor* (London: Adams and Francis, 1865), p. 141.

2. 現代の年齢成層化に関する説得力のある理論は以下を参照．Anne Foner, "Age Stratification and the Changing Family," in John Demos and Sarane Spence Boocock, eds., *Turning Points: Historical and Sociological Essays on the Family*, in *American Journal of Sociology* 84, supplement (Chicago: University of Chicago Press, 1978), pp. 340–43.

3. boy のフランス，ドイツ，アイルランド各語に相当する単語―*garçon, knabe, lad*―にはすべて二重の意味があったが，今日でもそれは変わらない．See John

R. Gillis, *Youth and History: Traditions and Changes in European Age Relations, 1770-Present* (New York: Academic Press, 1974), p. 1.

4. Philippe Ariès, *Centuries of Childhood: A Social History of Family Life*, trans. Robert Baldick (New York: Knopf, 1962), pp. 15–32.

5. Carroll D. Wright, *A Report on Marriage and Divorce in the United States, 1867–1886* (Washington, D.C.: Government Printing Office, 1889), pp. 29–31; Joseph F. Kett, *Rites of Passage: Adolescence in America, 1790 to the Present* (New York: Basic Books, 1977), pp. 39–40.

6. この章の情報の多くは二次資料から得たもので，続く諸章の背景として提示するものである．それらの章ではより深い年齢意識と年齢成層化への変化を分析するが，この変化は19世紀末に加速された．

7. 19世紀の野良仕事の性差については，see Nancy Grey Osterud, "Strategies of Mutuality: Relations Among Woman and Men in an Agricultural Community" (Ph.D. diss., American Civilization Program, Brown University, 1984).

8. See, for example, Alan Dawley, *Class and Community: The Industrial Revolution in Lynn* (Cambridge, Mass.: Harvard University Press, 1976), and Susan E. Hirsch, *Roots of the American Working Class: The Industrialization of Crafts in Newark, 1800–1860* (Philadelphia: University of Pennsylvania Press, 1978).

9. John Demos, *A Little Commonwealth: Family Life in Plymouth Colony* (New York: Oxford University Press, 1970); Philip T. Greven, Jr., *Four Generations: Population, Land and Family in Colonial Andover, Massachusetts* (Ithaca: Cornell University Press, 1970); Robert V. Wells, *Revolutions in Their Lives: A Demographic Perspective on the History of Americans, Their Families, and Their Society* (Westport, Conn.: Greenwood Press, 1982), pp. 49–50.

10. 世帯の大きさについては，see Wells, *Revolutions in Their Lives*, pp. 151-57.

11. 次の議論に出てくる情報の出典は，Darrett B. and Anita H. Rutman, *A Place in Time: Middlesex County, Virginia, 1650-1750* (New York: W.W. Norton, 1984), esp. pp. 108-10 and 113-14.

12. Wells, *Revolutions in Their Lives*, pp. 43–44.

13. Ibid., pp. 55–56.

14. See Paul C. Glick, "The Life Cycle of the Family," *Marriage and Family Living* 18 (1955), 3–9; Paul C. Glick and Robert Parke, Jr., "New Approaches in Studying the Life Cycle of the Family," *Demography* 2 (1965), 187–212; and Peter Uhlenberg, "Cohort Variations in Family Life Cycle Experiences of U.S. Females," *Journal of Marriage and the Family* 34 (1974), 284–92.

15. Thomas E. Cone, *History of American Pediatrics* (Boston: Little, Brown, 1979), pp. 25–26; John Demos, "The American Family in Past Time," *American Scholar* 43 (1974), 428.

16. Lorena S. Walsh, " 'Till Death Do Us Part': Marriage and Family in Seventeenth-Century Maryland," in Thad W. Tate and David L. Ammerman,

eds., *The Chesapeake in the Seventeenth Century: Essays on Anglo-American Society* (Chapel Hill: University of North Carolina Press, 1979), p. 149.

17. Greven, *Four Generations*, chap. 4; Wells, *Revolutions in Their Lives*, pp. 56–57; Kett, *Rites of Passage*, pp. 14–36; Edward Shorter, *The Making of the Modern Family* (New York: Basic Books, 1975), pp. 23–27.

18. Greven, *Four Generations*, p. 189; Maris A. Vinovskis, "Mortality Rates and Trends for Massachusetts Before 1860," *Journal of Economic History* 32 (March 1972), 184–213.

19. Noah Webster, "Number of Deaths, In the Episcopal Church in New York, in each month for ten years—from January 1, 1786 to December 31, 1795," *Memoirs of the Connecticut Academy of Arts and Sciences* 1, pt. 1 (New Haven, 1810), pp. 97–98; table presented in Wells, *Revolutions in Their Lives*, p. 34.

20. Vinovskis, "Mortality Rates and Trends," pp. 191–99.

21. Wells, *Revolutions in Their Lives*, pp. 80–83.

22. Donald J. Bogue, *The Population of the United States* (Glencoe, Ill.: The Free Press, 1959), pp. 102–3.

23. Demos, *A Little Commonwealth*, pp. 24–36; Wells, *Revolutions in Their Lives*, p. 53.

24. Greven, *Four Generations*, pp. 143–47.

25. David L. Angus, Jeffrey E. Mirel, and Maris A. Vinovskis, "Historical Development of Age-Stratification in Schooling" (unpublished typescript, 1988), pp. 2–3; Ross W. Beales, Jr., "In Search of the Historical Child: Miniature Adulthood and Youth in Colonial America," *American Quarterly* 27 (1975), 379–98.

26. See Thomas Dublin, *Women at Work: The Transformation of Work and Community in Lowell, Massachusetts, 1820–1860* (New York: Columbia University Press, 1979).

27. アメリカの教育の初期のパターンに関する情報の出典は, Lawrence Cremin, *American Education: The National Experience, 1783-1876* (New York: Harper and Row, 1980).

28. Gerald F. Moran and Maris A. Vinovskis, "The Great Care of Godly Parents: Early Childhood in Puritan New England," in John Hagen and Alice Smuts, eds., *History and Research in Child Development* (Chicago: University of Chicago Press, 1986), pp. 24–37.

29. Angus, Mirel, and Vinovskis, "Historical Development of Age-Stratification in Schooling," pp. 4, 9.

30. See Millard Fillmore Kennedy and Alvin F. Harlow, *Schoolmaster of Yesterday* (New York: McGraw-Hill, 1940).

31. Cremin, *American Education*, pp. 406–9; Kett, *Rites of Passage*, p. 55; David F. Allmendinger, Jr., "The Dangers of Ante-Bellum Student Life," *Journal of Social History* 7 (Fall 1973), 75–83; John Rickard Betts, *America's Sporting Heritage: 1850–1950* (Reading, Mass.: Addison-Wesley, 1974), p. 37.

32. Kett, *Rites of Passage*, pp. 42–43.

33．初期の禁酒会に関する情報は，see David I. Macleod, *Building Character in the American Boy: The Boy Scouts, YMCA, and Their Forerunners, 1870–1920* (Madison: University of Wisconsin Press, 1983), p. 84.

34. Richard C. Morse, *History of the North American Young Men's Christian Association* (New York: Association Press, 1913), p. 2.

35. Osterud, "Strategies of Mutuality," p. 378.

36. Theodore Raph, *The Songs We Sang: A Treasury of American Popular Music* (New York: A. S. Barnes, 1964), p. 75.

37. Walter I. Trattner, *Crusade for the Children: A History of the National Child Labor Committee and Child Labor Reform in America* (Chicago: Quadrangle Books, 1970), p. 30; Thomas Patrick Monahan, *The Pattern of Age at Marriage in the United States*, vol. 1 (Philadelphia: Stephenson Brothers, 1951), p. 29.

38. Carole Haber, *Beyond Sixty-Five: The Dilemma of Old Age in America's Past* (Cambridge, England: Cambridge University Press, 1983), pp. 35–36; David J. Rothman, *The Discovery of the Asylum: Social Order and Disorder in the New Republic* (Boston: Little, Brown, 1971), pp. 32–41; Gary B. Nash, "Poverty and Poor Relief in Pre-Revolutionary Philadelphia," *William and Mary Quarterly* 3d ser., 33 (January 1979).

39. Hirsch, *Roots of the American Working Class*, pp. 21, 41–42. See also Paul G. Faler, *Mechanics and Manufacturers in the Early Industrial Revolution in Lynn* (Albany: State University of New York Press, 1981), chap. 3; Dawley, *Class and Community*, chap. 1.

40. Dawley, *Class and Community*, p. 18.

41. Hirsch, *Roots of the American Working Class*, chap. 1.

42. Ibid., pp. 42–44.

43. Faler, *Mechanics and Manufacturers*, pp. 94–97.

44. Hirsch, *Roots of the American Working Class*, pp. 42–43.

45. Charles William Day, *Hints on Etiquette and the Usages of Society: with a Glance at Bad Habits* (Boston: Otis, Broaders, 1844), p. 32.

46. Anon., *Etiquette for Ladies* (Philadelphia: Lindsay and Blakiston, n.d.), pp. 53, 66.

47. Ibid., p. 53.

48. Harvey Newcomb, *How To Be a Lady: A Book for Girls* (Boston: Gould and Lincoln, 1853).

49. Ibid., p. 3.

50．年齢を特定しないのは，こうした規定が対象とする年齢を万人が承知しているからであろう．しかし，重要なのは後の年齢規範の表現と違って正確さを欠いていることである．

51. Joel Hawes, *Lectures to Young Men on the Formation of Character*, 5th ed. (Hartford, Conn.: Cooke, 1831), pp. 8ff.

52. Ibid., p. 19.

53. Ibid., pp. 35–36.

54. Kett, *Rites of Passage*, p. 14.

55. *The Well-Bred Boy and Girl* (Boston: B. B. Massey, 1852), chaps. 1, 4.

56. See John Angell James, *The Young Man From Home* (New York: American Tract Society, 1839); Daniel Clarke Eddy, *The Young Man's Friend* (Boston: Gould, Kendall, and Lincoln, 1850); Daniel Wise, *The Young Man's Counsellor* (New York: Carlton and Porter, 1850); Timothy Titcomb, *Titcomb's Letters to Young People, Single and Married* (New York: Charles Scribner, 1858); and Horace Mann, "A Few Thoughts for a Young Man," a lecture delivered before the Boston Mercantile Library Association, on its 29th anniversary (Boston: Ticknor, Reed and Fields, 1877).

57. Titcomb, *Titcomb's Letters to Young People*, pp. 98–99.

58. Ibid., p. 28. See also The Right Honorable Countess of * * * * *, *Mixing in Society: A Complete Manual of Manners* (New York: George Routledge and Sons, 1874), chap. 12.

59. Jean Dubois, *Marriage, Physiologically Discussed*, 2d ed., trans. William Greenfield (New York: n.p., 1839), p. 38.

60. Titcomb, *Titcomb's Letters to Young People*, pp. 167–251.

61. William A. Alcott, *The House I Live In: The Human Body, for the Use of Families and Schools* (Boston: Waitt, Peirce, 1844), p. 39.

62. Ibid., p. 94.

63. John Putnam Demos, *Entertaining Satan: Witchcraft and the Culture of Early New England* (New York: Oxford University Press, 1982), pp. 66–68.

64. David Hackett Fischer, *Growing Old in America* (New York: Oxford University Press, 1977), pp. 26–37.

65. Increase Mather, *The Dignity and Duty of Aged Servants of the Lord* (Boston: n.p., 1716), pp. 52, 63; quoted in Fischer, *Growing Old in America*, p. 33.

66. Fischer, *Growing Old in America*, pp. 86–99.

67. Ibid., pp. 47–48.

68. Jane Range and Maris Vinovskis, "Images of the Elderly in Popular Magazines," *Social Science History* 3 (Spring 1981), 123–70.

69. Osterud, "Strategies of Mutuality," pp. 174–75.

70. Rebecca Burlend (attributed author), *A Picture of True Emigration* (Chicago: The Lakeside Press, 1936), p. 9.

71. Mary Custis Lee deButts, ed., *Growing Up in the 1850s: The Journal of Agnes Lee* (Chapel Hill: University of North Carolina Press, 1984), p. 37.

72. Ibid., p. 31.

73. Matilda White Riley, Marilyn Johnson, and Anne Foner, *Aging and Society. Volume 3: A Sociology of Age Stratification* (New York: Russell Sage Foundation, 1972); John Modell, Frank Furstenberg, and Theodore Hershberg, "Social Change and Transitions to Adulthood in Historical Perspective," *Journal of Family History* 1 (Autumn 1976), 7–33.

## 第2章

1. Philippe Ariès, *Centuries of Childhood: A Social History of Family Life*, trans. Robert Baldick (New York: Knopf, 1962), p. 412.

2. See Lawrence A. Cremin, *American Education: The Colonial Experience, 1607–1783* (New York: Harper and Row, 1970); Cremin, *American Education: The National Experience, 1783–1876* (New York: Harper and Row, 1980); Michael B. Katz, *The Irony of Early School Reform: Education Innovation in Mid-Nineteenth Century Massachusetts* (Cambridge: Harvard University Press, 1968); Katz, *Class, Bureaucracy, and the Schools: The Illusion of Educational Change in America* (New York: Praeger, 1971); Carl F. Kaestle, *The Evolution of an Urban School System: New York City, 1750–1850* (Cambridge: Harvard University Press, 1973); Stanley K. Schultz, *The Culture Factory: Boston Public Schools, 1789–1860* (New York: Oxford University Press, 1973); and Selwyn K. Troen, *The Public and the Schools: Shaping the St. Louis System, 1835–1920* (Columbia: University of Missouri Press, 1975).

3. Thomas E. Cone, Jr., *History of American Pediatrics* (Boston: Little, Brown, 1979), pp. viii, 5–6.

4. Simon Somerville Laurie, *Historical Survey of Pre-Christian Education*, 2d ed. (New York: Longman, Greens, 1895), chaps. 2–3; Frank Forest Bunker, *Reorganization of the Public School System*, U.S. Bureau of Education, Bulletin No. 8 (Washington, D.C.: Government Printing Office, 1916), p. 41.

5. Bunker, *Reorganization*, pp. 41–42.

6. Frank Forest Bunker, "The Rise of the Graded School," in Bunker, *The Junior High School Movement—Its Beginnings* (Washington, D.C.: W. F. Roberts, 1935), p. 108.

7. See Ellwood P. Cubberly, *Public Education in the United States*, rev. ed. (Boston: Houghton Mifflin, 1934), pp. 347–49.

8. Carl F. Kaestle, ed., *Joseph Lancaster and the Monitorial School Movement: A Documentary History* (New York: Teachers College Press, 1973); Cubberly, *Public Education*, pp. 125–33.

9. Samuel Harrison Smith, "Remarks on Education: Illustrating the Close Connection Between Virtue and Wisdom," in Frederick Rudolph, ed., *Essays on Education in the Early Republic* (Cambridge: Belknap Press of Harvard University Press, 1965), pp. 169–223. See also Cremin, *American Education: The National Experience*, p. 123.

10. Cubberly, *Public Education*, pp. 138–41; Cremin, *American Education: The National Experience*, pp. 389–90; Dean May and Maris A. Vinovskis, "A Ray of Millennial Light: Early Education and Social Reform in the Infant School Movement in Massachusetts, 1826–1840," in Tamara K. Hareven, ed., *Family and Kin in American Urban Communities, 1800–1940* (New York: New Viewpoints, 1976), pp. 62–69.

11. 幼児教育に対する異議申し立てについては, see William Wood-bridge, "Infant Education," *American Annals of Education* 1 (August 1830), 355-56; J. V.C. Smith, "The Infantile Frame," *American Annals of Education and Instruction for the Year 1834* 4 (February 1834), 75; Amariah Brigham, *Remarks on*

*the Influence of Mental Cultivation and Mental Excitement Upon Health*, 2d ed. (Boston: March, Capen and Lyon, 1833); Samuel B. Woodward to Horace Mann, December 7, 1840, in Massachusetts Board of Education, *Fourth Annual Report* (1840), appendix; and Heman Humphrey, *Domestic Education* (Amherst, Mass.: J. S. and C. Adams, 1840), pp. 11-12. See also Carl F. Kaestle and Maris A. Vinovskis, *Education and Social Change in Nineteenth Century Massachusetts* (Cambridge and New York: Cambridge University Press, 1980), pp. 56-61; Cremin, *American Education: The National Experience*, p. 389; and Joseph F. Kett, *Rites of Passage: Adolescence in America, 1790 to the Present* (New York: Basic Books, 1977), p. 124.

12. See William J. Shearer, *The Grading of Schools*, 2d ed. (New York: H. P. Smith, 1898), pp. 17–19; David B. Tyack, *The One Best System: A History of American Urban Education* (Cambridge: Harvard University Press, 1974), p. 44; and Kett, *Rites of Passage*, pp. 124–25.

13. Cubberly, *Public Education*, pp. 300–312.

14. Quoted in Katz, *Class, Bureaucracy, and Schools*, p. 35.

15. See Lawrence A. Cremin, ed., *The Republic and the School: Horace Mann on the Education of Free Man* (New York: Bureau of Publications, Teachers College, Columbia University, 1957), pp. 16–17, 54–56; Cremin, *American Education: The National Experience*, pp. 155–56; Cubberly, *Public Education*, p. 311; and "History of Age Grouping in America," in *Youth: Transition to Adulthood. Report of the Panel of Youth of the President's Advisory Committee* (Chicago and London: University of Chicago Press, 1974), pp. 9–29.

16. Bunker, "The Rise of the Graded School"; Tyack, *The One Best System*, p. 44; Cubberly, *Public Education*, pp. 311–12.

17. Cremin, *American Education: The National Experience*, pp. 178–79.

18. Quoted in Troen, *The Public and the Schools*, pp. 150–51.

19. Kett, *Rites of Passage*, p. 291.

20. John R. Gillis, *Youth and History: Traditions and Changes in European Age Relations, 1770–Present* (New York: Academic Press, 1974), p. 102.

21. Brown University, Records of Admission, 1850 and 1880.

22. Gillis, *Youth and History*, pp. 102–3.

23. Ibid., pp. 70, 390–91.

24. See, for example, G. P. Quackenboss, *Elementary History of the United States* (New York: D. Appleton, 1860); A. B. Berard, *School History of the United States*, rev. ed. (Philadelphia: Cowperthwaite, 1867); John A. Andrews, *Pictorial School History of the United States* (New York: Clark and Maynard, 1868); L. J. Campbell, *A Concise School History of the United States* (Boston: Brewer and Tilston, 1874); and Thomas Wentworth Higginson, *Young Folks' History of the United States* (Boston: Lee and Shepard, 1875).

25. See also Oscar Gerson, *History Primer* (Philadelphia and New York: Hinds, Noble, and Eldredge, 1906), これは「3, 4年生用」と学年が指定されている. Henry E. Bourne and Elbert J. Benton, *Introductory Amerrican History*

(Boston: D.C. Heath, 1912), "recommended for the sixth grade"; and Bourne and Benton, *A History of the United States* (Boston: D.C. Heath, 1913), written specially for the "seventh and eighth grades."

26. Alexander E. Frye, *The Child and Nature: Geography Teaching with Sand Modeling* (Hyde Park, Mass.: Bay State Publishing Company, 1888), p. 201.

27. George William Myers, *Myers Arithmetic*, vol. 1 (Chicago: Scott, Foresman, 1898), p. iii.

28. Frank Glenn Lankard, *A History of the American Sunday School Curriculum* (New York: The Abingdon Press, 1927), pp. 62–63.

29. Ibid., pp. 74–88, 95–98.

30. Ibid., pp. 128–52.

31. John H. Vincent, *Two Years With Jesus* (New York: Carter and Porter, 1867).

32. Lankard, *A History of the American Sunday School Curriculum*, pp. 233–36, 261–65.

33. Cone, *History of American Pediatrics*, p. 30. コーンは，ほとんどの病人は子供を含め家で家族が治療をするが，医師の治療はきびしく，危険を伴いもしたので，患者にとってはその方がおそらくよかった，と述べている．

34. Ibid., p. 64.

35. Ibid., p. 65.

36. Ibid., pp. 71–72.

37. Richard T. Evanson and Henry Maunsell, *Practical Treatise on the Management and Diseases of Children*, 4th ed. (Dublin: Thomas I. White, 1842), pp. 14–16.

38. Ibid., pp. 18–19.

39. Cone, *History of American Pediatrics*, pp. 69–70.

40. *New York Times*, April 10, 1874, p. 8.

41. Cone, *History of American Pediatrics*, p. 100.

42. Ibid., pp. 99–101.

43. Ibid., p. 70.

44. Abraham Jacobi, "Relations of Pediatrics to General Medicine," *Transactions of the American Pediatric Society* 1 (1889), 8, 15.

45. Henry Ingersoll Bowditch, "Relation Between Growth and Disease," *Boston Medical and Surgical Journal* 104 (May 19, 1881), 469.

46. イギリス，フランス，アメリカ合衆国における初期 YMCA に関する歴史的資料については，see Richard C. Morse, *History of the North American Young Men's Christian Association* (New York: Association Press, 1913), pp. 11, 17, 40-41, 76; David I. Macleod, *Building Character in the American Boy: The Boy Scouts, YMCA, and Their Forerunners, 1870-1920* (Madison: University of Wisconsin Press, 1983), pp. 72-74; and Paul Boyer, *Urban Masses and Moral Order in America, 1820-1920* (Cambridge: Harvard University Press, 1978), pp. 112-20.

47. Macleod, *Building Character*, p. 77.

48. Morse, *History of the North American Young Men's Christian Association*, pp. 146, 170, 235–36; Macleod, *Building Character*, pp. 77–80.
49. Frank Luther Mott, *A History of American Magazines, Vol. 3: 1865–1885* (Cambridge: Harvard University Press, 1938), p. 174.
50. Ibid., p. 6.
51. Ibid., pp. 174–80; R. Gordon Kelly, ed., *Children's Periodicals of the United States* (Westport, Conn.: Greenwood Press, 1984), p. 155.

第3章

1. Daniel T. Rodgers, *The Work Ethic in Industrial America, 1850–1920* (Chicago: University of Chicago Press, 1974), pp. 17–18.
2. Stephen Kern, *The Culture of Time and Space, 1880–1918* (Cambridge: Harvard University Press, 1983), p. 12.
3. "Recording Time for Employers," *Scientific American* 63 (August 12, 1890), 74. See also Daniel J. Boorstin, *The Americans: The Democratic Experience* (New York: Random House, 1973), pp. 363–69; T. J. Jackson Lears, *No Place for Grace: Antimodernism and the Transformation of American Culture, 1880–1920* (New York: Pantheon Books, 1981), pp. 10–11; Alfred D. Chandler, *The Visible Hand: The Managerial Revolution in American Business* (Cambridge, Mass.: Belknap Press, 1977), pp. 281–83; and Rodgers, *The Work Ethic in Industrial America*, pp. 24, 53–55.
4. George M. Beard, *American Nervousness* (New York: G. P. Putnam's Sons, 1881), p. 103. See also Kern, *The Culture of Time and Space*, p. 15.
5. E. P. Thompson, "Time, Work, Discipline, and Industrial Capitalism," *Past and Present* 38 (February, 1968), 5–16; Kern, *The Culture of Time and Space*, p. 13.
6. Theodore M. Porter, *The Rise of Statistical Thinking, 1820–1900* (Princeton, N.J.: Princeton University Press, 1986), pp. 5–6.
7. Frances Willard, *How to Win: A Book for Girls* (New York: Funk and Wagnalls, 1889), pp. 117–22.
8. *Godey's Ladies Book and Magazine* (October 1867), 318.
9. James D. McCabe, "Etiquette of Courtship and Marriage," in *The Household Encyclopedia of Business and Social Forms* (Philadelphia: Standard Publishing Company, 1880), p. 456.
10. 1989年以前に出版された手引書の中に筆者が見出すことのできた最も明白な規範は，1856年刊行の『結婚の生理学』と題する書物にあった．この著者不詳の論文集に収められた一文の筆者は，性的エネルギーの放出は肉体組織の劣化を招き，それによって生きぬく力が減ずる，とする19世紀の一般論を展開している．したがって何人も肉体が成熟するまでは結婚すべきではない，というのが著者の警告である．「概して女性は（結婚するまでに）少なくとも21歳，男性は28歳であるべきだ」と著者は述べている．加えて著者は，21歳未満で結婚する女性は，未満の1年につき平均3年の割で肉体の老化が早まる，と結論づけた研究結果を引き合いに出している．そうした助言が年齢規範を強く押し出しているのは

いうまでもないが，これはむしろ例外であって，ほとんどの著述家には年齢意識があまりなかった．See "An Old Physician," in *The Physiology of Marriage* (Boston: John P. Jewett, 1856), pp. 20–22.

11. "Who Shall Be Younger?" in "Side Talks With Girls," *Ladies Home Journal* 7 (September 1890), 10.

12. Ibid.

13. Cyrus Edson, "The Evils of Early Marriage," *North American Review* 157 (February 1894), 230–34.

14. Louis Starr, ed., *An American Textbook on the Diseases of Children* (Philadelphia: W. B. Saunders, 1894), pp. 12–13.

15. Ibid., pp. 11, 30–35, 117–18, 183, 362.

16. See L. Emmet Holt, *The Diseases of Infancy and Childhood*, 6th ed. (New York and London: D. Appleton, 1914), pp. 15–21.

17. L. Emmet Holt, *Food, Health, and Growth: A Discussion of the Nutrition of Children* (New York: Macmillan, 1930), pp. 23–30.

18. James Foster Scott, *The Sexual Instinct: Its Use and Dangers as Affecting Heredity and Morals* (New York: E. B. Treat, 1898), p. 47.

19. Carole Haber, *Beyond Sixty-Five: The Dilemma of Old Age in America's Past* (Cambridge, England: Cambridge University Press, 1983), pp. 47–48.

20. Scott, *The Sexual Instinct*, p. 70.

21. See W. Andrew Achenbaum, *Old Age in the New Land: The American Experience Since 1790* (Baltimore: The Johns Hopkins University Press, 1978), and Haber, *Beyond Sixty-Five*. 彼らの論文は異なるけれども，両者とも David Hackett Fischer が *Growing Old in America* (New York: Oxford University Press, 1977) の中で発展させたアメリカ人の老年に対する態度は1780年から1820年の間に劇的な変化をとげたとする説に反論している．私としてはこの問題に関しては Achenbaum や Haber の著作の方が Fischer のそれよりも説得性があると思う．

22. See Tamara K. Hareven, "The Last Stage: Historical Adulthood and Old Age," *Daedalus* 104 (Fall 1976), 13–27; Howard P. Chudacoff and Tamara K. Hareven, "Family Transitions to Old Age," in Tamara K. Hareven, ed., *Transitions: The Family and Life Course in Historical Perspective* (New York: Academic Press, 1978), pp. 217–43; and Howard P. Chudacoff and Tamara K. Hareven, "From Empty Nest to Family Dissolution: Life Course Transitions into Old Age," *Journal of Family History* 4 (Spring 1979), 69–83.

23. Haber, *Beyond Sixty-Five*, pp. 49–57.

24. Jean M. Charcot and Alfred Loomis, *Clinical Lectures on the Diseases of Old Age* (New York: William Wood, 1881), pp. 74–75; quoted in Haber, *Beyond Sixty-Five*, p. 60.

25. Haber, *Beyond Sixty-Five*, pp. 58–61.

26. W. Bevan Lewis, "Insanity at the Puerperal, Climacteric, and Lactational Periods," *Wood's Medical and Surgical Monographs* 6 (1890), 341.

27. Haber, *Beyond Sixty-Five*, p. 70; T. S. Clouston, *Clinical Lectures on*

*Mental Disease* (Philadelphia: Henry C. Lea's Sons, 1884), p. 388; Charles Mercier, *Sanity and Insanity* (New York: Scribner and Welford, 1890), p. 309.

28. *Oxford English Dictionary* (Oxford: Clarendon Press, 1961), p. 454; quoted in Haber, *Beyond Sixty-Five*, p. 74.

29. Haber, *Beyond Sixty-Five*, pp. 72–75; Achenbaum, *Old Age in the New Land*, pp. 43–44. See also E. N. Leake, "At What Period of Life Does Old Age Begin?" *The Medical Examiner* 6, no. 10 (October 1896), 191, and S. Newton Leo, "A Consideration of the Senile State and its Treatment," *New York Medical Journal* 84, no. 25 (October 1894), 757.

30. Mercier, *Sanity and Insanity*, p. 305. See also B. Furneaux Jordan, "Pathological and Clinical Notes with Especial Reference to Diseases in the Aged," *The Birmingham Medical Review* 32 (July 1892), 7; Julius Althaus, "Old Age and Rejuvenescence," *The Lancet* 1 (January 1899), 150; and Haber, *Beyond Sixty-Five*, pp. 74–76.

31. See, for example, Althaus, "Old Age and Rejuvenescence," pp. 150–51; Colin A. Scott, "Old Age and Death," *The American Journal of Psychology* 8, no. 1 (October 1896), 67; and Haber, *Beyond Sixty-Five*, p. 77.

32. Quoted in Haber, *Beyond Sixty-Five*, p. 91.

33. Ibid.; Morris J. Vogel, *The Invention of the Modern Hospital: Boston, 1870–1930* (Chicago: University of Chicago Press, 1980), p. 73.

34. Vogel, *Invention of the Modern Hospital*, chap. 4.

35. Haber, *Beyond Sixty-Five*, chap. 5.

36. Celia Parker Woolley, *The Western Slope* (Evanston, Ill.: W. S. Lord, 1903), quoted in Gail Bederman, "A New Time of Life: Middle Age and Images of Middle-Aged Women in Magazine Fiction, 1870–1940" (unpublished seminar paper, Brown University, 1984), p. 10. See Lois Banner, *American Beauty* (New York: Knopf, 1983), pp. 219–25.

37. Charles W. Eliot, *Educational Reform: Essays and Addresses* (New York: The Century Company 1898), p.152. See lso Andrew D. White, "The Future of American Universities," *North American Review* 151 (October 1890), 443-52. コーネル大学の学生だったホワイトは，学生は生産的な歳月を無駄にすることのないよう，13ないし14歳で大学生活を始めるのが望ましいと述べた．ホワイトはエリオットの考え方をそっくり踏襲して「学生は平均すると17，18歳で大学に入り，21，22歳で卒業するが，その後２年ないし３年を専門の職業学校で過ごすとなれば，世に出るときには25，26歳になっていることも珍しくない」と書いている．

38. Eliot, *Educational Reform*, pp. 151–76.

39. National Education Association, *Report of the Committee of Ten* (New York: National Education Association, 1893), p. 61. See also Frank Forest Bunker, *Reorganization of the Public School System*, U.S. Bureau of Education, Bulletin No. 8 (Washington, D.C.: Government Printing Office, 1916), pp. 47–48.

40. *Report of the Committee of Ten*, pp. 85, 96.

41. Bunker, *Reorganization*, p. 53.

42. Nicholas Murray Butler, "The Scope and Function of Secondary Education," *Educational Review* 16 (1898), 21.

43. William J. Shearer, *The Grading of Schools*, 2d ed. (New York: H. P. Smith, 1898), pp. 22–31.

44. こうしてシカゴ大学の学長 William Rainey Harper は，中等学校と高等教育機関にさらなる協力を促して1902年に「理想的な高等学校のカリキュラムは履修期間を４年とすべきことが一般に認識されるようになりました」とにこやかに述べることができたのである. See Harper, "The Trend of University and College Education in the United States," *North American Review* 174 (April 1902), 457–65.

45. Duncan Emrich, *Folklore on the American Land* (Boston: Little, Brown, 1972), pp. 190–91, 199.

46. Anon., *Maidenhead Stories, Told By a Set of Joyous Students* (New York: Erotica Biblion Society, 1897).

47. Flo V. Menninger, *Days of My Life: Memories of a Kansas Mother and Teacher* (New York: Richard R. Smith, 1939), pp. 59–60.

48. David J. Hill, "The Emancipation of Women," *Cosmopolitan* 1 (April 1886), 96–99. See also Erma J. Babcock, "Home Duties First," *Cosmopolitan* 1 (May 1886), 196–97.

49. Belva Lockwood, "The Present Phase of the Women Question," *Cosmopolitan* 4 (October 1888), 467–70. See also Mona Caird, "The Emancipation of the Family," *North American Review* 151 (July 1890), 22–37.

## 第４章

1. U.S. Bureau of the Census, *Bulletin 13: A Discussion of Age Statistics* (Washington, D.C.: Government Printing Office, 1904), p. 9.

2. Dorothy Ross, *G. Stanley Hall: The Psychologist as Prophet* (Chicago: University of Chicago Press, 1972), pp. 81-133. 初期児童心理学に関する Preyer の短い議論については，see also Stephen Kern, *The Culture of Time and Space, 1880-1918* (Cambridge: Harvard University Press, 1983), p. 41. 〔浅野敏夫訳『時間の文化史』法政大学出版局〕

3. G. Stanley Hall, *Adolescence: Its Psychology and Its Relations to Physiology, Anthropology, Sociology, Sex, Crime, Religion, and Education* (New York: D. Appleton, 1904). See also Hall, "Child Study and Its Relation to Education," *The Forum* 29 (1900), 688–702; Sara Carolyn Fisher, "The Psychological and Educational Work of Granville Stanley Hall," *American Journal of Psychology* 36 (1925), 1–52; Lawrence A. Cremin, *The Transformation of the School: Progressivism in American Education, 1876–1957* (New York: Random House, 1961), pp. 100–102; and Ross, *G. Stanley Hall*, chaps. 3–4.

4. G. Stanley Hall, *Youth: Its Education, Regimen, and Hygiene* (New York: D. Appleton, 1907), p. 135. See also Fisher, "Psychological and Educational Work," pp. 41–43; Dominick Cavallo, *Muscles and Morals: Organized Playgrounds and Urban Reform, 1880–1920* (Philadelphia: University of Pennsylvania Press, 1981), pp. 55–60; and David I. Macleod, *Building Char-*

*acter in the American Boy: The Boy Scouts, YMCA, and Their Forerunners, 1870–1920* (Madison: University of Wisconsin Press, 1983), pp. 99–100.

5. "Report of the Commission of Twenty-One," *School Review* 13 (1905), 23–25.

6. Quoted in Frank Forest Bunker, *Reorganization of the Public School System*, U.S. Bureau of Education, Bulletin No. 8 (Washington, D.C.: Government Printing Office, 1916), p. 63.

7. Ibid., pp. 63–64.

8. Frank Glenn Lankard, *A History of the American Sunday School Curriculum* (New York: The Abingdon Press, 1927), pp. 272–303.

9. David L. Angus, Jeffrey E. Mirel, and Maris A. Vinovskis, "Historical Development of Age-Stratification in Schooling," (unpublished typescript, 1988), p. 14.

10. Leonard P. Ayers, *Laggards in Our Schools: A Study of Retardation and Elimination in City School Systems* (New York: Charities Publication Committee, 1909). See also David B. Tyack, *The One Best System: A History of American Urban Education* (Cambridge: Harvard University Press, 1974), pp. 199–201.

11. Lightner Witmer, "What Is Meant by Retardation," *The Psychological Clinic* 4 (1910), p. 124.

12. George Dayton Strayer, *Age and Grade Census of Schools and Colleges*, U.S. Bureau of Education, Bulletin no. 5 (Washington, D.C.: Government Printing Office, 1911), pp. 103–4.

13. Quoted in Bunker, *Reorganization of the Public School System*, pp. 87–89.

14. Ibid., pp. 101–2.

15. Ellwood P. Cubberly, *Public Education in the United States*, rev. ed. (Boston: Houghton Mifflin, 1934), p. 555.

16. U.S. Bureau of the Census, *Fourteenth Census of the United States. Volume I: Population* (Washington, D.C.: Goverment Printing Office, 1922), pt. 2, pp. 1041, 1045; U.S. Bureau of the Census, *Statistical History of the United States* (Washington, D.C.: Goverment Printing Office, 1975), pp. 368–69. こうした数字をイギリスの数字と対照するのは意義深い．イギリスでは，1909年になっても15歳から18歳までの青年のわずか1.5パーセントしか中等学校に通っていなかった．思春期を人生の特殊な段階とみる考え方はアメリカよりもイギリスに深く根差しており，事実思春期の現代的概念の起源は，1827年から1839年までラグビースクールの校長を務めたトマス・アーノルド（Thomas Arnold）が，知的，道徳的，精神的美徳を教育する目的で，大人社会を模した寄宿舎に若者を隔離したことにある．しかし，中等教育と思春期が結びつけられ，それとともに年齢別の集団化が意識的に行なわれるに至ったのはかなり後のことで，したがって青少年に対する年齢規範の普及はイギリスよりもアメリカの方が早かったのである．See

John R. Gillis, *Youth and History: Tradition and Change in European Age Relations, 1770-Present* (New York: Academic Press, 1974), pp. 118-19.

17. Joseph F. Kett, *Rites of Passage: Adolescence in America, 1790 to the Present* (New York: Basic Books, 1977), pp. 133, 183–86; Macleod, *Building Character*, pp. 24–28; John Modell et al., "Social Change and Transitions to Adulthood in Historical Perspective," *Journal of Family History* 1 (Autumn 1976), 7–32; Joseph F. Kett, "History of Age Grouping in America," in James S. Coleman et al., eds., *Youth: Transition to Adulthood* (Chicago: University of Chicago Press, 1974), pp. 19–24.

18. Joseph Green Cogswell and George Bancroft, *Prospectus of a School to be Established at Round Hill, Northampton, Massachusetts* (Cambridge, Mass.: Hilliard and Metcalf, 1823), p. 17, quoted in Betty Spears and Richard A. Swanson, *History of Sport and Physical Activity in the United States* (Dubuque, Ia.: Wm. C. Brown, 1978), pp. 80–81.

19. Spears and Swanson, *History of Sport*, pp. 119–24.

20. Cubberly, *Public Education*, pp. 606–7.

21. Luther Halsey Gulick, "Psychological, Pedagogical, and Religious Aspects of Group Games," *Pedagogical Seminary* 6 (March 1899), 135–51.

22. Luther Halsey Gulick, "The Policy of the Open Door," *Pratt Institute Monthly* 10 (June 1902), 220.

23. Luther Halsey Gulick, "Activities of the Boys' Branch of the P.S.A.L. of New York City," *The Playground Association of America Proceedings* 2 (1908), 412.

24. Ethel Josephine Dorgan, *Luther Halsey Gulick, 1865–1918* (New York: Bureau of Publications, Teachers College, Columbia University, 1934), pp. 79–82.

25. Jessie Hubbell Bancroft, *Rules for Games* (New York: American Sports Publishing Company, 1903).

26. Jessie Hubbell Bancroft, *Games for the Playground, Home, School, and Gymnasium* (New York: Macmillan, 1920), pp. 12–13.

27. Ibid., p. 15.

28. Ibid., pp. 13–14.

29. Clarence E. Rainwater, *The Play Movement in the United States: A Study of Community Recreation* (Chicago: University of Chicago Press, 1922), pp. 8–11, 192–200; John Collier and Edward M. Barrows, *The City Where Crime Is Play* (New York: Peoples Institute, 1916); Henry S. Curtis, *The Play Movement and Its Significance* (New York: Macmillan, 1917); Joseph Lee, "Restoring Their Play Inheritance to Our City Children," *The Craftsman* 25 (March 1914), 545–55; Spears and Swanson, *History of Sport*, pp. 171–73; Cavallo, *Muscles and Morals*, chaps. 1, 3.

30. Rainwater, *The Play Movement*, pp. 192–200.

31. George Ellsworth Johnson, *Education By Play and Games* (Boston: Ginn, 1907), pp. 8, 16-17. ジョンソンは15歳をもって発達段階の上限とした理由を明らかにしていない．彼は，肉体の成熟は16歳までに完成するので，その齢

には子供の遊びに特別の注意を払う必要はなくなる，と暗に示唆するにとどまっている．

32. Macleod, *Building Character*, pp. 24–28; Benjamin G. Rader, *American Sport: From the Age of Folk Games to the Age of the Spectator* (Englewood Cliffs, N.J.: Prentice-Hall, 1983), pp. 146–49.

33. See J. McKeon Cattell, "Mental Tests and Measurement," *Mind* 15 (1890), 373–81; J. McKeon Cattell and Livingston Farrand, "Physical and Mental Measurements of the Students of Columbia University," *Psychological Review* 3 (1896), 618–48; Thaddeus L. Bolton, "The Growth of Memory in Schoolchildren," *American Journal of Psychology* 4 (April 1891), 362–80; Joseph Jastrow, "Some Anthropological and Psychological Tests on College Students: A Preliminary Survey," *American Journal of Psychology* 4 (December 1891) 902–10; J. Allen Gilbert, "Research on Mental and Physical Development of School Children," *Studies of the Yale Psychological Laboratory* 2 (1894), 40–100; and Don C. Charles, "Historical Antecedents of Life-Span Developmental Psychology," in L. R. Goulet and Paul B. Baltes, eds., *Life-Span Developmental Psychology: Research and Theory* (New York and London: Academic Press, 1970), p. 32.

34. See the entry on Alfred Binet by Pierre Pichot in the *International Encyclopedia of the Social Sciences*, vol. 2 (New York: Macmillan, 1968), pp. 74–78; Joseph Peterson, *Early Conceptions and Tests of Intelligence* (Yonkers, N.Y.: World Book Company, 1925), chaps. 5–10; Lawrence A. Cremin, *The Transformation of the School: Progressivism in American Education, 1876–1956* (New York: Vintage Books, 1964), p. 186; and Charles, "Historical Antecedents of Life-Span Developmental Psychology," p. 33.

35. Charles, "Historical Antecedents of Life-Span Developmental Psychology," p. 33.

36. See Lewis M. Terman, *The Measurement of Intelligence* (Boston: Houghton Mifflin, 1916).

37. See, for example, Ronald D. Cohen, "Child Saving and Progressivism, 1885–1915," in Joseph M. Hawes and N. Ray Hiner, eds., *American Childhood: A Research Guide and Historical Handbook* (Westport, Conn.: Greenwood Press, 1985), pp. 289–90.

38. See Harlan C. Hines, *A Guide to Educational Measurements* (Houghton Mifflin, 1924).

39. Lewis M. Terman, *The Intelligence of School Children: How Children Differ in Ability, the Use of Mental Tests in School Grading, and the Proper Education of Exceptional Children* (Boston: Houghton Mifflin, 1919), pp. 28–29.

40. Cremin, *The Transformation of the School*, pp. 138–40; David John Hogan, *Class and Reform: School and Society in Chicago, 1880–1930* (Philadelphia: University of Pennsylvania Press, 1985), pp. 86–89.

41. *People ex. rel. Sinclair v. Sinclair*, 95 N.Y. Supp. 861 (1905). See also *People ex. rel. Sinclair v. Sinclair*, 91 App. Div. 322, 86 N.Y. Supp. 539 (1904).

42. *People ex. rel. Barry v. Mercein*, 38 Am. Dec. 644 (1842).

43. Benjamin B. Lindsey, "The Bad Boy: How to Save Him," *Leslie's Monthly Magazine* 60 (June 1905), 169–70. See also Anthony M. Platt, *The Child Savers: The Invention of Delinquency* (Chicago: University of Chicago Press, 1969), esp. chaps. 5 and 6, and Hogan, *Class and Reform*, pp. 60–65.

44. Lindsey, "The Bad Boy," p. 170.

45. Kett, *Rites of Passage*, p. 255; Hastings H. Hart, ed., *Juvenile Court Laws in the United States* (New York: Charities Publication Committee of the Russell Sage Foundation, 1910), pp. 1-118; Gilbert Cosulich, *Juvenile Court Laws of the United States*, 2d ed. (New York: National Probation Association, 1939-, pp. 20-29, 58-61; Grace Abbott, *The Child and the State* (Chicago: University of Chicago Press, 1938), pp. 392-428. 14歳を下限とした諸州の例外はイリノイとニューハンプシャーである．前者は12歳を，後者は17歳を，それぞれ収監年齢の下限とした．

46. Carroll D. Wright, *A Report on Marriage and Divorce in the United States, 1867 to 1886* (Washington, D.C.: Government Printing Office, 1887), pp. 28–31.

47. U.S. Bureau of the Census, *Special Reports: Marriage and Divorce, 1867-1906. Part I: Summary, Laws, Foreign Statistics* (Washington, D.C.: Goverment Printing Office, 1909), pp. 184-89. 南部の諸州とニューハンプシャー州は年齢の下限が低かった．これらの州では男が14歳，女は12歳の若さであっても，親の承諾を得れば結婚することができた．しかし，ほとんどの地域で結婚年齢の下限は高くなってゆく傾向にあった．

48. Ibid., p. 185. ニュージャージー州では非在住者が州内で結婚するさいには許可が必要だった．ニューヨーク州は，1908年 1 月 1 日をもって発効する許可を必要とする法律をすでに可決していた．

49. Anna Garlin Spencer, "The Age of Consent and Its Significance," *Forum* 49 (1913), 408.

50. See Edith Houghton Hooker, *The Laws of Sex* (Boston: Richard B. Badger, The Gorham Press, 1921).

51. Walter I. Trattner, *Crusade for the Children: A History of the National Child Labor Committee and Child Labor Reform in America* (Chicago: Quadrangle Books, 1970), p. 30.

52. Ibid., pp. 33–35; Hogan, *Class and Reform*, pp. 52–60.

53. Felix Adler, "Child Labor in the United States and Its Attendant Evils," *Annals of the American Academy of Political and Social Science* 25 (May 1905), 425.

54. Madeleine Wallin Sikes and Josephine C. Goldmark, *Child Labor Legislation* (New York: National Consumers' League, 1904).

55. "Standard Child Labor Law," *Annals of the American Academy of Political and Social Science* 31 (May 1908), 56–62.

56. Albert H. Freiberg, "Some of the Ultimate Effects of Premature Toil," *Annals of the American Academy of Political and Social Science* 29 (January 1907), 21–22; Owen R. Lovejoy, "Some Unsettled Questions about Child Labor," in *The Child Workers of the Nation: Proceedings of the Fifth Annual*

*Conference of the National Child Labor Committee* (New York: National Child Labor Committee, 1909), pp. 50–51. See also Abbott, *The Child and the State*, pp. 259–404, 461–545.

57. *The Employment of Young Persons in the United States* (New York: National Industrial Conference Board, 1925), pp. 67–68.

58. *Hammer v. Dagenhart* 247 United States Reports 251, 268 (June 1918).

59. *Bailey, Collector of Internal Revenue v. Drexel Furniture Company* 259 United States Reports 20, 34–44 (1922). See also *The Employment of Young Persons in the United States*, p. 68, and Trattner, *Crusade for the Children*, pp. 119–42.

60. Richard Meckel, "The Awful Responsibility of Motherhood: American Health Reform and the Prevention of Infant and Child Mortality Before 1913" (Ph.D. diss., Department of American Studies, University of Michigan, 1980), p. 344.

## 第5章

1. Paul Hanley Furfey, *The Gang Age: A Study of the Preadolescent Boy and His Recreational Needs* (New York: Macmillan, 1928), pp. 131, 137.

2. 同輩集団の研究としてもっとも信頼に足る礎石の一つを形成する研究書を著した S.N. Eisenstadt は，peer group, age group, age homogeneous の三つの言葉を相互互換的に用いている．See Eisenstadt, *Generation to Generation: Age Groups and Social Structure* (Glencoe, Ill.: The Free Press, 1956), pp. 50-55, 174.

3. たとえば，Paula Fass は，*The Damned and the Beautiful: American Youth in the 1920s* (New York: Oxford University Press, 1977) の中でこう述べている．大学の環境が育てた同輩仲間間の濃密な相互作用ゆえに，同輩集団と同輩人間関係の概念は，思春期の若者や子供たちより，大学生，少なくとも1920年代の大学生に，より直接的にあてはまる．同書 3—5 章参照のこと．

4. Eisenstadt, *Generation to Generation*, pp. 50–55, 182–87, 271–94. See also David I. Macleod, *Building Character in the American Boy: The Boy Scouts, YMCA, and Their Forerunners, 1870–1920* (Madison: University of Wisconsin Press, 1983), p. 104, and Fass, *The Damned and the Beautiful*, pp. 121–22.

5. Fass, *The Damned and the Beautiful*, pp. 369–72.

6. Eisenstadt は，同輩仲間関係は，現状の社会では家族から共同体へ移行する思春期の若者に枢要なもので，また，そうした若者たちに限って見られるものとみなした．そして，いったん大人の世界に統合されると，同輩集団への帰属意識と同輩集団の若者への支援の必要性は薄れる，と論じた．しかしながら，20世紀に見られる歴史的事実の検証は，同輩仲間関係は生涯全ての時期を通して存続することを示していると，筆者は主張する．

7. John R. Gillis, *Youth and History: Tradition and Change in European Age Relations, 1770–Present* (New York: Academic Press, 1974); Philip T.

Greven, Jr., *Four Generations: Population, Land and Family in Colonial Andover, Massachusetts* (Ithaca: Cornell University Press, 1970).

8. Joseph F. Kett, *Rites of Passage: Adolescence in America, 1790 to the Present* (New York: Basic Books, 1977), chap. 1.

9. See, for example, Greven, *Four Generations*, p. 34. Greven は，マサチューセッツのアンドオバーでは，17世紀末の数十年間に男性の60.5パーセントが25歳以上で結婚し，女性の75.3パーセントが24歳以下で結婚していたことを明らかにしている．

10. Frederick S. Crum, "The Decadence of the Native American Stock: A Statistical Study of Genealogical Records," *American Statistical Association Journal* 14 (1916–17), 214–22. See also Robert V. Wells, *Revolutions in Their Lives: A Demographic Perspective on the History of Americans, Their Families, and Their Society* (Westport, Conn.: Greenwood Press, 1982), p. 92.

11. Frank W. Notestein, "The Decreasing Size of Families from 1890 to 1910." *Quarterly Bulletin of the Millbank Memorial Fund* 9 (1931), 181-88. Fass, *The Damned and the Beautiful,* pp. 60-64. Fass は，*1920*年代における，大学生の家族に見られる，彼らの親の世代と比較しての，兄弟姉妹の数の小さからぬ減少を示す，幾つかの研究書をあげている．See Ray Ervin Baker and Edward Allsworth Ross, *Changes in the Size of American Families in One Generation*, University of Wisconsin Studies in the Social Sciencees and History, No. 10 (Madison: University of Wisconsin, 1924); S.J. Holmes, "The Size of College Families." *Journal of Heredity* 15 (1924), 407-15; and Amy Hewes, "A Study of Families in Three Generations," *Journal of the Association of College Alumnae* 13 (1920), 5-9.

12. Wells, *Revolutions in Their Lives*, p. 92; U.S. Bureau of the Census, *Statistical Abstract of the United States, 1986* (Washington, D.C.: Government Printing Office, 1985), p. 56; Donald J. Bogue, *The Population of the United States* (Glencoe, Ill.: The Free Press, 1959), p. 299. 全国的な出生率の統計は20世紀に入るまでとられていなかったため，19世紀における出生率はさまざまな，地域的調査，特殊な調査から推論するほかない．幾人かの人口統計学者と歴史学者がそれを試みてきた．出生率が下降線を辿る傾向は，しかしながら、議論の余地がなく，19世紀を通しての出生率の変化には大きなものがあった．

13. Rudy Ray Seward, *The American Family: A Demographic History* (Beverly Hills, Calif.: Sage Publications, 1978), p. 73; Bogue, *The Population of the United States*, p. 258.

14. Seward, *The American Family*, p. 79; U. S. Bureau of the Census, *Historical Statistics of the United States: From Colonial Times to the Present* (Washington, D.C.: Government Printing Office, 1975), p. 42.

15. William I. Thomas and Florian Znaniecki, *The Polish Peasant in Europe and America*, ed. and abr. Eli Zaretsky (Urbana and Chicago: University of Illinois Press, 1984), pp. 143–56.

16. See Kathy Peiss, *Cheap Amusements: Working Women and Leisure in Turn-of-the-Century New York* (Philadelphia: Temple University Press, 1986).

17. Ellen K. Rothman, *Hands and Hearts: A History of Courtship in America* (Cambridge: Harvard University Press, 1987), pp. 222–23, 289–90.

18. Providenceのデータは，以前研究の必要上集めたもの．Omahaのデータは NebraskaのDouglas County で集められたもの．結婚の記録はNebraskaのLincolnのNebraska州公記録保管所所蔵のものである．See Howard P. Chudacoff, "Newlyweds and Family Extension: The First Stage of the Family Cycle in Providence, Rhode Island, 1864-1865 and 1879-1880," in Tamara K. Hareven and Maris Vinovskis, eds., *Family and Population in Nineteenth-Century America* (Princeton: Princeton University Press, 1978), pp. 179-205, and Howard P. Chudacoff, "The Life Course of Women: Age and Age Consciousness, 1865-1915." *Journal of Family History* 5 (Autumn 1980), 274-92.

19. 夫と妻の年齢差が2年以内の，同年輩同士の結婚にあっては，夫が妻より年上のケースがその逆のケースの約2倍あった．妻が夫より6歳以上年上のケースは数少なかった．

20. Gillis, *Youth and History*, pp. 21, 47; Greven, *Four Generations*, pp. 222–23, 272–73; Mary P. Ryan, *Cradle of the Middle Class: The Family in Oneida County, New York, 1790–1865* (Cambridge, England: Cambridge University Press, 1981), pp. 71–75.

21. "What I Did With My Two Daughters," *Ladies Home Journal* 25 (March 1908), 10.

22. U. S. Office of Education, *Biennial Survey of Education in the United States, 1955–56* (Washington, D.C.: Government Printing Office, 1956), table 16, p. 30.

23. Luther Halsey Gulick, "The Policy of the Open Door," *Pratt Institute Monthly* 10 (June 1902), 220; Gulick, "Activities of the Boys' Branch of the P.S.A.L. of New York City," *The Playground Association of America Proceedings* 2 (1908), 412.

24. See Fass, *The Damned and the Beautiful*, pp. 88–89, and James E. West, "Youth Outside of Home and School," in *White House Conference on Child Health and Protection: Addresses and Abstracts of Committee Reports* (New York: The Century Company, 1931), pp. 247–74.

25. Fassはこの点を格別強調している．*The Damned and the Beautiful*, pp. 121, 129-36, 211-12. See also R.H. Edwards, J.M. Artman, and Galen M. Fisher, *Undergraduates: A Study of Morale in Twenty-Three American Colleges and Universities* (Garden City and New York: Doubleday, Doran, 1928), pp. 5-25.

26. Daniel Santanello, "Brown University: Pioneer in the Introduction of Intercollegiate Hockey in the United States" (unpublished seminar paper, Brown University, 1980), pp. 4–5.

27. Eugene S. Richards, "Athletic Sports at Yale," *Outing* 6 (July 1885), 453.

28. Arthur Twining Hadley, "Wealth and Democracy in American Col-

leges," *Harper's Monthly* 93 (August 1906), 452. See also Edwards, Artman, and Fisher, *Undergraduates*, pp. 128–46.

29. John Addison Porter, "College Fraternities," *The Century* 36 (1888), 749–60; Frederick Rudolph, *The American College and University* (New York: Alfred A. Knopf, 1962), pp. 144–48; Fass, *The Damned and the Beautiful*, p. 142.

30. P. F. Piper, "College Fraternities," *Cosmopolitan Magazine* 22 (1897), 646.

31. Fass, *The Damned and the Beautiful*, p. 143. See also William Clyde Devane, *Higher Education in Twentieth Century America* (Cambridge: Harvard University Press, 1965), pp. 14–23, and C. H. Frerark, *A College Career and the American Fraternity System* (Lincoln: University of Nebraska Press, 1935), p. 9.

32. Fass, *The Damned and the Beautiful*, pp. 143–44.

33. Quoted in Edwards, Artman, and Fisher, *Undergraduates*, p. 59.

34. Ibid., p. 62.

35. Fass は次のように指摘している. 1920年代の大学の同輩仲間社会は, 勉学, 消費者習性《コンシューマーハビッツ》, 性行為, 政治的姿勢, 個人的選択のような行動領域において, いくぶんカウンターカルチュア的価値を涵養し是認することで, 急進的な働きをした, と. 筆者は, 社交クラブがそんな風に社会的変化を捉進したことに同意する. ここでは筆者はたんに, 同輩仲間の影響力が及ぼす直接的な力と効果を強調しているにすぎない. See Fass, *The Damned and the Beautiful*, pp. 141-49, 192,226.

36. Fass, *The Damned and the Beautiful*, pp. 192–98; Edwards, Artman, and Fisher, *Undergraduates*, pp. 182–89.

37. *Report of the Faculty-Staff on the Distribution of Students' Time at the University of Chicago* (Chicago: University of Chicago, 1925), cited in Fass, *The Damned and the Beautiful*, p. 173; see also p. 422, n. 7.

38. See, for example, Carl Bridenbaugh, *Cities in Revolt: Urban Life in America, 1743–1776* (New York: Knopf, 1955), pp. 307–9; Gary B. Nash, *The Urban Crucible: Social Change, Political Consciousness, and the Origins of the American Revolution* (Cambridge: Harvard University Press, 1979), pp. 293–300; and Joel Tyler Headley, *The Great Riots of New York, 1712–1873* (1873; reprint, Indianapolis and New York: The Bobbs-Merrill Company, 1970), pp. 152–59.

39. Headley, *The Great Riots*, p. 131.

40. Kett, *Rites of Passage*, p. 89.

41. それぞれ明瞭な倫理, 階級, 人種的性的相違がこれらの生活様式のうちには存するが, 全ての集団にとり, この傾向は似かよったものがあった. 観察に基づく分析として次のものがある. Michael B. Katz, *The People of Hamilton, Canada West: Family and Class in a Mid-Nineteenth Century City* (Cambridge: Harvard University Press, 1975), pp. 256-92, 307-8.

42. Frederick M. Thrasher, *The Gang: A Study of 1,313 Gangs in Chicago* (Chicago: University of Chicago Press, 1927), pp. 74–76.

43. Furfey, *The Gang Age*, p. 137.

44. J. Adams Puffer, *The Boy and His Gang* (Boston: Houghton Mifflin, 1912), pp. 16, 18.

45. Verses quoted in Duncan Emrich, *Folklore on the American Land* (Boston: Little, Brown, 1972), pp. 217ff.

46. Edgar M. Robinson, "Age Grouping of Younger Association Members," *Association Boys* 1 (1902), 34–35; "Retaining the Interest of the Older Scout," *Scouting* 6 (January 15, 1918), 13, cited in David I. Macleod, *Building Character in the American Boy: The Boy Scouts, YMCA, and Their Forerunners, 1870–1920* (Madison: University of Wisconsin Press, 1983), pp. 282, 292.

47. See Collette Hyman, "The Young Women's Christian Association and the Women's City Missionary Society: Models of Feminine Behavior, 1863–1920" (unpublished honors thesis, American Civilization Program, Brown University, 1979), pp. 52–53; Macleod, *Building Character*, pp. 295–98.

48. George E. Bevans, *How Workingmen Spend Their Time* (New York: Columbia University, 1913), pp. 27, 31, 33, 35; Peiss, *Cheap Amusements*, pp. 6–7, 56–57; Roy Rosenzweig, *Eight Hours for What We Will: Workers and Leisure in an Industrial City* (Cambridge, England: Cambridge University Press, 1983), p. 188.

49. Peiss, *Cheap Amusements*, p. 89.

50. Peiss, *Cheap Amusements*, p. 88; Lewis Erenberg, *Steppin' Out: New York Night Life and the Transformation of American Culture* (Westport, Conn.: Greenwood Press, 1981), pp. 156–57.

51. Katherine Anthony, *Mothers Who Must Earn*, West Side Studies, vol. 2, pt. 2 (New York: Russell Sage Foundation, 1914), p. 189.

52. See Peiss, *Cheap Amusements*; Leslie Woodcock Tentler, *Wage-Earning Women: Industrial Work and Family Life in the United States, 1900–1930* (New York: Oxford University Press, 1979); Alice Kessler-Harris, *Out to Work: A History of Wage-Earning Women in the United States* (New York: Oxford University Press, 1982); Susan Estabrook Kennedy, *If All We Did Was to Weep at Home: A History of White Working-Class Women in America* (Bloomington: Indiana University Press, 1979); and Miriam Cohen, "Italian-American Women in New York City, 1900–1950: Work and School," in Milton Cantor and Bruce Laurie, eds., *Class, Sex, and the Woman Worker* (Westport, Conn.: Greenwood Press, 1977), pp. 120–43.

53. See Peiss, *Cheap Amusements*, and Judith Smith, *Family Connections: A History of Italian and Jewish Immigrant Lives in Providence, Rhode Island, 1900–1940* (Albany: State University of New York Press, 1985).

54. YWCA, *First Report of the Commission on Household Employment* (Los Angeles, May 5–11, 1915), p. 19, quoted in Kessler-Harris, *Out to Work*, p. 136. See also David M. Katzman, *Seven Days a Week: Women and Domestic Service in Industrializing America* (New York: Oxford University Press, 1978).

55. Hyman, "The Young Women's Christian Association," pp. 45, 87.

56. Margaret E. Sangster, *Winsome Womanhood* (New York: Fleming H. Revell, 1900), p. 189.

57. Walter Camp, "You Pass Your Physical Zenith Between 31 and 35," *American Magazine* 87 (March 1919), 31–33.

58. E. A. Ross, "The Conflict of Age," *Scientia* 46 (1929), 346–522.

59. Quoted in Bernice Hunt and Morton Hunt, *Prime Time: A Guide to the Pleasures and Opportunities of the New Middle Age* (New York: Stein and Day, 1974), p. 19.

60. U.S. Bureau of the Census, *Historical Statistics of the United States from Colonial Times to 1970* (Washington, D.C.: Government Printing Office, 1975), p. 21.

61. Ben Lindsey and Wainright Evans, *The Companionate Marriage* (New York: Boni and Liveright, 1927), pp. 3–5.

62. Walter E. Pitkin, *Life Begins at Forty* (New York: McGraw-Hill, 1932), pp. 5–7, 11–12.

63. Ibid., p. 114.

64. Sophie Tucker, *Some of These Days* (Garden City, N.Y.: Country Life Press, 1945), p. 95.

65. Granville Stanley Hall, *Senescence: The Last Half of Life* (New York: D. Appleton, 1922), p. vii.

66. Lee Walling Squires, *Old Age Dependency in the United States* (New York: Macmillan, 1912), pp. 28–29.

67. See James T. Patterson, *The Dread Disease: Cancer and Modern American Culture* (Cambridge: Harvard University Press, 1987), p. 79.

68. Louis Faugeres Bishop, "The Relation of Old Age to Disease, with Illustrative Cases," *The American Journal of Nursing* 9, no. 9 (June 1904), 679.

69. これらの問題を詳細に検討したものとして次のものがある．Carole Haber, *Beyond Sixty-Five: The Dilemma of Old Age in America's Past* (Cambridge, England: Cambridge University Press, 1983), chaps. 2, 4. See also, W. Andrew Achenbaum, *Old Age in the New Land: The American Experience Since 1790* (Baltimore: The Johns Hopkins University Press, 1978), esp. chap.4, and David Hackett Fischer, *Growing Old in America* (New York: Oxford University Press, 1977), esp. chap. 4.

70. Haber, *Beyond Sixty-Five*, p. 84.

71. Achenbaum, *Old Age in the New Land*, pp. 80–81.

72. Haber, *Beyond Sixty-Five*, pp. 92–93.

73. Ibid., p. 93.

74. *Charities and the Commons* 17, no. 15 (February 1907), 875.

75. Haber, *Beyond Sixty-Five*, pp. 108–11; Achenbaum, *Old Age in the New Land*, pp. 48–49; William Graebner, *A History of Retirement: The Meaning and Function of an American Institution, 1885–1978* (New Haven, Conn.: Yale University Press, 1980), pp. 11–19, 53.

76. Achenbaum, *Old Age in the New Land*, pp. 48-49. 19世紀には連邦政府は退役軍人に年金を支給していた．だがその年金は軍務への忠勤の報奨金であり，老齢の補助金とみなされてはいなかった．加えて，南北戦争の年金は，戦死

者，傷病兵，未亡人に支給され，年齢の基準はなかった．See Haber, *Beyond Sixty-Five*, pp. 110-11.

77. Abraham Epstein, *The Problem of Old Age Pensions in Industry* (Harrisburg, Pa.: Pennsylvania Old Age Commission, 1926), pp. 115–16. See also Epstein, *Facing Old Age: A Study of Old Age Dependency in the United States and Old Age Pensions* (New York: Knopf, 1922), pp. 141–89.

78. Epstein, *Facing Old Age*, p. 162; Haber, *Beyond Sixty-Five*, p. 121.

79. Haber, *Beyond Sixty-Five*, pp. 122–23.

80. Ibid., p. 119.

81. Quoted in Abraham Epstein, *The Challenge of the Aged* (New York: Macy-Masius: The Vanguard Press, 1928), pp. 268–69.

82. Ibid., pp. 262–91.

83. Achenbaum, *Old Age in the New Land*, p. 50.

84. Haber, *Beyond Sixty-Five*, p. 124.

85. そうした人道主義的関心の一例として，see Epstein, *The Chal-lenge of the Aged*, chaps. 1-6.

86. Haber, *Beyond Sixty-Five*, chaps. 5. Achenbaum, *Old Age in the New Land*, pp. 119-20. Achenbaum は，Haber や筆者と幾分異なる主張をする．老年期の病いは病理学的劣化にも関わらず，治癒可能であると信ずる医者もいる，というのである．しかし事実は，たいていの医者は老年期の劣化は，一番うまくいって進行を止められるにすぎず，症状の改善は滅多に望めないと想定している．

87. I. L. Nascher, "Geriatrics," *New York Medical Journal* 90, no. 8 (August 1909), 358.

88. Ibid., pp. 358–59.

89. Nascher, "Importance of Geriatrics," *Journal of the American Medical Association* 62 (1917), 2249. See also Nascher, "Geriatrics," p. 358.

90. Epstein, *The Challenge of the Aged*, pp. 259–62.

91. Graebner, *A History of Retirement*, pp. 80, 180–88.

92. See Graebner, *A History of Retirement*, pp. 181–214, and Achenbaum, *Old Age in the New Land*, pp. 127–38.

93. Wilbur J. Cohen, *Retirement Policies under Social Security: A Legislative History of Retirement Ages, the Retirement Test, and Disability Benefits* (Berkeley and Los Angeles: University of California Press, 1957), pp. 17-20. Cohen は，「65歳が定年の年齢と定められた理由」と題する章を産業労働者の年金制度に関する権威であり，CES の指導者である，Murray Latimore から得た情報に基づいて記している．

94. Ibid., p. 20.

95. Henry Seidel Canby, "Life in the Nineties: Home and Parents," *Harper's* 169 (1934), 271.

96. William F. Ogburn, with the assistance of Clark Tibbitts, "The Family and Its Functions," in *Recent Social Trends in the United States: Report of the President's Research Committee on Social Trends* (New York: McGraw-Hill, 1933), p. 663.

97. Ibid., pp. 698–700.

98. Warren S. Thompson and P. K. Whelpton, "The Population of the Nation," in *Recent Social Trends in the United States*, pp. 26, 34–35.

## 第6章

1. James J. Fuld, *The Book of World Famous Music*, rev. ed. (New York: Crown Publishers, 1966), pp. 266–68.
2. *New York Times*, August 15, 1934, p. 19.
3. Fuld, *The Book of World Famous Music*, p. 268.
4. *American Magazine* 88 (December 1919), 143.
5. Ibid., pp. 143–44.
6. Ibid., pp. 144–45.
7. See, for example, Ella Gilbert Ives, *The Evolution of a Teacher* (Boston, New York, and Chicago: The Pilgrim Press, 1915); Amelia Gera Mason, *Memoirs of a Friend* (Chicago: Lawrence C. Woodward, 1918); Martha Seymour Coman, *Memories of Martha Seymour Coman* (Boston: The Fort Hill Press, 1913); and Anne Ellis, *The Life of an Ordinary Woman* (Boston: Houghton Mifflin, 1929).
8. Leah Morton (pseud. for Elizabeth Gertrude Stern), *I Am a Woman and a Jew* (New York: J. H. Sears, 1926), p. 3.
9. Mabel Osgood Wright, *My New York* (New York: Macmillan, 1926), p. 171.
10. H. B. Mayer, "The Fallacy of the Elder Brother," *Living Age* 263 (December 11, 1909), 663–70.
11. Wright, *My New York*, p. 229.
12. Ibid., p. 242.
13. Wanda Gág, *Growing Pains: Diaries and Drawings for the Years 1908–1917* (New York: Coward-McCann, 1940), p. 225.
14. Ibid., p. 230.
15. Ibid., p. 226.
16. Ibid.
17. Ibid., pp. 458–59.
18. "Puppy Love Among Boys and Girls," *Ladies Home Journal* 26 (September 1909), 44.
19. "What They Said When I Became Engaged," *Ladies Home Journal* 25 (February 1908), 24.
20. Irene Dale (pseud.), *Diary of a Night Club Hostess* (Girard, Kans.: Haldeman-Julius, 1929), p. 3.
21. Ernest R. Groves and Gladys Hoagland Groves, *Wholesome Marriage* (Boston: Houghton Mifflin, 1927), pp. 59–60.
22. Anon., *How Can I Get Married? A Woman Bares Her Soul. Vividly and Dramatically She Tells the Story of Her Heart-stirring Experiences in Her Search for a Husband* (New York: MacFadden Publications, 1927), esp. pp. xii and 203–4. See also An Old Maid, "Why I Am Glad—and Why Sorry—I Never Married," *American Magazine* 88 (November 1919), 27, 164.
23. "My Young Men," *Living Age* 256 (February 15, 1908), 437–39.

24. Ellis Parker Butler, "Poor Old Ellis Parker Butler Is 50 This Month," *American Magazine* 88 (December 1919), 39, 220-23. Butler はこの記事を敷衍発展させ，翌年 *How It Feels To Be Fifty* (Boston and New York: Houghton Mifflin, 1920) という本にして出版した．

25. Advertisement in *American Magazine* 87 (January 1919), 64.

26. William Bruce Hart, "Young at Seventy-Eight," *American Magazine* 88 (October 1919), 64–65.

27. Walt Mason, "I Refuse to Grow Old," *American Magazine* 88 (September 1919), 66–67, 185–87.

28. Isaac H. Lionberger, *The Felicities of Sixty* (Boston: The Club of Odd Fellows, 1922), pp. 18–20.

29. Mary M. H. Vorse, *Autobiography of an Elderly Woman* (New York and Boston: Houghton Mifflin, 1911), p. 234.

30. Forrest F. Dryden, "The Kind of Human Beings Who Live Longest," *American Magazine* 88 (August 1919), 26–27, 162–66.

31. Clarence Budington Kelland, "Scattergood Borrows a Grandmother," *American Magazine* 88 (December 1919), 20-23, 85-98. 年齢階層規範と老年期に関する一般的な見解を示すもう一つの面白い例が，1910年代に流行ったフォークロア風の卑猥な詩に見られる．作者不明の詩『悲しい真実（"Sad But True"）』を，筆者はインディアナ州のブルーミントンの「セックス・性・生殖のキンゼイ研究所」に保管されている資料の中に見つけた．

まともな暮らしの男なら，二十(はたち)を過ぎて三十まで，
朝一回に夜一回．
まともな暮らしが続くなら，三十過ぎて四十まで，
朝か夜かのどっちか一回．
四十，五十は時おりで，
五十，六十ともなれば　何時やるのやらとんとわからぬ．
六十すぎてその気になれるなら
周りのひやかし　余計なお世話．
女の場合はまるで別　朝か夜かに一回で，
まっとうな　暮らしだろうとなかろうと，
年齢(とし)がいくつであったとて，その気になれる　いつだって．
溜める時間も要らなきゃ　気持の準備も要りゃしない．
早い話が，
男は六十でやり尽くし，
数字が嘘でないならば　女は灰と変わるまで，
ずっと一物くわえこむ．

32. Margaret Sangster, *Winsome Womanhood: Familiar Talks on Life and Conduct* (New York: Fleming H. Revell, 1900), p. 133.

33. 誕生日は未開の文化においても，非西欧文化においてもまれであった．イギリスの人類学者 Ernest C. Crawley の半世紀前の調査によれば，コンゴーやその他のアフリカの地域の種族については「誕生日についても，年齢についても何の記録もとられていない」．ピューパス（Hupas）やオマハス（Omahas）のよう

なアメリカインディアンの種族では，その能力があっても年齢を数えていくのを拒否した．中国人は誕生日，とくに15歳以後の誕生日を祝い，幾つかの特別の誕生日，50歳とか61歳とかの誕生日に特別の祝賀会を催した．日本人は1月元旦を皆で祝う誕生日となし，元旦に祝い事をし，個々人の誕生日の祝賀はしなかった．See Ernest C. Crawley, *Oath, Curse, and Blessing* (London: Watts, 1934), pp. 141-47.

34. Ralph Linton and Adelin Linton, *The Lore of Birthdays* (New York: H. Schuman, 1952), p. x.

35. Ibid., pp. 13–26; Linda Rannells Lewis, *Birthdays* (Boston: Little, Brown, 1976), p. 15.

36. Linton and Linton, *The Lore of Birthdays*, p. 53. 命名日は洗礼日ではなく，むしろ聖人の日であり，したがって誕生日ほどに個人的な色彩をもつ日ではない．

37. William I. Thomas and Florian Znaniecki, *The Polish Peasant in Europe and America*, ed. and abr. Eli Zaretsky (Urbana and Chicago: University of Illinois Press, 1984), p. 176.

38. Lewis, *Birthdays*, pp. 48–49; Linton and Linton, *The Lore of Birthdays*, p. 25.

39. Lewis, *Birthdays*, pp. 81–82.

40. Quoted in Lewis, *Birthdays*, pp. 94–95.

41. Robert J. Myers, *Celebration: The Complete Book of American Holidays* (Garden City, N.Y.: Doubleday, 1972), pp. 63–69.

42. Ibid., pp. 43–44.

43. Lemuel Shattuck, *Report to the Commissioner of the City Council Appointed to Obtain the Census of Boston for the Year 1845* (Boston: J. H. Eastburn, City Printer, 1846), appendix, p. 2.

44. John E. Keller, ed., *Anna Morrison Reed, 1849–1921* (Lafayette, Calif.: John E. Keller, 1979), p. 48.

45. Ibid., p. 94.

46. Mary Custis Lee deButts, ed., *Growing Up in the 1850s: The Journal of Agnes Lee* (Chapel Hill: University of North Carolina Press, 1984), p. 37.

47. Flo V. Menninger, *Days of My Life: Memories of a Kansas Mother and Teacher* (New York: Richard R. Smith, 1939), p. 28.

48. Lottie A. Spikes, *Memories* (Columbus, Ga.: Gilbert Printing Company, 1910).

49. Carl N. Degler, *At Odds: Women and the Family in America from the Revolution to the Present* (New York: Oxford University Press, 1980), p. 71; Lewis, *Birthdays*, p. 47; Linton and Linton, *The Lore of Birthdays*, p. 25.

50. Wright, *My New York*, pp. 135-37. ニューヨークのオイスターベイ（Oyster Bay）で，幼少女期をシオドア・ルーズベルトの隣人として過ごしたElizabeth Marburyは，山ほどのストロベリー——それはとても贅沢なごちそうだった——が供され，「近所のお友達」も出席した，子供の頃の誕生会を想起している．See Marbury, *My Crystal Ball* (New York: Boni and Liveright, 1923), p. 9.

51. Lewis, *Birthdays*, p. 19.

52. See, for example, allusion to parties in Robert W. de Forest and Lawrence Veiller, eds., *The Tenement House Problem*, vol. 1 (New York: Macmillan, 1903), p. 342, and reference to birthday cakes in Margaret Jones Bolsterli, ed., *Vinegar Pie and Chicken Bread: A Woman's Diary of Life in the Rural South, 1890–1891* (Fayetteville: University of Arkansas Press, 1982), p. 47.

53. Marion Vallat Emrich and George Korson, *The Child's Book of Folklore* (New York: Dial Press, 1947), pp. 98–99.

54. Gág, *Growing Pains*, pp. 10, 12, 26, 30, 49, 369.

55. Barbara Moench Florence, ed., *Lella Secor: A Diary in Letters, 1915–1922* (New York: Burt Franklin, 1978).

56. Quoted in Lewis, *Birthdays*, p. 159.

57. Alice Weston Smith, *Letters to Her Friends and Selections from Her Note-Books* (Boston: Addison C. Getschell and Son, n.d.), p. 71.

58. Dale, *Diary of a Night Club Hostess*, p. 17.

59. Gág, *Growing Pains*, p. 105.

60. Ibid., pp. 141–42.

61. Ibid., p. 436.

62. Gloria T. Hull, ed., *Give Us Each Day: The Diary of Alice Dunbar-Nelson* (New York: W. W. Norton, 1984), p. 77.

63. Ibid., pp. 184, 246, 325, 377.

64. Anne Foner, "Age Stratification and the Changing Family," in John Demos and Sarane Spence Boocock, eds., *Turning Points: Historical and Sociological Essays on the Family,* in *American Journal of Sociology* 84, supplement (Chicago: University of Chicago Press, 1978), pp. 340–43; Thomas P. Monahan, *The Pattern of Age at Marriage in the United States* (Philadelphia: Stephenson Brothers, 1951), p. 37; Stephen Kern, *The Culture of Time and Space, 1880–1918* (Cambridge: Harvard University Press, 1983), pp. 36–37, 63–64.

65. このカードは，この章で引用した他の大方のカードもそうだが，ミズーリ州，カンサスシティのホールマークカード社の古文書保管所に収集されているものの一つである．公記録の検索用に番号をつけられているものもあれば，このカードのように，そうでないのもある．可能なものは，ホールマーク社の記録係官がつけた番号を記して，筆者はカードの典拠とした．

66. Ernest Dudley Chase, *The Romance of Greeting Cards* (Cambridge, Mass.: University Press, 1927), p. 6.

67. George Buday, *The History of the Christmas Card* (London: Rockliff Publishing, 1954), p. 278.

68. Hallmark Historical Collections, archive #3784 and archive #4401. See also Chase, *The Romance of Greeting Cards*, p. 19.

69. *The Era of Hallmark Cards, Inc.* (Kansas City: privately printed for the Hallmark Card Company, 1960).

70. この文句の使用頻度の正確なところに関する系統的分析は不可能だが，プラン社が出版し，ホールマークが年代物バースデーカードを収集したものの中に収められているほとんど全てのものに「メニー・ハッピー・リターンズ」という文句が入っている．

71. Chase, *The Romance of Greeting Cards*, p. 121.

72. Hallmark Historical Collections, unnumbered.
73. Chase, *The Romance of Greeting Cards*, p. 123.
74. Hallmark Historical Collections, unnumbered.
75. Hallmark Historical Collections, unnumbered.
76. Hallmark Historical Collections, unnumbered.
77. たとえば，「80年代のあなたへの誕生日の挨拶状」の一部はこうである．

八十代のこのお誕生日が
深い満足の時をあなたにもたらしますように
昔の楽しかりし歳月を
今あなたが思い返しつつ

(Hallmark Historical Collections, plate #GR7162, stock #25B252-8.)
78. Hallmark Historical Collections, stock #25B226-9.
79. Hallmark Historical Collections, unnumbered.
80. Chase, *The Romance of Greeting Cards*, p. 129.

第7章

1. "Just One Girl," words by Karl Kennett, music by Lyn Udall (New York: Witmark and Sons, 1898). この章で採り上げた歌詞のたいていのものは，ロードアイランド州プロヴィデンス市ブラウン大学のジョン・ヘイ図書館のハリスコレクションに収蔵されているポピュラー・シートミュージック集による．

2. Definitions adapted from Martin W. Laforse and James A. Drake, *Popular Culture and American Life: Selected Topics in the Study of American Popular Culture* (Chicago: Nelson-Hall, 1981), p. viii, and from Herbert J. Gans, *Popular Culture and High Culture* (New York: Basic Books, 1974), pp. 10–15.

3. Irwin Stambler, *Encyclopedia of Popular Music* (New York: St. Martin's Press, 1965), pp. xii–xiii; Sigmund Spaeth, "Foreword," in David Ewen, ed., *American Popular Songs from the Revolutionary War to the Present* (New York: Random House, 1966), pp. vi–viii.

4. Marian Klankin, *Old Sheet Music: A Pictorial History* (New York: Hawthorn Books, 1975), pp. 1–10.

5. See Lester S. Levy, *Grace Notes in American History: Popular Sheet Music From 1820 to 1900* (Norman: University of Oklahoma Press, 1967), pp. 3, 58, 74–77, 165–69.

6. Michael R. Turner, *The Parlour Song Book: A Casquet of Vocal Gems* (New York: The Viking Press, 1972), p. 2.

7. "An Old Man Who Would Be Young," words and music by James M. Maeder (Philadelphia: Krotschmer and Nunns, 1833).

8. "When I Am Old," words and music by Charles Hess (Philadelphia: A. Fiot, 1851).

9. "When You and I Grow Old," words by Emily A. Warden, music by E. Linwood (Philadelphia: W. R. Smith, 1867); "When You and I Are Old," words and music by Harry Percy (New York and Boston: C. H. Ditson, 1872).

10. See W. Andrew Achenbaum, *Old Age in the New Land: The American*

*Experience Since 1790* (Baltimore: The Johns Hopkins University Press, 1978), chap. 3, and Carole Haber, *Beyond Sixty-Five: The Dilemma of Old Age in America's Past* (Cambridge, England: Cambridge University Press, 1983), chaps. 2–3.

11. "When You and I Were Young, Maggie," words by George W. Johnson, music by James A. Butterfield (Chicago: J. A. Butterfield, 1866).

12. "The Old Folks," words and music by T. H. Hinton (Syracuse, N.Y.: Clemons and Redington, 1867).

13. "Old Folks Love Song," words and music by M. W. Hackelton (Chicago: Root and Cady, 1869).

14. "Silver Threads Among the Gold," words by Eben E. Rexford, music by H. P. Danks (New York: Charles W. Harris, 1873).

15. See, for example, "You Are Always Young To Me," words by George Cooper, music by H.P. Danks (New York: Charls W. Harris, 1874). 歌詞の一節はこううたう,

人生の丘陵をさ迷い下りつつ
やがて別れの日が来よう
暗く寂しい川のほとりで
再び巡り逢おう　愛しの人よ

そして, "When You and I Were Young," words and music by J. Ford (Philadelphia: F.A. North, 1875) の歌詞は次のようなものである.

かの時に懐きし希望(のぞみ)は
時の流れとともに　真実(まこと)消え失せ
歓喜(よろこび)もて眺めし光景は
華やかすぎて　永続するあたわざりし
されどこの夕べ
われら楽しくうたいしかの歌は　記憶に生き生きと蘇りきぬ
君も僕も若かりしかの時に
懐かしの家にて　うたいしかの歌は

16. "The Old Maid," words and music by Sep Winner (Philadelphia: Lee and Walker, 1860).

17. Robert C. Toll, *On with the Show: The First Century of Show Business in America* (New York: Oxford University Press, 1976), pp. 171–206, 265–94; Gunther Barth, *City People: The Rise of Modern City Culture in Nineteenth Century America* (New York: Oxford University Press, 1980), pp. 192–228.

18. Robert C. Toll, *The Entertainment Machine: American Show Business in the Twentieth Century* (New York: Oxford University Press, 1982), pp. 100–103.

19. "Where Did You Get That Hat?" words and music by Joseph J. Sullivan (New York: Frank Harding, 1888).

20. この歌の作詩者はスケジューリングに関する規範を表現したのでなく,たんにお手頃な脚韻「結婚する ("married")」「ぐずぐずする ("tarried")」のため, この歌詞を作ったと結論するのももちろん可能である。筆者は, はっきり年

齢を出していることと脚韻をふむ言葉の選択とには，より深い意味があると考える．「ぐずぐずする（“tarry”）」という言葉は，1870年代以前の歌では，主に身体の動きがのろい場合に使われ，この歌のように人生コースの出来事の遅れに使われはしなかった．それだけでなく，この章の初めにみたように，初期のポピュラーソングに特定の年齢をうたいこむことはほとんどなかった．こうした一見単純な歌詞すらも社会的に重要な変化を反映しているのである．

21. “When You Were Sweet Sixteen,” words and music by James Thornton (New York: M. Witmark and Sons, 1898).

22. “Feather Queen,” words and music by Mabel McKinley (New York: Leo Feist, 1905); “When I Was Twenty-One and You Were Sweet Sixteen,” words by Harry Williams, music by Egbert Van Alstyne (New York and Detroit: Jerome H. Remick, 1911); “When You Were Six and I Was Eight,” words by A. M. Grimaldi, music by B. L. Henri (Detroit: Grant Publishing Company, 1915); “When I Was Twenty-One,” words and music by Harry Lauder (New York: T. B. Harms and Francis, Day, and Hunter, 1918).

23. “Old Before His Time,” words by Sidney Rosenfeld, music by Ludwig Englander (New York: T. B. Harms, 1894).

24. “Old Maid Blues,” words by Web Maddox, music by David W. Guion (New York: T.B. Harms and Francis, Day, and Hunter, 1918). この時期になると，歳のいった未婚女性は更なる嘲笑の対象となった．Irving Berlin の初期の歌の一つ “The Old Maid's Ball” (New York: Waterson, Berlin, and Snyder, 1913) は，合唱部分でその陰性のイメージを要約している．

オールドミスたち，背の低いのや高いのが
ホールで踊ってた
僕らを知ってる一人がやってきた
セントルイスより歳のいった
ミス・メリンダ・ランドだ
彼女は女の楽団を率いてた
「花嫁がくる」を演奏してると
オールドミスが四人　腰を下ろして泣きだした
「外に男がいるわ」　誰かが大声でいった
オールドミスの舞踏会　とたんに散り散りばらばらさ

25. Grimaldi and Henri, “When You Were Six and I Was Eight.”

26. “The Days When We Were Young,” words and music by Charles P. Weston (Brooklyn: Charles B. Weston, 1912).

27. “When You're Five Times Sweet Sixteen,” words by Jack Mahoney, music by George L. Cobb (New York: Leo Feist, 1916).

28. David Hackett Fischer, *Growing Old in America* (New York: Oxford University Press, 1977), chaps 3, 4; Achenbaum, *Old Age in the New Land*, chaps. 5, 6; Haber, *Beyond Sixty-Five*, chaps. 2, 3, 6.

29. Fischer, *Growing Old in America*, p. 155.

30. “When Grandma Sings the Songs She Loved at the End of a Perfect Day,” words by Bartley Costello, music by Robert A. Keiser (New York: Shapiro, Bernstein, 1916).

31. "For Sale—A Baby," words and music by Charles K. Harris (New York: Charles K. Harris, 1903).

32. "The Little Lost Child," words by Edward B. Marks, music by Joseph W. Stern (New York: Joseph W. Stern, 1894). この歌の詳細を知りたい向きは, see Margaret Bradford Boni, ed., *The Fireside Book of Favorite American Songs* (New York: Simon and Schuster, 1952), pp. 48–51, and David Ewen, ed., *American Popular Songs from the Revolutionary War to the Present* (New York: Random House, 1966), pp. 227–28.

33. "Youth Is Life's Time of May," words by Henry C. Watson, music by Vincent Wallace (New York: William Hall and Sons, 1893).

34. "Toyland," words by Glen MacDonough, music by Victor Herbert (New York: M. Witmark and Sons, 1903).

35. Toll, *The Entertainment Machine*, pp. 103–15.

36. Ibid., p. 114.

37. "When You and I Were Seventeen," words by Gus Kahn, music by Charles Rosoff (New York: Irving Berlin Music Publishers, 1924).

38. "Young and Healthy," words by Al Dubin, music by Harry Warren (New York: M. Witmark and Sons, 1932).

39. "Keep Young and Beautiful," words by Al Dubin, music by Harry Warren (New York: M. Witmark and Sons, 1933).

40. "When You're Over Sixty and You Feel Like Sweet Sixteen," words and music by Little Jack Little, Dave Oppenheim, and Ira Schuster (New York: Olman Music, 1933).

41. "When Hearts Are Young," words by Cyrus Woods, music by Sigmund Romberg (New York: Harms, 1922).

42. "While We're Young," words by Haven Gillespie, music by J. Fred Coots (New York: Harms, 1933); "When I Grow Too Old to Dream," words by Oscar Hammerstein, music by Sigmund Romberg (New York: MGM, 1935).

43. "My Old Man," words by Mort Dixon, music by Harry Woods (New York: Remick Music, 1929).

44. 誕生日が歌に顕著に歌いこまれているもう一つの例としては, see "Baby's Birthday Party," words and music by Ann Ronald (New York: Famous Music, 1930).

45. "When I First Met Mary," words and music by George A. Little, Joe Verges, and Larry Shay (Chicago: Milton Weil Music, 1927).

46. "When Your Hair Has Turned to Silver," words by Charlie Tobias, music by Peter De Rose (New York: Joe Morris Music, 1930).

47. "Always," words and music by Irving Berlin (New York: Irving Berlin, 1925); "Through the Years," words by Edward Heyman, music by Vincent Youmans (New York: Miller Music and Vincent Youmans, 1931); "September Song," words by Maxwell Anderson, music by Kurt Weill (New York: De Sylva, Brown, and Henderson, 1938).

48. "Little Old Lady," words by Stanley Adams, music by Hoagy Carmichael (New York: Chappell, 1936).

49. See, for example, William Graebner, *A History of Retirement: The Meaning and Function of an American Institution, 1885–1978* (New Haven, Conn.: Yale University Press, 1980).

50. See "Young Love," words and music by Ric Cartey and Carole Joyner (New York: Lowery Music, 1956); "School Days," words and music by Chuck Berry (New York: Arc Music, 1957); and "Sweet Little Sixteen," words and music by Chuck Berry (New York: Arc Music, 1958).

51. "Hello, Young Lovers," words by Oscar Hammerstein II, music by Richard Rodgers (New York: Williamson Music, 1951); "Too Young," words by Sylvia Dee, music by Sid Lippman (New York: Aria Music, 1951); "Young At Heart," words by Carolyn Leigh, music by Johnny Richards (New York: Cherio Corporation and June S. Tune, 1955); "April Love," words by Paul Francis Webster, music by Sammy Fain (New York: Twentieth Century Music, 1957).

52. Toll, *The Entertainment Machine*, p. 121.

53. Ibid., pp. 121–22.

54. Ibid.

## 第8章

1. Delia T. Lutes, "Why I Don't Tell My Age," *Forum* 47 (April 1937), 244.

2. See *Life* 25 (June 19, 1950), 34, and *Newsweek* 96 (August 11, 1980), 74.

3. John Knowles, "All Split Up." *Seventeen* 25 (May 1966), 184. Knowlesの嘆きの手記を載せた雑誌そのものも，彼が難じた世代間の分離に手をかす働きをしたのは改めて記すまでもない．

4. Quoted in Elizabeth Hall, "Acting One's Age: New Rules for Old," *Psychology Today* 13 (April 1980), 66.

5. Ibid., p. 68.

6. For summaries of the early history of developmental psychology, see Don C. Charles, "Historical Antecedents of Life-Span Developmental Psychology," in L. R. Goulet and Paul B. Baltes, eds., *Life-Span Developmental Psychology: Research and Theory* (New York and London: Academic Press, 1970), pp. 24–53; Karl J. Groffman, "Life-Span Developmental Psychology in Europe: Past and Present," in Goulet and Baltes, *Life-Span Developmental Psychology*, pp. 54–68; and Robert J. Havighurst, "History of Developmental Psychology: Socialization and Personality Development through the Life Span," in Paul B. Baltes and K. Warner Schaie, eds., *Life-Span Developmental Psychology: Personality and Socialization* (New York and London: Academic Press, 1973), pp. 4–24.

7. Havighurst, "History of Developmental Psychology," pp. 7–8. See also Groffman, "Life-Span Developmental Psychology in Europe," p. 64; Charlotte Bühler, *Der menschliche Leberslauf als psychologisches Problem* (Leipzig: Hirzel, 1933); and Bühler, "Genetic Aspects of the Self," *Annals of the New York Academy of Science* 96 (1962), 730–64.

8. Freud, Piaget, Gesellのような人々の精神分析学的理論から生じる広範な年

齢相関の諸々の問題を，筆者は取り上げていない．論じることは，いたずらに本書を繁雑にし，大部のものにするだろうからだ．さらにまた，これらの人々の仕事は一方で何らかの概括的な理論を生みだしてはいるものの，個々の症例の研究に重きをおくか，ないしは成人期における年齢相関の変化より，安定したものとしての成人期の範例に重きを置いているからである．See, for example, Inge M. Ohammer, "Social Learning Theory as a Framework for the Study of Adult Personality Development," in Baltes and Schaie, *Life-Span Developmental Psychology*, p. 254.

9. See Erik H. Erikson, *Childhood and Society* (New York: Norton, 1950); Erikson, "Identity and the Life Cycle," *Psychological Issues* 1 (1959); and Robert J. Havighurst, *Developmental Tasks and Education*, rev. ed. (New York: David McKay, 1952).

10. Glen H. Elder, Jr., *Children of the Great Depression: Social Change in Life Course Experience* (Chicago: University of Chicago Press, 1974). See also Reuben Hill, *Family Development in Three Generations* (Cambridge, Mass.: Schenkman, 1970).

11. Quoted in "When Age Doesn't Matter," *Newsweek* 96 (August 11, 1980), 74. See also Orville G. Brin, Jr., and Jerome Kagan, *Constancy and Change in Human Development* (Cambridge: Harvard University Press, 1980), and Harvey Peskin and Norman Livson, "Uses of the Past in Adult Psychological Health," in Dorothy Eichorn et al., eds., *Present and Past in Middle Life* (New York: Academic Press, 1981), pp. 154–81.

12. White House Conference on Child Health and Protection (1930), Report of the Committee on Growth and Development, *Growth and Development of the Child, Part IV: Appraisement of the Child* (New York: Century, 1932), pp. 18, 36.

13. Myrna L. Lewis, "The History of Female Sexuality in the United States," in Martha Kirkpatrick, ed., *Women's Sexual Development* (New York and London: Plenum Books, 1980), p. 28.

14. Alfred C. Kinsey, Wardell B. Pomeroy, and Clyde E. Martin, *Sexual Behavior in the Human Male* (Philadelphia: W. B. Saunders, 1948), pp. 218–19.

15. See ibid., p. 172, and Kinsey et al., *Sexual Behavior in the Human Female* (Philadelphia: W. B. Saunders, 1953), pp. 286–87, 298–99.

16. Lester David, "How To Tell a Woman's Age," *Science Digest* 35 (March 1954), 80–82. See also Harvey C. Lehman, " 'Intellectual' versus 'Physical' Peak Performance: The Age Factor," *Scientific Monthly* 61 (August 1945), 127–37.

17. N. J. Berrill, "How Old Are You Really?" *Science Digest* 35 (May 1954), 7–12. See also C. J. Foster, "How Old Are You?" *Ladies Home Journal* 59 (April 1942), 102–3; M. Gumpert, "What Is a Man's Best Age?" *New York Times Magazine* (October 22, 1944), 18ff.; and G. Lawton, "What Do You Mean, Old?" *American Home* 44 (June 1950), 23.

18. William de B. MacNider, "Age, Change, and the Adapted Life," *Science* 99 (May 26, 1944), 118. 経験と研究の結果，もっと最近になって老齢化を癌の

基本的原因となすのは，単純化のし過ぎであることが明らかにされた．See James T. Patterson, *The Dread Disease: Cancer and Modern American Culture* (Cambridge: Harvard University Press, 1987), pp. 56–57.

19．カリフォルニア州オークランドおよびバークレイ両都市の縦の調査に基づく，こうした変化の大要については，Leona M. Bayer, Dorothy Whissell-Buechy, and Marjorie P. Honzik, "Health in the Middle Years." in Eichorn et al., *Present and Past in Middle Life*, pp. 55–88.

20. See, for example, Paul C. Glick, "Updating the Life Cycle of the Family," *Journal of Marriage and the Family* 39 (February 1977), 5–13; Marvin B. Sussman, "The Family Life of Old People," in Robert H. Binstock and Ethel Shanas, eds., *Handbook of Aging and the Social Sciences* (New York: Van Nostrand Reinhold, 1976), pp. 218–43; and Howard P. Chudacoff and Tamara K. Hareven, "From Empty Nest to Family Dissolution: Life Course Transitions into Old Age," *Journal of Family History* 4 (Spring 1979), 69–83.

21. Barbara Fried, "The Middle-Age Crisis," *McCalls'* 94 (March 1967), 88–89. See also Gail Sheehy, *Passages: Predictable Crises of Adult Life* (New York: E. P. Dutton, 1974), esp. chaps. 2 and 21.

22. Daniel J. Levinson et al., *The Seasons of a Man's Life* (New York: Knopf, 1978), esp. pp. 34–35; Sheehy, *Passages*, chaps. 2, 22; Don A. Schanche, "What Happens Emotionally and Physically When a Man Reaches 40," *Today's Health* 51 (March 1973), 40–43. Quotation is from "Best Years of Our Lives?" *Newsweek* 71 (February 19, 1968), 88.

23. Lewis M. Terman, *The Measurement of Intelligence* (Boston: Houghton Mifflin, 1916); E. A. Doll, "The Average Mental Age of Adults," *Journal of Applied Psychology* 3 (1919), 317–28; Edward L. Thorndike, "On the Improvement in Intelligence Scores from 14 to 18," *Journal of Educational Psychology* 14 (1923), 513–16.

24. N. E. Jones and H. S. Conrad, "The Growth and Decline of Intelligence: A Study of a Homogeneous Group Between Ages 10 and 60," *Geriatric Psychology Monographs* 13 (1933), 225–98. See also D. Wechsler, *The Measurement of Adult Intelligence* (Baltimore: Williams and Wilkins, 1939).

25. Dorothy N. Eichorn, Jane V. Hunt, and Marjorie P. Honzik, "Experience, Personality, and IQ: Adolescence to Middle Age," in Eichorn et al., *Present and Past in Middle Life*, pp. 89–116.

26. Paul B. Baltes and K. Warner Schaie, "Aging and IQ: The Myth of the Twilight Years," *Psychology Today* 7 (May 1974), 35–40.

27. Ibid., pp. 37–38.

28. Harvey Levenstein, *Revolution at the Table: The Transformation of the American Diet* (New York: Oxford University Press, 1988), p. 162.

29. Bernice L. Neugarten, "Age Groups in American Society and the Rise of the Young Old," *Annals of the American Academy of Political and Social Science* 415 (September 1974), 187–99.

30．こうした医療上の成果や将来への見込を相殺するような要素も，もちろんみられる．1920年以降自動車事故や癌の罹患率の上昇が，あらゆる年齢集団——

以前死病であったのが医学の進歩のお陰で救かった人々も含めて——の死亡を増加させている．さらにまた，本書執筆現在の時点で，後天性免疫不全症候群(エイズ)が新生児から成人に至るまでの年齢層を脅かしている．破局的な死亡率をもたらすようになろうとの恐ろしい予想がどうなるかは今後をまたねばならない．

31. Jody Gaylin, "The Age Gap Is Narrowing," *Psychology Today* 9 (April 1976), 9.

32. John Modell, Frank Furstenburg, and Theodore Hershberg, "Social Change and Transitions to Adulthood in Historical Perspective," *Journal of Family History* 1 (1976), 7–32; Peter Uhlenberg, "Cohort Variations in Family Life Cycle Experiences of U.S. Females," *Journal of Marriage and the Family* 36 (1974), 284–92; Peter Uhlenberg, "Changing Configurations of the Life Course," in Tamara K. Hareven, ed., *Transitions: The Family and Life Course in Historical Perspective* (New York: Academic Press, 1978), pp. 65–98.

33. Landon Y. Jones, *Great Expectations: America and the Baby Boom Generation* (New York: Random House, 1980), pp. 310–12.

34. 言うまでもなく，そうした雑誌記事・テレビ番組は，ウーマンリブ，出世主義（とくに専門職に就く者同士の結婚），そして人々が経済的に豊かになったことの，一つの反応であるが，こうした社会的風潮は，ベビーブーム世代が要求し，また，その世代に与えられた高等教育と職業訓練の機会の増大とに結びつけることができよう。

35. Herbert J. Gans, *The Levittowners: Ways of Life and Politics in a New Suburban Community* (New York: Vintage Books, 1967), p. 22.

36. Gwendolyn Wright, *Building the Dream: A Social History of Housing in America* (Cambridge: MIT Press, 1981), pp. 256–60.

37. Allyson Sherman Grossman, "Women in the Labor Force: The Early Years," *Monthly Labor Review* 98 (November 1975), 3–9.

38. Deborah Pisetzner Klein, "Women in the Labor Force: The Middle Years," *Monthly Labor Review* 98 (November 1975), 10–16.

39. *Statistical Abstract of the United States, 1987* (Washington, D.C.: Government Printing Office, 1986), p. 376.

40. Beverly Johnson McEaddy, "Women in the Labor Force: The Later Years," *Monthly Labor Review* 98 (November 1975), 17–24.

41. A measured approach to these issues can be found in Janice G. Stroud, "Women's Careers: Work, Family, and Personality," in Eichorn et al., *Present and Past in Middle Life*, pp. 356–92.

42. See, for example, Harold L. Wilensky, "Orderly Careers and Social Participation," *American Sociological Review* 26 (June 1961), 521–39; Wilensky, "The Moonlighter: A Product of Relative Deprivation," *Industrial Relations* 3 (October 1963), 102–24; Glen H. Elder, Jr., "Occupational Mobility, Life Patterns, and Personality," *Journal of Health and Social Behavior* 10 (1969), 308–23; and M. L. Kolm and C. Schooler, "Occupational Experience and Psychological Functioning: An Assessment of Reciprocal Effects," *American Sociological Review* 38 (February 1973), 97–118.

43. John A. Clausen, "Men's Occupational Careers in Middle Years," in Eichorn et al., *Present and Past in Middle Life*, pp. 321–55. See also C. Tansky and R. Dubin, "Career Anchorage: Managerial Mobility Aspirations," *American Sociological Review* 30 (September 1965), 725–35.

44. *Statistical Abstract of the United States, 1987*, p. 137.

45. Ibid., pp. 64, 80, 137, 139.

46. Ibid., p. 63. こうしたパターンは既婚女性に関わるものであることが強調されて然るべきである．既婚女性の初産の年齢が高まると同時に10代での妊娠率と私生児の出生率も高まった，とくに黒人女性の間で．だから筆者は，この傾向が直線的とも均質的とも主張しない．とはいえ，一般的統計の示すところでは，それがあてにならぬこともあるが，中産階級の多くの白人だけにせよ，変化が生じているとは言える．

47. "How Old Is Old?" *Business Week* (September 1, 1945), 104–6.

48. Reported in *Science* 105 (January 3, 1947), 9.

49. こうした出版物は数が多すぎてここに挙げられない．1950年代，60年代初期に出た主要なもののリストに関しては，see National Association of Manufacturers, *Report on Employment of Mature Workers* (New York: National Association of Manufacturers, 1960), p. 33-36.

50. 最近歴史家は，第二次大戦後老年の労働者が労働力から離脱する率が増加した原因について議論するようになった．従来は，歴史家，経済学者，老人病学者たちは，需要の少なさ――雇用主が老年の労働者を年齢ゆえに雇わぬということ――にその原因を帰していた．しかし Brian Gratton はその論説，"The Labor Force Participation of Older Men, 1890-1950," *Journal of Social History* 20 (Summer 1987), 689-710. で，その原因は老人が年金，社会保証，貯金等のおかげで，職に就かずとも安楽に暮せるために仕事に就くのを望まなくなったことにある，と述べている．

51. National Council on the Aging, "The Employment Position of Older Workers in the United States: A Collection of Facts," in *Age Discrimination in Employment: Hearings Before the Subcommittee on Labor of the Committee on Labor and Public Welfare, United States Senate* (Washington, D.C.: Government Printing Office, 1967), pp. 162–65.

52. *Age Discrimination in Employment: Hearings*, pp. 119–44, 233–34.

53. The text of this order has been published in the legislative history *The Civil Rights Act of 1964: What It Means to Employers, Businessmen, Unions, Employees, Minority Groups* (Washington, D.C.: BNA Incorporated, 1964), p. 379.

54. *The Older American Worker: Age Discrimination in Employment*, Report of the Secretary of Labor to the Congress under Section 715 of the Civil Rights Act of 1964 (June 1965), p. 5.

55. Ibid., pp. 6–8, 16.

56. Ibid., pp. 21–25.

57. Of the thirty-eight American commercial airlines in 1967, fourteen, in-

cluding TWA, the second largest, and American, the fourth largest, had age ceilings. See *Age Discrimination in Employment: Hearings . . .*, pp. 229–31.

58. Julia E. Stone, "Age Discrimination in Employment Act: A Review of Recent Changes," *Monthly Labor Review* 103 (March 1980), 32-36. 1978年の改正は高等教育機関のもつ終身在職権の権能を除外とした. 単科および総合大学は65歳の定年制度を 5 年間保有することを許可され, それは若い教師, とくに女性や少数民族の人々の口を現状より増やすためであった. また高給とりの老年の人々に若年の教員を代えることで, 経済的節約をねらったのである. 一九八六年の改正は単科および総合大学が, 70歳での教員の定年退職を少なくとも1993年の終わりまで, 保有するのを許可した.

59. "Constitutional Amendment to Reduce the Voting Age to 18," *Hearings Before Subcommittee No. 1 of the Committee on the Judiciary*, U.S. House of Representatives, October 20, 1943 (Washington, D.C.: Government Printing Office, 1943), p. 4.

60. Ibid., p. 10.

61. "Lowering the Voting Age to 18," *Hearings Before the Subcommittee on Constitutional Amendments of the Committee on the Judiciary*, U.S. Senate, March 10, 1970 (Washington, D.C.: Government Printing Office, 1970), pp. 222-33. 当時80歳近いニューヨーク州の下院議員 Emmanuel Celler が議長を務めていた下院司法委員会を, 提案された修正案は通過しないであろうとの懸念をケンタッキー州の上院議員 Marlow Cook が表明した時, 上院委員会の聴聞会で年齢と世代間の相克に関する激しい言葉遣いのやりとりがなされた. Celler は, 下院議員 Jennings Randolph が1943年にその修正案を提出して以来, その成立を頓挫させてきたのであった. Cook はこう述べた.「アメリカで我々が直面している問題に, 近日中に我々は気を配るべきだと思う. 私が言うのは, 医学の進歩のおかげで人々の寿命がどんどん伸びており, 投票権をもつ人々の大きな部分を占めるようになっていることだ. 年齢のスペクトルの中間層を代表する我々は, 時に多少助けを必要としてるのが分かる. その助けは, 18, 19, 20歳の有権者のもつ政治的活力のうちに, 十分求めることができると私は考える」. See ibid., pp. 13-14.

62. *Statistical Abstract of the United States, 1987*, pp. 14–16.

63. See "The Graying of America," *Newsweek* 89 (February 28, 1977), 50ff.

64. David Hackett Fischer, *Growing Old in America* (New York: Oxford University Press, 1977), pp. 35, 179–81.

65. W. Andrew Achenbaum, *Shades of Gray: Old Age, American Values, and Federal Policies Since 1920* (Boston: Little, Brown, 1983), pp. 50–51.

66. Ibid., p. 69.

67. Ibid., pp. 95–96; Fischer, *Growing Old in America*, p. 187; W. Andrew Achenbaum, *Old Age in the New Land: The American Experience Since 1790* (Baltimore: The Johns Hopkins University Press, 1978), p. 146.

68. Achenbaum, *Shades of Gray*, p. 117.

69. *Statistical Abstract of the United States 1987*, pp. 93, 98. 後の方の数字

は，しかしながら，アメリカの老人の総人口の約5パーセントを占めるにすぎない．

70. Barbara Isenberg, "Senior Power: Aging in America," *The Nation* 216 (May 14, 1973), 626–28; Frances Fitzgerald, "A Reporter at Large: Sun City Center," *New Yorker* 59 (April 25, 1983), 54–109; "The Old in the Country of the Young," *Time* 96 (August 3, 1970), 49–50.

71. Isenberg, "Senior Power," p. 628.

72. Neugarten, "Age Groups in American Society," pp. 187–99.

結　び

1. Desmond Morris, *The Book of Ages* (New York: The Viking Press, 1983).

2. 必要性と公共政策に関する問題点の議論については，see Bernice Neugarten ed., *Age or Need? Public Policies for Older People* (Beverly Hills, Calif.: Sage Publication, 1982).

3. See Martin Kohli, "The World We Forget: A Historical Review of the Life Course," in Victor W. Marshall, ed., *Later Life: The Social Psychology of Aging* (Beverly Hills, Calif.: Sage Publications, 1986), pp. 271–303.

4. See John Modell, Frank F. Furstenberg, Jr., and Theodore Hershberg, "Social Change and Transitions to Adulthood in Historical Perspective," *Journal of Family History* 1 (1976), 7–32, and G. O. Hagestad and Bernice L. Neugarten, "Age and the Life Course," in R. H. Binstock and Ethel Shanas, eds., *Handbook of Aging and the Social Sciences*, 2d ed. (New York: Van Nostrand Reinhold, 1985), pp. 35–61.

5. Kohli, "The World We Forget," p. 288.

6. W. Andrew Achenbaum, *Shades of Gray: Old Age, American Values, and Federal Policies Since 1920* (Boston: Little, Brown, 1983), pp. 148–49.

7. See, for example, Herbert Gans, *Popular Culture and High Culture: An Analysis and Evaluation of Taste* (New York: Basic Books, 1974), p. 45.

8. Paul Hanley Furfey, *The Gang Age: A Study of the Preadolescent Boy and His Recreational Needs* (New York: Macmillan, 1928), p. 139.

9. この議論の多くは，Peter H. Schuck, "The Graying of Civil Rights Law: The Age Discrimination Act of 1975." *Yale Law Journal* 89 (November 1974), 27-93. の説得性のある論述に基づいている．

10. Glen H. Elder, Jr., *Children of the Great Depression: Social Change in Life Course Experience* (Chicago: University of Chicago Press, 1974).

11. 長寿社会（mass longevity 字義通りには大衆の長寿）という用語は，David W. Plath in *Long Engagements: Maturity in Modern Japan* (Stanford, Calif.: Stanford University Press, 1980), pp. 1-2. ではじめて使った彼の造語である．

12. Daniel Callahan, *Setting Limits: Medical Goals in an Aging Society* (New York: Simon and Schuster, 1987).

13. *New York Times*, October 14, 1987.

14. See Leonard D. Cain, "Political Factors in the Emerging Legal Age Status of the Elderly," *Annals of the American Academy of Political and Social Science* 415 (September 1974), p. 72.